컴퓨터 비전과 알고리즘

컴퓨터 비전과 알고리즘

OpenCV 알고리즘을 활용한
컴퓨터 비전 프로그래밍

아민 아마디 타제칸디 지음 테크 트랜스 그룹 T4 옮김

| 지은이 소개 |

아민 아마디 타제칸디 Amin Ahmadi Tazehkandi

이란 출신 작가이자 개발자이며 컴퓨터 비전 전문가다. 이란에서 컴퓨터 소프트웨어 공학을 전공했으며 전 세계의 수많은 소프트웨어 및 산업 회사에서 근무했다.

열정, 사랑, 힘의 상징인 아내 세넨Senem에게 감사하고 싶다. 또한 무조건적인 사랑과 지원을 해주신 이란 발명가인 아버지와 사랑하는 어머니, 그리고 훌륭한 엔지니어 가족들에게도 감사드리고 싶다.

| 감사의 글 |

이 책은 수개월에 걸친 노력의 결과물이며 티크샤 사랑^{Tiksha Sarang}의 인내심과 놀라운 편집 능력을 통해 완성했으며, 그 도움 없이는 불가능했을 것이다.

아디샤 하리다드^{Adhithya Haridas}의 정확하고 통찰력있는 기술 검토 및 의견이 도움이 되었으며, 훌륭한 기회를 준 산딥 미스라^{Sandeep Mishra}, 매우 유용한 기술적 내용을 검토해준 주오 칭량^{Zhuo Qingliang}에게도 감사의 말을 전하고 싶다

팩트출판사에서 이 책을 제작하는 데 도움을 주신 분들과 오픈 소스 및 컴퓨터 비전 커뮤니티에서 도움을 주신 모든 분들께 감사드린다.

| 기술 감수자 소개 |

주오 칭량^{Zhuo Qinglian}(온라인 KDr2)

현재 인공 지능 기술을 사용해 금융 산업을 개선하는 데 전념하는 스타트업 핀테크 기업인 파잉 타이^{paodingai}에서 일하고 있다. 리눅스, C, C++, 자바, 파이썬 및 펄 개발 분야에서 10년 이상의 경력을 쌓았다. 그리고 프로그래밍, 컨설팅 작업 및 오픈 소스 커뮤니티에 기여하는 데 관심이 있다.

주오 칭량은 개인 웹 사이트인 KDr2를 운영하고 있다. 자세한 정보는 KDr2에서 얻을 수 있다.

| 옮긴이 소개 |

테크 트랜스 그룹 T4(greg_kim1002@naver.com)

최신 IT 테크놀로지에 대한 리서치를 목적으로 하는 스터디 그룹이다. 엔터프라이즈 환경에서 오픈 소스를 활용한 프레임워크 구축에 관심이 많으며, Spring, React.js, Node.js, OpenCV, ML 등의 기술에 주목하고 있다. 또한, 다양한 오픈 소스 기반의 플랫폼 개발 활용에 많은 관심을 가지고 있다. 『OpenCV를 위한 머신 러닝』(에이콘, 2017), 『파이썬과 OpenCV를 이용한 컴퓨터 비전 학습』(에이콘, 2018) 등을 번역했다.

| 옮긴이의 말 |

컴퓨터 비전은 시각을 컴퓨터에 부여하고 이미지를 분석해 유용한 정보를 생성하는 기술이다. 비전 기술은 컴퓨터나 로봇 등을 통해 얼굴, 건물 등의 다양한 객체를 인식하는 데 응용된다. 인공지능 기술이 발전하면서 객체 인식 기술 진화에 속도가 붙고 있다.

컴퓨터가 사물을 정확하게 인식해 유용한 정보를 제공할 수 있게 되면서 컴퓨터 인터페이스에 변혁이 일어나고 있다. 스마트폰에서 얼굴을 인식하는 기술이라던가, 도로를 주행하는 차량의 차선 인식, 보행자 인식에 이르기까지 매우 다양한 디바이스에서 활용되고 있다.

컴퓨터 비전을 구현하기 위한 프로젝트에서 컴퓨터 비전 알고리즘을 시작하기 원하더라도 어디서부터 시작해야 할 지를 찾는 것은 어려울 수 있다. 컴퓨터 엔지니어라고 해도, 비전과 관련해서 더 많은 내용을 알려면 많은 관련 알고리즘들을 알아야 한다. 이 책에서는 비전 구현을 위한 알고리즘을 소개하고 활용할 수 있도록 도와준다.

이 책은 기본적인 OpenCV의 내용부터 시작해서 이미지에 도형, 텍스트를 그리는 방법과 히스토그램 시각화에 이르기까지 기초를 탄탄히 다진 후, 실전에 활용 가능한 비디오 분석, 객체 탐지, 머신 러닝과 같은 알고리즘들을 소개한다.

6장, '비디오 분석 - 동작 검출 및 추적' 부분에서는 컴퓨터 비전에서 가장 널리 사용되는 추적 알고리즘을 사용해 실시간 객체 탐지 및 추적과 같은 작업을 위해 비디오를 처리하는 방법을 설명한다. 7장, '객체 탐지 - 특징과 기술자'는 템플릿 매칭을 사용해 객체 검출에 대한 간단한 소개부터 시작해 형상 분석에 사용할 수 있는 광범위한 알고리즘에 대해 알려준다. 8장, '컴퓨터 비전에서의 머신 러닝 적용하기'는 OpenCV 내

머신 러닝(ML) 및 심층 신경망(DNN) 모듈과 가장 중요한 알고리즘, 클래스 및 기능에 대해 다룬다. SVM 알고리즘으로 시작해 유사한 훈련 그룹을 기반으로 모델을 훈련시키는 방법을 배우고 그 모델을 사용해 입력 데이터를 분류한다. 이러한 내용들을 학습하면서 각자의 실력을 배양할 수 있을 것이다.

이 책이 OpenCV와 머신 러닝 등에 대한 알고리즘들을 이해하고 실제로 구현하는 데 많은 도움이 되길 진심으로 바란다.

이 책이 나오기까지 주변에서 묵묵히 많은 도움을 주신 멤버 및 가족들과 진행하는 데 있어서 든든한 버팀목이 돼 주신 에이콘출판사 관계자 분들께도 감사의 말씀을 드리고 싶다. 같이 고민해주고 처음부터 끝까지 살펴봐 주신 편집자 분께도 고마운 마음을 전하고 싶다.

| 차례 |

우리는 상당히 흥미로운 시대에 살고 있다. 사용자는 새로운 애플리케이션이나 디지털 장치를 사용해 항상 특정 작업을 수행하고, 작업 결과로 즐거움을 느끼고, 가족과 친구들과 연결되며, 사진이나 비디오 형태로 추억을 기록할 수 있다. 이러한 애플리케이션이나 다양한 장치들은 계속해서 출시될 것이다. 이러한 애플리케이션이나 장치 대부분은 주머니 안의 작은 스마트폰, 손목에 찬 작은 스마트 시계 또는 스마트 카가 될 수 있다. 여러 엔지니어들이 환상적인 프레임워크와 라이브러리가 지원되는 저렴하고 빠른 프로세서를 개발한 덕분에 그러한 기기들이 존재할 수 있었다. 각 기기들은 인간의 눈과 귀처럼 자연스러운 센서를 사용해 (예상하건데) 한 번의 작업으로 효율적인 수행을 할 수 있는 알고리즘과 기술을 제공한다.

컴퓨터 비전은 하드웨어 및 소프트웨어 기술의 최신 발전으로 혁명을 일으킨 컴퓨터 과학 분야로, 하드웨어 및 소프트웨어 기술 발전에 큰 영향을 미쳤다. 요즘 컴퓨터 비전은 디지털 카메라를 사용해 사진을 찍는 것만큼의 간단한 작업을 수행하는 것뿐만 아니라, 운전 차량의 환경을 이해해 사고를 피할 수 있도록 하는 것과 같은 복잡한 작업에도 사용된다. 생명을 구하기 위해 현미경 이미지로 암세포와 조직을 검출하기도 하고, 동영상에서 사용자의 얼굴을 토끼 얼굴로 바꿀 때도 사용된다. 특히 비즈니스 사업가 및 개발자가 자신들의 아이디어를 실현하는 데 사용할 수 있는 라이브러리 및 프레임워크들이 매우 많은 발전을 이뤘다는 것을 생각하면, 이전과 달리 컴퓨터 비전에 기반한 애플리케이션 또는 디지털 장치를 통해서 많은 것이 가능해졌음을 알 수 있다.

지난 몇 년 동안 OpenCV 또는 오픈소스 컴퓨터 비전^{Open Source Computer Vision} 라이브러리는 컴퓨터 비전 관련 개발자를 위한 완벽한 도구 세트로 변모했다. 여기에는 이미지의 크기 조정 및 필터링과 같은 컴퓨터 비전 라이브러리를 사용한 예상 가능한 가장 기본적인 작업부터, 머신 러닝을 통한 훈련 모델에 이르는 많은 컴퓨터 비전 문제 구현에 필요한 거의 모든 것이 들어가 있다. 훈련 모델을 사용해 객체 검출을 신속하게 할 수도 있다. OpenCV 라이브러리에는 컴퓨터 비전 애플리케이션을 개발하는 데 필요한 거의 모든 것이 포함돼 있으며 C++과 파이썬 같은 가장 많이 사용되는 프로그래밍 언어도 지원한다. .NET 프레임워크^{Framework}용 OpenCV 바인딩을 찾을 수도 있다. OpenCV는 모바일 플랫폼이든 데스크톱 플랫폼이든 거의 모든 주요 운영체제에서 실행될 수 있다.

이 책의 목표는 실습 예제 및 샘플 프로젝트 모음을 사용해 개발자에게 OpenCV 라이브러리가 있는 컴퓨터 비전 애플리케이션 개발 방법을 알려주는 것이다. 이 책의 각 장에서 다루는 주제에 해당하는 많은 컴퓨터 비전 알고리즘이 포함돼 있으며 모든 장을 순서대로 살펴봄으로써 컴퓨터 비전 알고리즘을 사용해 볼 수 있다. 이 책에서 다루는 대부분의 컴퓨터 비전 알고리즘은 서로 독립적이다. 그렇지만, 맨 처음부터 시작해 각 장의 순서에 따라 컴퓨터 비전 지식을 알아가는 것이 좋다. 이 책은 실습에 유용하다고 불리는 이유가 있을 만큼 이 책에 나오는 각 사례를 테스트한다. 모두 재미있고 흥미롭고 계속 진행할수록 자신감을 키울 수 있다.

▌ 이 책의 대상

운영체제에서 C++ 프로그래밍 언어 및 타사 라이브러리 사용법에 대한 지식을 쌓은 개발자의 경우에는 이 책의 주제를 쉽게 이해하고 사용할 수 있다. 반면에 파이썬 프로그래밍 언어에 익숙한 개발자는 OpenCV 라이브러리 사용법을 익히기 위해서 이 책을 볼 수 있다. 그러나 이 책의 주요 초점은 C++로 구현된 알고리즘에 있기 때문에 예제를 C++에서 파이썬까지 스스로 적용해 봐야 할 것이다.

▌ 이 책의 내용

1장, '컴퓨터 비전 소개'에서는 컴퓨터 비전 과학의 기본 원리, 사용처에 대해 설명한다. 이미지의 정의와 픽셀, 깊이 및 채널과 같은 기본 속성 등에 대해 설명한다. 1장은 컴퓨터 비전 세계 입문자에게 컴퓨터 비전을 소개한다.

2장, 'OpenCV 시작하기'에서는 OpenCV 라이브러리를 소개하고 OpenCV 개발의 가장 중요한 빌딩 블록들을 통해 핵심 내용을 자세히 설명한다. 정보를 얻을 수 있는 곳과 정보를 사용하는 방법에 대한 내용도 함께 제공된다. 2장에서는 CMake의 사용법과 OpenCV 프로젝트를 만들고 빌드하는 방법을 간략하게 살펴본 후에, Mat 클래스와 Mat의 변형 항목에 대해 배운다. 그리고, 이미지와 비디오를 읽고 쓰며 (여러 가지 다른 입력 소스 유형 중에서) 카메라에 액세스하는 방법에 대해서도 배운다.

3장, '배열 및 행렬 연산'에서는 행렬을 만들거나 변경하는 데 사용되는 기본 알고리즘을 다룬다. 3장에서는 외적, 내적 및 역행렬과 같은 행렬 작업을 수행하는 방법을 학습한다. 그리고 평균, 합 및 푸리에 변환과 같은 수학 연산과 함께 요소별 행렬 연산의 많은 부분들에 대해 소개한다.

4장, '그리기, 필터링 및 변환'에서는 이 책의 범위 내에서 다룰 수 있는 광범위한 이미지 처리 알고리즘을 다룬다. 4장에서는 이미지에 도형과 텍스트를 그리는 방법을 설명한다. 선, 화살표, 직사각형 등을 그리는 법에 대해서도 배운다. 그리고 필터, 확장, 침식 및 이미지의 형태학적 연산을 부드럽게 하는 것과 같은 이미지 필터링 작업에 사용되는 광범위한 알고리즘에 대해서도 설명한다. 4장의 마지막

부분까지 학습하면, 강력한 재매핑 알고리즘과 컴퓨터 비전의 컬러맵 사용법에 대해 잘 알게 것이다.

5장, '역 투영 및 히스토그램'에서는 히스토그램의 개념을 소개하고 단일 및 다중 채널 이미지에서 어떻게 계산되는지 알려준다. 그레이 스케일 및 컬러 이미지의 히스토그램 시각화, 즉 픽셀의 색조 값으로 계산한 히스토그램에 대해 배우고 역 투영 이미지에 대해서도 배운다(히스토그램 추출의 역동작을 학습한다). 히스토그램 비교 및 균등화는 5장에서 다루는 주제 중 하나다.

6장, '비디오 분석 – 동작 검출 및 추적'은 컴퓨터 비전에서 가장 널리 사용되는 추적 알고리즘을 사용해 실시간 객체 탐지 및 추적과 같은 작업을 위해 비디오를 처리하는 방법을 설명한다. 비디오를 전반적으로 처리하는 방법에 대해 간략히 소개한 후, 실제 사례 및 객체 추적 시나리오를 사용해 평균 시프트와 CAM 시프트 알고리즘, 칼만 필터링을 학습한다. 6장의 끝부분에서는 배경 및 전경 추출 알고리즘과 실제로 사용되는 방법에 대해서도 배운다.

7장, '객체 탐지 – 특징과 기술자'는 템플릿 매칭을 사용해 객체 검출에 대한 간단한 소개부터 시작해 형상 분석에 사용할 수 있는 광범위한 알고리즘에 대해 알려준다. 7장에서 다루는 주제에는 키포인트keypoint 검출, 기술자 추출 및 기술자 매칭 체인이 포함돼 있으며, 간단한 픽셀 색상color과 명도intensity 값 대신 특징을 기반으로 객체를 탐지하는 데 사용된다.

8장, '컴퓨터 비전에서의 머신 러닝 적용하기'는 OpenCV 내 머신 러닝(ML) 및 심층 신경망(DNN) 모듈과 가장 중요한 알고리즘, 클래스 및 기능에 대해 다룬다. SVM 알고리즘으로 시작해 유사한 훈련 그룹을 기반으로 모델을 훈련시키는 방법을 배우고 그 모델을 사용해 입력 데이터를 분류한다. HOG 기술자와 SVM을 사용해 이미지를 분류하는 방법에 대해서도 배운다. 8장에서는 OpenCV에서의 인공 신경망 구현과 캐스케이딩 분류cascade classification 방법에 대해서도 학습한다. 8장의 마지막 절에서는 텐서플로TensorFlow와 같은 타사 라이브러리의 사전 모델을 사용해 다른 유형의 여러 객체를 실시간으로 검색하는 방법도 파악한다.

▍준비 사항

이 책을 최대한 활용하려면 각 장의 모든 필수 도구와 소프트웨어가 필요하다.
다음은 이미 첫 번째 절에서 언급했었지만, 간단하고 빠르게 참조할 수 있는 목
록이다.

- Windows, macOS 또는 Linux(예: Ubuntu) 운영체제가 설치된 컴퓨터
- Microsoft Visual Studio(Windows)
- Xcode(MacOS)
- CMake
- OpenCV

처음에는 개발용으로 사용할 만한 수준의 컴퓨터로 어떤 것을 사용할지를 알기
위해 온라인으로 검색하거나 근처 컴퓨터 전문판매점에 문의할 수 있다. 그러나,
지금은 이미 가지고 있는 것만으로도 시작이 가능하다.

또한 IDE^{Integrated Development Envrinoment} 또는 사용하는 빌드 시스템(이 경우 CMake)은
이 책에서 제공하는 예제와 큰 상관이 있진 않다.

예를 들어, 사용자가 IDE와 빌드 시스템에 맞는 OpenCV 라이브러리 구성에 익
숙하다면 이 책의 모든 예제를 수행하고자 할 때 원하는 어떤 코드 편집기와 빌
드 시스템을 사용해도 된다.

▌ 예제 코드 다운로드

이 책에서 사용된 예제 코드는 http://www.packtpub.com/support를 방문해 이메일을 등록하면 파일을 직접 받을 수 있으며, 이 링크를 통해 원서의 Errata도 확인할 수 있다. 또한 https://github.com/PacktPublishing/Hands-On-Algorithms-for-Computer-Vision에서도 예제 코드를 다운로드할 수 있으며, 에이콘출판사의 도서 정보 페이지인 http://www.acornpub.co.kr/book/computer-vision-algorithms에서도 예제 코드를 다운로드할 수 있다.

▌ 컬러 이미지 다운로드

팩트 출판사에서는 이 책에서 사용된 스크린샷/다이어그램의 컬러 이미지들이 담긴 PDF 파일을 제공한다. https://www.packtpub.com/sites/default/files/downloads/HandsOnAlgorithmsforComputerVision_ColorImages.pdf에서 다운로드 받을 수 있다.

에이콘출판사의 도서정보 페이지인 http://www.acornpub.co.kr/book/computer-vision-algorithms에서도 컬러 이미지를 다운로드할 수 있다.

▌ 규약

이 책에는 다양한 텍스트 규약들을 가지고 있다.

CodeInText: 텍스트, 데이터베이스 테이블 이름, 폴더 이름, 파일 이름, 파일 확장명, 경로 이름, 더미^{dummy} URL, 사용자 입력 및 Twitter 핸들로 사용되는 코드 단어를 나타낸다.

코드 블록은 다음과 같은 형태로 설정된다.

```
HistCompMethods method = HISTCMP_CORREL;
double result = compareHist(histogram1, histogram2, method);
```

커맨드 라인^{command-line} 입력 또는 출력은 다음과 같이 작성된다.

```
pip install opencv-python
```

볼드체: 화면상에서 볼 수 있는 새로운 용어와 중요한 단어는 굵게 표시된다. 예를 들면, 메뉴 또는 다이얼로그 박스 내의 단어는 다음과 같이 표시된다. 예제는 다음과 같다. "형태 분석과 특징 분석 알고리즘을 사용하기 전에, **템플릿 매칭**이라는 사용하기 쉬우면서도 강력한 객체 검출 기법을 배울 것이다."

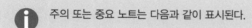 주의 또는 중요 노트는 다음과 같이 표시된다.

 팁과 트릭은 다음과 같이 표시된다.

▌ 소통 방법

독자로부터의 의견은 항상 환영이다.

질문: 이 책과 관련해 문의 사항이 있으면 questions@packtpub.com으로 연락 주길 바란다.

한국어판에 관한 질문은 이 책의 옮긴이나 에이콘출판사 편집 팀(editor@acornpub.co.kr)으로 문의해주길 바란다.

정오표: 내용을 정확하게 전달하기 위해 최선을 다했지만, 실수가 있을 수 있다. 팩트 출판사의 책에 실수가 있다면, 그 문제를 알려준다면 매우 감사하게 생각할 것이다. 오자를 발견한다면 http://www.packtpub.com/submit-errata를 방문해 이 책을 선택하고, 정오표 제출 양식을 통해 세부 오류 정보를 알려주기 바란다. 한국어판은 에이콘출판사 도서정보 페이지인 http://www.acornpub.co.kr/book/computer-vision-algorithms에서 찾아볼 수 있다.

저작권 침해: 팩트 출판사 서적의 불법 복제물을 인터넷에서 발견했다면, 해당 주소나 사이트명을 즉시 알려주길 부탁한다. 의심되는 불법 복제물의 링크를 copyright@packtpub.com으로 보내주기 바란다.

01

컴퓨터 비전 소개

컴퓨터 과학, 특히 알고리즘을 구현하는 방법은 수년에 걸쳐 급속히 발전했다. 개인용 컴퓨터와 스마트폰조차 이전보다 훨씬 빠르고 저렴하다는 것만 봐도 알 수 있다. 이 변화의 영향을 받은 컴퓨터 과학 분야 중 중요한 하나가 컴퓨터 비전이다. 컴퓨터 비전 알고리즘이 구현되고 사용되는 방식은 최근 몇 년 동안 극적인 변화를 겪어 왔다.

이 책에서는 1장부터 컴퓨터 비전 알고리즘을 구현하는 데 사용되는 최신 기술을 소개한다. 그리고 사용 가능한 컴퓨터 비전 알고리즘 전부를 소개하지 않지만, 자주 사용되는 기초 개념을 간략히 설명한다. 이미 컴퓨터 비전과 이미지, 픽셀, 채널 등과 같은 기본 사항을 잘 알고 있다면 1장에서 간단히 살펴보면서 컴퓨터 비전의 기본 개념과 컴퓨터 비전의 전반적인 사항을 다시 한 번 생각해보는 시간이 되길 바란다.

1장에서는 먼저 컴퓨터 비전 분야에 대해 간략히 소개하고 컴퓨터 비전이 사용되는 가장 중요한 산업내의 몇 가지 예제를 살펴볼 것이다. 그 후에 이미지를 사용하는 기본적인 컴퓨터 비전 개념을 직접 살펴본다. 그리고 컴퓨터 비전에서의 이미지와 비전에 대한 빌딩 블록이 무엇인지를 배우게 될 것이다. 이 과정에서 픽셀, 깊이 및 채널과 같은 개념을 다룰 것이며 이는 모두 컴퓨터 비전 알고리즘을 이해하고 성공적으로 수행하는 데 중요하게 사용된다.

1장에서는 다음과 같은 내용을 학습한다.

- 컴퓨터 비전이 무엇이고, 어디에 사용하는가?
- 컴퓨터 비전에서의 이미지는 무엇인가?
- 픽셀, 깊이 및 채널 각각에 대해서 살펴보고, 이들 간의 관계에 대해서도 살펴본다.

기술적 요구 사항

1장은 소개하는 부분이므로, 이론에만 초점을 맞춘다. 따라서 기술적으로 필요한 요구 사항은 없다.

컴퓨터 비전 이해

컴퓨터 비전을 정의하는 것은 쉬운 일이 아니다. 컴퓨터 비전 전문가들끼리도 교과서적 정의를 제공할 때 서로 의견이 달라 서로 동의하지 않는 경우도 있다. 비전 전문가들의 다양한 의견을 다루는 것은 이 책의 범위와 관심에서 벗어나므로 사용자 목적에 맞는 간단하고 실용적인 정의에 초점을 맞출 것이다. 이미지 처리는 이미지를 입력해 출력 이미지를 만들거나, 입력 이미지를 기반으로 출력 값(또는 측정 값)

집합을 생성하는 방법이며 일련의 프로세스들을 수행해 결과를 얻는다. 역사적으로 컴퓨터 비전은 이미지 처리 기술을 의미한다. 요즘은 컴퓨터 비전 엔지니어는 컴퓨터 비전을 이미지 내의 객체 또는 사람을 보는(검출하는) 것과 같이 사람의 시력을 모방할 수 있는 알고리즘과 관련된 개념이라고 정의한다.

그렇다면 우리는 어떤 정의를 수용할 것인가? 대답은 아주 간단한다. 몇 가지 단어로 표현하자면, 컴퓨터 비전은 디지털 시각 데이터(또는 시각화할 수 있는 모든 데이터)를 상상 가능한 방식으로 처리하는 알고리즘, 방법 및 기술이다. 이러한 의미로 시각적 데이터를 설명한다면 기존의 카메라로 촬영한 이미지뿐만 아니라, 지도의 그래픽 표현이나 고도, 열 강도heat intensity 맵 또는 실제와 관계없이 시각화할 수 있는 데이터까지 지도 포함한다.

이 정의를 사용하면 다음과 같은 질문들을 컴퓨터 비전으로 해결할 수 있다.

- 이미지를 부드럽게 하거나 선명하게 하는 방법은 무엇일까?
- 이미지 크기를 줄이려면 어떻게 해야 할까?
- 이미지의 밝기를 높이거나 낮추려면 어떻게 해야 할까?
- 이미지에서 가장 밝은 영역을 어떻게 검출할까?
- 동영상(또는 일련의 연속된 이미지)에서 얼굴을 검출하고 추적하는 방법은 무엇일까?
- 보안 카메라의 비디오 피드에서 얼굴을 어떻게 인식할까?
- 비디오에서 모션을 어떻게 검출할까?

> ℹ️ 현대의 컴퓨터 비전 과학에서 이미지 프로세싱은 일반적으로 이미지 필터링, 변환 등을 다루는 컴퓨터 비전 방법 및 알고리즘의 하위 카테고리다. 그렇지만, 많은 사람들이 컴퓨터 비전과 이미지 처리 용어를 같은 의미로 사용한다.

오늘날 컴퓨터 비전은 컴퓨터 과학 및 소프트웨어 업계에서 가장 뜨거운 주제 중 하나다. 그 이유는 인간이 일반적으로 기대하는 다양한 작업을 처리할 수 있고 단순화할 수 있는 애플리케이션, 디지털 장치 또는 산업 장치 아이디어를 실제 구현할 수 있고, 그 외에 다양한 방식으로도 사용될 수 있기 때문이다. 자동차, 영화, 생물 의학 장치, 국방, 사진 편집 및 공유 도구, 비디오 게임 산업 등 다양한 산업 분야에 따라 방금 언급한 작업 예제가 많이 존재한다. 여기서는 다음의 두 가지 예에 대해서만 이야기하고 나머지는 추가 연구용으로 남겨둔다.

컴퓨터 비전은 현대 자동차의 안전과 기능을 향상시키기 위해 자동차 업계에서 지속적으로 사용한다. 차량은 교통 표지판을 검출하고 운전자에게 속도 제한 위반에 대해 경고하거나 도로상의 차선 및 장애물을 검출하고 가능한 위험에 대해 운전자에게 알릴 수 있다. 컴퓨터 비전을 자동차 산업에서 자율주행 자동차와 같이 최신 기술에 사용할 수 있는 방법에 관해 제시할 수 있는 실용적인 사례는 매우 많다. 주요 기술을 가진 기업들은 엄청난 양의 자원을 투자하고 있으며 오픈 소스 커뮤니티와 성과를 공유하고 있다. 7장과 8장에서, 특히 여러 유형의 객체를 실시간으로 탐지하기 위해, 이 중 일부를 활용할 것이다.

다음 이미지들은 차량에 탑재된 카메라를 통해 일반적으로 보이는 것이며, 자동차 산업계에서 관심을 가지고 있는 몇 가지 객체, 기호 및 관심 분야를 보여준다.

비전기술을 사용해 기술 혁명을 이룰 수 있는 단계에 있는 또 다른 훌륭한 예는 바이오 메디컬 산업이다. 인간 장기와 신체 부위에 대한 이미지 처리 방법이 크게 향상됐고, 이미지가 해석되고 시각화되는 방식도 컴퓨터 비전 알고리즘을 통해서 개선됐다. 컴퓨터를 사용해 매우 높은 수준의 정밀도로 현미경으로 찍은 이미지에서 암 조직을 검출할 수 있다. 예를 들면, 로봇을 사용해 수술할 때도 개선된 이미지 처리를 통해서 유망하고 새로운 결과를 얻을 수 있게 됐다.

다음 그림은 디지털 현미경을 사용해 스캔한 조직의 다양한 영역 중에서 관심 있는 특정 유형의 생물학적 객체(이 경우엔 세포)의 개수를 계산할 때 컴퓨터 비전을 사용한 예다.

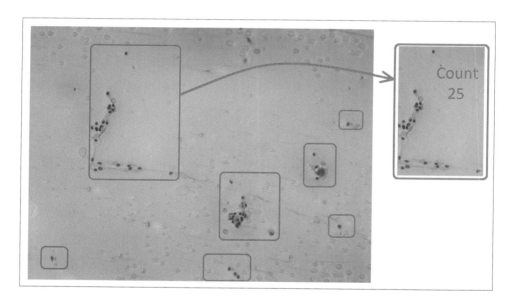

자동차 및 생물 의학 산업 외에도 컴퓨터 비전은 수천 개의 모바일 및 데스크톱 애플리케이션에서 다양한 작업을 수행하는 데에도 사용된다. 일부 컴퓨터 비전 관련 애플리케이션 예제는 스마트폰의 온라인 애플리케이션 스토어를 통해서 살펴볼 수 있다. 그렇게 하면 컴퓨터 비전 애플리케이션 아이디어와 당신의 상상력간에 문자 그대로 거의 차이가 없다는 것을 바로 깨닫게 될 것이다.

▌ 이미지에 대해 학습하기

이제 이미지로 시작하는 컴퓨터 비전의 기본을 다룰 차례다. 그러면, 이미지가 정확히 무엇일까? 컴퓨터 비전 관점에서 볼 때, 이미지는 간단히 말하면 행렬이며, 다른 표현을 사용하면 일정한 개수의 행과 열을 가진 2D 벡터다. 이미지를 보는 이러한 방법은 이미지 자체의 설명뿐만 아니라 다음과 같은 모든 구성 요소들을 단순화한다.

- 이미지의 너비는 행렬 열의 개수다.
- 이미지 높이는 행렬 행의 개수다.
- 행렬의 각 요소는 이미지의 가장 기본적인 구성 요소인 픽셀을 나타낸다. 이미지는 픽셀 모음이다.
- 각 픽셀 또는 행렬의 각 요소에는 시각적 표현(색상, 밝기 등)에 해당하는 하나 이상의 숫자 값이 포함될 수 있다. 나중에 컴퓨터 비전의 색 공간에 관해서 이야기할 때 더 자세히 알게 될 것이다. 그러나 픽셀과 관련된 각 숫자 값은 채널을 나타낸다. 예를 들어, 그레이 스케일 이미지의 픽셀은 일반적으로 0에서 255 사이의 단일 부호없는 8비트 정숫값을 사용해 표현된다. 따라서 그레이 스케일 이미지는 단일 채널의 이미지다. 이 표현 형식에서 0은 검정을 나타내고 255는 흰색을 나타내며 다른 모든 숫자는 그레이 스케일(회색 음영) 값에 해당한다. 또 다른 예는 표준 RGB 이미지 표현이다. 각 픽셀은 0에서 255 사이의 3개의 부호없는 8비트 정숫값으로 표현된다. RGB 이미지의 각 픽셀을 나타내는 세 개의 채널은 적색, 청색 및 녹색의 명도^{intensity} 값에 해당하며 조합 시 가능한 모든 색상을 형성할 수 있다. 이러한 이미지를 3채널 이미지라고 한다.

다음 그림은 그레이 스케일과 컬러(RGB) 형식의 동일한 이미지에서 동일한 영역에 대해 확대한 두 가지 버전을 보여준다. 그레이 스케일 이미지의 왼쪽에 있는 더 높은 값이 밝은 값에 해당하고 그 반대도 마찬가지다. 그리고 색상이 있는 이미지(오른쪽)에서 빨간색 채널의 값이 매우 높다는 것을 알 수 있다. 이 값은 해당 영역의 붉은색과 마찬가지로 흰색 채널에 있어서도 동일하게 해당된다.

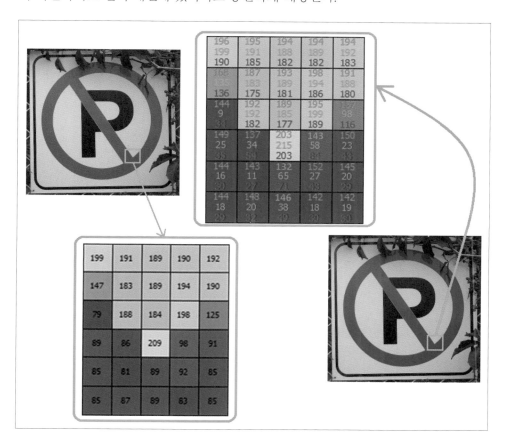

이전에 언급한 것 외에도 이미지에는 추가로 다음과 같은 몇 가지 사양들을 사용한다.

- 각 픽셀 또는 행렬의 요소는 정수 또는 부동 소수점 수다. 8비트, 16비트 등의 숫자가 될 수 있다. 여러 채널을 가지는 각 픽셀의 숫자 값 형식은 이미지의 깊이를 나타내는 데 사용된다. 예를 들면, 각 채널에서 16비트 정숫값을 사용하는 4개 채널 이미지는 4비트에 16을 곱한 깊이를 가지며 64비트(또는 4바이트) 깊이로 표시될 수도 있다.

- 이미지의 해상도는 이미지의 픽셀 수를 나타낸다. 예를 들어 너비가 1920이

고 높이가 1080인 이미지(풀 HD 이미지의 경우와 같이)는 1920에 1080을 곱한 해상도이며, 200만 화소 또는 약 2메가 픽셀을 약간 넘는다.

수학적 엔티티로 쉽게 인식될 수 있는 이미지 표현 방식을 사용해 많은 다른 유형의 이미지 사용 알고리즘을 설계할 수 있다. 대부분의 그림 편집 소프트웨어(및 컴퓨터 비전 알고리즘)에서 이미지 수정을 위해 상당히 간단한 알고리즘 및 행렬 연산을 사용하고, 이미지를 가장 단순하게 표현하는 방법을(그레이 스케일 이미지를 사용) 몇 가지 예제에서 사용한다. 다음 이미지에서 입력 이미지(중간 이미지)의 각 픽셀에 상수 (이 예제에서는 80)를 추가하면 결과 이미지가 밝아진다(오른쪽 이미지). 결과를 더 어둡게 만들려면 각 픽셀에서 숫자를 빼면 된다(왼쪽 이미지).

ℹ️ 1장에서는 컴퓨터 비전의 기본 개념에만 중점을 두고 앞의 이미지에 대한 수정 예제의 구현과 관련된 세부 정보는 다루지 않는다. 2장에서는 더 많은 이미지 처리 기술과 알고리즘에 대해 배우게 될 것이다.

이번 절에서 언급한 이미지 속성(너비, 높이, 해상도, 깊이 및 채널)은 컴퓨터 비전에서 광범위하게 사용된다. 예를 들어, 이미지 처리 알고리즘이 너무 복잡하고 시간이 오래 걸리는 경우 이미지 크기를 조정해 작게 만들 수 있으므로 처리 시간이 단축된다. 일단 이미지가 처리되면 결과를 다시 원래 이미지 크기로 매핑하고 사용자에게 표시할 수 있다. 동일한 프로세스가 깊이 및 채널에도 적용된다. 알고리즘에서 이미지의 특정 채널만 있으면 추출해 별도로 처리하거나 이미지의 그레이 스케일 변환 버전을 사용할 수 있다. 객체 검출 알고리즘이 완료되면 원래의 컬러 이미지 위에 결과를 표시해야 한다. 이러한 종류의 이미지 속성을 이해하면, 다양한 컴퓨터 비전 문제에 직면할 때나 컴퓨터 비전 알고리즘을 사용할 때 많은 도움이 된다. 이제 더 이상 고민하지 않고 색상 공간을 살펴보자.

색상 공간

정의가 다를 수 있겠지만, 일반적으로 색상 공간(때로는 색상 모델이라고도 함)은 색상 집합을 해석, 저장 및 재현하는 데 사용되는 방법이다.

다음 예제에서 그레이 스케일 색상 공간을 사용할 때를 자세히 살펴보자. 그레이 스케일 색상 공간에서 각 픽셀은 해당 픽셀의 밝기 또는 회색 명도에 해당하는 단일 8비트 부호없는 정숫값으로 표시된다. 이렇게 하면 0이 절대 검정에 해당하고 255가 절대 흰색에 해당하는 256가지 서로 다른 레벨의 그레이 스케일을 저장할 수 있다. 즉, 한 픽셀의 값이 높을수록 밝아지고 그 반대도 마찬가지다. 다음 그림은 그레이 스케일 색상 공간 내에 존재할 수 있는 모든 색상을 표시한다.

또 다른 일반적으로 사용되는 색 공간은 RGB다. 각 픽셀은 해당 픽셀의 빨강, 녹색 및 파랑색의 명도에 해당하는 세 개의 서로 다른 8비트 정숫값으로 표현된다. 이 색 공간은 특히 TV, LCD 및 이와 유사한 디스플레이에 사용된다. 돋보기를 사용해 모니터 표면을 보면 이를 직접 확인할 수 있다. 그것은 모든 색상이 다양한 양의 빨강, 녹색 및 파랑을 결합해 표현될 수 있다는 단순한 사실에 의존한다. 다음 그림은 세 가지 기본 색상 사이의 다른 모든 색상(예: 노란색 또는 분홍색)이 어떻게 형성되는지 보여준다.

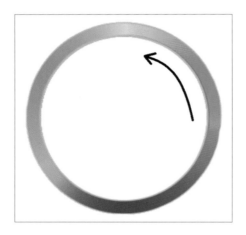

> 개별 픽셀 각각에서 동일한 R, G 및 B 값을 갖는 RGB 이미지는 그레이 스케일 이미지를 생성한다. 즉, 같은 명도의 빨강, 녹색 및 파랑을 사용하면 그레이 색을 가지게 된다.

컴퓨터 비전에서 널리 사용되는 다른 색 공간은 HSV(색조, 채도 및 값) 색 공간이다. 이 색 공간에서 각 픽셀은 색조(색), 채도(색 강도) 및 값(밝기/어둡기 정도)의 세 가지 값으로 표시된다. 다음 이미지에서 볼 수 있듯이 색조는 해당 픽셀의 색을 나타내는 0에서 360(도) 사이의 값이 될 수 있다. 예를 들어, 0 및 그 근처는 빨간색 및 기타 유사한 색상에 해당한다.

이 색상 공간은 특히 이 책의 뒷부분에서 볼 수 있듯이 객체의 색상을 기반으로 하는 컴퓨터 비전 검출 및 추적 알고리즘에서 널리 사용된다. 그 이유는 HSV 색상 공간이 어둡거나 밝은 정도에 관계없이 작업할 수 있기 때문이다. 개별 픽셀 채널 값으로는 색상을 알 수 없으므로 RGB 및 이와 유사한 색상 공간에서는 작업이 쉽지 않다.

다음 그림은 하나의 이미지에서 색조의 변화(왼쪽에서 오른쪽으로), 채도 및 값을 표시해 가능한 모든 색상을 생성하는 HSV 색상 공간의 또 다른 표현 방식이다.

이번 절에서 언급된 색상 공간 외에도 많은 다른 색상 공간이 있으며 각 색상 공간마다 고유의 사용 사례가 있다. 예를 들어 4채널 CMYK 색상 공간(Cyan, Magenta, Yellow 및 Key/Black)은 출력 시스템에서 가장 효과적이다.

인터넷 검색을 통해 다른 유명한 색상 공간에 대해 배우고 특정 컴퓨터 비전 문제 해결에 유용하게 사용할 수 있는 방법을 알아보도록 한다.

입력, 처리 및 출력

이미지가 기본적으로 너비, 높이, 요소 유형, 채널, 깊이 등과 같은 필수 속성을 갖는 행렬과 같은 엔티티임을 알게 된 이후에 남은 유일한 질문은 '어떻게 만들어지는지?', '발생한 결과는 무엇인지?' 등이다. 그리고 '만들어진 결과는 어디에서 사용되는지?'라는 질문도 가진다.

간단한 사진 갤러리 애플리케이션을 예제로 사용해 더 자세히 설명해 보자. 사용자는 기본적으로 이러한 애플리케이션이 들어가 있는 스마트폰을 사용한다. 사진 갤러리 애플리케이션을 사용하면 일반적으로 스마트폰에 내장된 카메라를 사용해 새로운 사진이나 비디오를 찍거나 이전에 녹음한 파일을 사용하거나 이미지에 필터를 적용하거나 소셜 미디어, 전자 메일 또는 친구/가족과 공유할 수 있다. 이 예제는 간단한 애플리케이션처럼 보일 수 있지만 적절한 컴퓨터 비전 애플리케이션의 중요한 내용들을 모두 포함하고 있다.

이러한 사용 사례를 기반으로, 다양한 입력 장치를 통해서 이미지를 얻을 수 있다고 말할 수 있다. 가장 일반적인 이미지 입력 장치는 다음과 같다.

- 디스크, 메모리, 네트워크 또는 기타 접근 가능한 위치에 저장된 이미지 파일.
  저장된 이미지 파일은 원시(정확한 이미지 데이터 포함) 또는 인코딩된(예: JPG) 것일 수 있다. 이 파일들은 이미지 파일로 볼 수 있다.
- 카메라로 촬영한 이미지. 여기서의 카메라는 개인용 컴퓨터의 웹캠, 스마트폰의 카메라 또는 기타 전문 사진 장치, 디지털 현미경, 망원경 등을 의미한다.
- 디스크, 메모리, 네트워크 등에 저장된 비디오 파일의 연속 프레임 또는 비연속 프레임. 이미지 파일과 마찬가지로 비디오 파일도 인코딩할 수 있다. 이 경우 사용하기 전에 인코딩하기 위해 특수한 유형의 소프트웨어(코덱이라고 함)가 필요하다.
- 라이브 비디오 카메라 피드의 연속 프레임

입력 장치를 사용해 이미지를 읽은 후에 실제 처리가 시작된다. 이 과정은 아마 이 책에서 제공하는 컴퓨터 비전 프로세스 사이클 중의 일부일 것이다. 실제 컴퓨터 비전 알고리즘을 사용해 이미지에서 값을 추출하거나 한 가지 방향 또는 다른 방향으로 수정하거나 다른 유형의 컴퓨터 비전 작업을 수행할 수 있다. 이 부분은 보통 주어진 장치의 소프트웨어에서 이뤄진다.

이제 전체 프로세스를 통해 만들어진 결과물을 얻을 수 있다. 이 부분은 컴퓨터 비전 알고리즘과 컴퓨터 비전 프로세스가 실행되는 장치 유형에 따라 달라지지만, 일반적으로는 다음 유형의 출력이 컴퓨터 비전 알고리즘을 통해서 만들어질 것으로 예상된다.

- 이미지가 처리된 결과에서 나온 숫자, 형상, 그래프 또는 기타 비이미지 유형 출력이 존재할 수 있다. 예를 들어, 이미지의 인원수를 계산하는 알고리즘은 보안 카메라의 연속 비디오 프레임에서 발견되는 인원수를 나타내는 단일 정수 또는 그래프만을 출력하면 된다.
- 디스크, 메모리 및 유사한 장치에 저장된 이미지 또는 비디오 파일을 결과로 얻을 수 있다. 이에 대한 일반적인 예는 수정된 이미지를 JPG 또는 PNG 파일로 기록할 수 있는 휴대 전화 또는 개인용 컴퓨터의 사진 편집 소프트웨어다.
- 디스플레이 화면에 그려지고 렌더링된 이미지 및 비디오 프레임이 출력으로 만들어진다. 디스플레이는 표시되는 내용을 제어하는 펌웨어(운영체제에 포함됨)로 제어된다.

입력 장치와 마찬가지로 이미지 출력 장치를 약간 다르게 해석하면 더 많은 결과와 항목(예: 프린터, 플로터, 비디오 프로젝터 등)들이 생성될 수 있다. 그렇지만, 앞의 목록으로도 컴퓨터 비전 알고리즘으로 작업할 때 처리할 가장 기본적이고 중요한 유형의 출력을 다루기엔 충분하다.

▌ 컴퓨터 비전 프레임워크 및 라이브러리

컴퓨터 비전 애플리케이션을 구축하려면 입력, 출력 및 이미지 처리를 지원하는 일련의 도구인 프레임워크 또는 라이브러리가 필요하다. 컴퓨터 비전 라이브러리를 선택하는 작업은 매우 중요하다. 왜냐하면 사용자 스스로 모든 것을 재발견해야 할 위치에 있게 될 수 있기 때문이다. 또한 필요한 형식으로 이미지를 읽거나 쓰는 것과 같이 많은 리소스와 시간을 필요로 하는 기능 및 코드를 작성해야 할 수도 있다.

일반적으로 컴퓨터 비전 애플리케이션을 개발할 때 선택할 수 있는 두 가지 주요 컴퓨터 비전 라이브러리는 다음과 같다.

- **자체 독점**: 독점적인 컴퓨터 비전 라이브러리는 일반적으로 제공 업체가 잘 지원하고, 문서화도 잘 돼 있다. 그렇지만 유료이고, 특정한 컴퓨터 비전 문제를 해결하는 데 집중돼 있다.
- **오픈 소스**: 일반적으로 오픈 소스 라이브러리는 컴퓨터 비전 관련 문제를 훨씬 광범위하게 다루고 있으며, 자유롭게 사용하고 탐구할 수 있다.

자체 독점 및 오픈 소스 컴퓨터 비전 라이브러리의 여러 가지 좋은 예를 온라인으로 검색해 직접 비교할 수 있다.

이 책 전체에서 사용할 라이브러리는 OpenCV^{Open Source Computer Vision}다. OpenCV는 다음과 같은 기능을 갖춘 컴퓨터 비전 라이브러리다.

오픈 소스이며 학술 또는 상업 프로젝트에서 사용하더라도 무료로 사용할 수 있다. C++, 파이썬 및 자바 언어, 클로스 플랫폼을 지원한다. 즉, 윈도우, macOS, 리눅스, 안드로이드 및 iOS용 애플리케이션을 개발하는 데 사용될 수 있다. 모듈 방식으로 제작됐으며 성능이 빠르고 문서화가 잘 돼 있다. OpenCV는 다양한 컴퓨터 비전 작업을 처리하기 위해 몇 가지 타사 라이브러리를 사용한다. 예를 들어 FFmpeg 라이브러리는 OpenCV에서 특정 비디오 파일 형식을 읽는 데 사용된다.

▌ 요약

1장에서는 컴퓨터 비전 과학의 가장 기본적인 개념을 소개했다. 이 용어들을 광범위하게 사용하는 산업을 살펴보기 전에 컴퓨터 비전 용어와 사용 사례를 먼저 알아봤다. 그런 후 이미지와 픽셀, 해상도, 채널, 깊이 등의 가장 중요한 속성에 대해 계속 살펴봤다. 그리고 가장 널리 사용되는 일부 색상 공간에 대해 논의하고 이미지의 채널 수 및 기타 속성에 미치는 영향을 배웠다. 그 후에 컴퓨터 비전에 사용된 일반적인 입력 및 출력 장치와 컴퓨터 비전 알고리즘 및 프로세스가 어떻게 사용될지를 제시했으며 컴퓨터 비전 라이브러리에 대해 간단히 토론하고 OpenCV라는 컴퓨터 비전 라이브러리를 선보였다.

2장에서는 OpenCV 프레임워크를 소개하고 실습을 통한 컴퓨터 비전 강의를 시작한다. 그리고, OpenCV를 사용해 입력 장치에 액세스하고 컴퓨터 비전 알고리즘을 수행하며 출력 장치에 액세스해 결과를 표시하거나 기록하는 방법에 대해 알아본다.

2장은 이 책의 첫 번째 실습 장이 될 것이고 나중에 더 실용적인 장을 위해 설정 작업을 수행할 것이다.

▌질문 사항

1. 1장에서 언급한 것 외에 컴퓨터 비전의 이점을 크게 누릴 수 있는 두 가지 산업을 나열해보자.

2. 보안 목적으로 사용되는 컴퓨터 비전 애플리케이션의 예는 무엇일까?(아직 살펴보지 못한 애플리케이션에 대한 아이디어를 생각해보자.)

3. 생산성 향상을 위해 사용되는 컴퓨터 비전 애플리케이션의 예가 무엇일까? (다시 생각해 보면, 그런건 존재하지 않는다고 의심했던 애플리케이션에 대해서도 생각해 보자.)

4. 4채널 및 32비트 깊이의 1920 × 1080 이미지를 저장하려면 얼마나 많은 용량(메가 바이트)이 필요할까?

5. 최근에는 4K 또는 8K 이미지라고 하는 Ultra-HD 이미지가 많이 사용되는데 초고속 HD 이미지는 몇 메가 픽셀일까?

6. 1장에서 언급한 색상 공간 외에 일반적으로 사용되는 두 가지 색상 공간을 지정해보자.

7. OpenCV 라이브러리를 MATLAB의 컴퓨터 비전 도구와 비교해보자. 각 장단점은 무엇일까?

02

OpenCV 시작하기

1장에서는 서비스와 제품을 향상시키기 위해 컴퓨터 비전을 사용하고자 하는 산업 분야의 예를 통해 컴퓨터 비전을 소개했다. 그런 후 이미지 및 픽셀과 같은 컴퓨터 비전의 가장 기본적인 개념에 대해 배웠다. 색 공간에 대해 살펴보고 컴퓨터 비전 라이브러리 및 프레임워크에 대해 간략히 설명했다. 2장에서는 OpenCV라는 가장 강력하고 널리 사용되는 컴퓨터 비전 라이브러리 중 하나를 소개할 것이다.

OpenCV는 클로스 플랫폼 컴퓨터 비전 애플리케이션을 만드는 데 사용되는 클래스, 함수, 모듈 및 기타 관련 리소스들을 많이 포함하고 있다. 2장에서는 OpenCV의 구조, 포함된 모듈과 그 목적 및 지원되는 프로그래밍 언어에 대해 알아보도록 한다. OpenCV를 어디서 어떻게 얻는지를 살펴보고, OpenCV를 사용해 애플리케이션을 빌드하는 데 사용할 수 있는 도구를 간단히 살펴보도록 하겠다. 그런 다음에 CMake를 사용해 OpenCV를 사용한 프로젝트를 쉽게 만드는 법을 배운다. C++ 클래스 및 함수가 사용자들의 주된 관심사이지만, 2장에서는 두 가지 언어에 모두 익숙한 개발자가 2장의 주제를 따라갈 수 있도록 파이썬과 동등한 내용을 다룰 것이다.

OpenCV 라이브러리를 사용하는 기본적인 내용을 학습한 후에 Mat 클래스에 대해 배운다. 이미지에 대해 1장에서 다뤘던 모든 개념이 OpenCV의 Mat 클래스 구조에 어떻게 포함됐는지 살펴본다. 또한 Mat 클래스와 호환되거나 (또는 밀접하게 관련된) 다양한 다른 클래스에 대해서도 설명할 것이다. 함수에서 입력 및 출력 매개변수를 처리하는 OpenCV는 매우 중요한 주제로 2장의 뒷부분에서 다룬다. 마지막으로 컴퓨터 비전 애플리케이션에서 OpenCV를 사용해 입력, 프로세스 및 출력의 3단계를 적용하는 방법을 학습한다. 적용 방법을 알기 위해서는 먼저 OpenCV를 사용해 이미지 및 비디오 파일에 액세스(및 작성)하는 방법을 알아야 한다.

2장은 1장의 내용과 직접적으로 연결되며, 실용적이고 실제적인 예제를 사용해 컴퓨터 비전 알고리즘 학습의 기초를 마련한다.

2장에서는 다음 내용들을 살펴보도록 한다.

- OpenCV는 무엇이며 어디서 구할 수 있으며 사용 방법은 무엇일까?
- CMake를 사용해 OpenCV 프로젝트를 만드는 방법은?
- Mat 클래스 이해 및 픽셀 액세스 방법은?
- Mat_, Matx 및 UMat 클래스를 사용하는 방법은?
- imread 및 imwrite 함수를 사용해 이미지를 읽고 쓰는 방법은?
- VideoCapture 및 VideoWriter 클래스를 사용해 비디오를 읽고 쓰는 방법은?
- 네트워크에서 카메라 및 비디오 피드에 액세스하는 방법(실시간 스트리밍 프로토콜(RTSP))은?

▍ 기술적 요구 사항

- Microsoft Visual Studio, Xcode 또는 C++ 프로그램 개발용 IDE
- Visual Studio 코드 또는 CMake 파일, Python 소스 파일 등을 편집하는 데 사용할 수 있는 다른 코드 편집기
- 파이썬 3.X
- CMake 3.X
- OpenCV 3.X

> ℹ️ 항상 배우고자 하는 최신 기술과 소프트웨어 버전을 사용하는 것이 가장 좋다. 이 책에서 다루는 주요 주제인 컴퓨터 비전에 있어서도 최신 버전을 사용하는 것이 예외가 아니며, 언급된 소프트웨어의 최신 버전을 다운로드해 설치해야 한다.

필요할 때마다 설치 및 구성에 대한 간단한 지침이 제공된다. 다음 URL을 사용해 2장의 소스 코드와 예제를 다운로드할 수 있다.

https://github.com/PacktPublishing/Hands-On-Algorithms-for-Computer-Vision/tree/master/Chapter02

OpenCV 소개

OpenCV^{Open Source Computer Vision}는 컴퓨터 비전 애플리케이션을 작성하는 데 필요한 클래스와 기능을 포함하는 라이브러리, 도구 및 모듈 집합이다.

전 세계의 컴퓨터 비전 개발자가 수백만 번 다운로드한 OpenCV 라이브러리는 실제 프로젝트(상업 프로젝트 포함)에 사용하기 위해 빠르게 최적화돼 있다. 이 책을 쓰는 시점에서의 OpenCV의 가장 최신 버전은 3.4.1이며, 이 책의 모든 예제에서 사용할

버전이기도 한다.[1] OpenCV는 C/C++, 파이썬 및 자바 언어를 지원하며 Windows, Linux, macOS, Android 및 iOS를 포함해 데스크톱 및 모바일 운영체제용 컴퓨터 비전 애플리케이션을 만드는 데 사용할 수 있다.

 OpenCV 라이브러리와 OpenCV 프레임워크는 모두 OpenCV를 가리키는 데 사용되며, 컴퓨터 비전 커뮤니티에서는 이 용어가 대부분 상호 교환적으로 사용된다는 점에 유의해야 한다. 같은 이유로 이 책 전체에서 이 용어들을 서로 바꿔 같이 사용할 것이다.

그러나 프레임워크는 일반적으로 OpenCV와 같은 공통 목표를 달성하기 위한 관련 라이브러리 및 도구 세트를 나타내는 용어다.

OpenCV는 다음 두 가지 유형의 모듈로 구성된다.

- **기본 모듈**: 이 모듈은 기본적으로 OpenCV 릴리스 버전에 포함돼 있으며 이미지 처리 작업, 필터링, 변환 및 기타 여러 기능에 사용되는 모듈과 함께 모든 핵심 OpenCV 기능을 포함한다. 이번 절에서 설명할 내용이다.
- **추가 모듈**: 이 모듈에는 기본적으로 OpenCV 라이브러리에 포함되지 않은 모든 OpenCV 기능이 포함돼 있으며 대부분 컴퓨터 비전과 관련된 추가 기능이 포함돼 있다. 예를 들어, Extra 모듈에는 텍스트 인식에 사용되는 라이브러리와 유료$^{non-free}$ 특징 검출기가 포함돼 있다. 여기서는 기본 모듈에 초점을 맞추고 있으며 모듈에 포함된 기능을 다루는 데 도움이 될 수 있지만, 필요하면 언제든지 추가 모듈의 사용 가능한 옵션을 참조해 사용할 수 있다.

OpenCV의 기본 모듈

앞서 언급했듯이 OpenCV는 핵심 기능과 기본 기능을 모두 포함하는 여러 가지 기

---

1   OpenCV의 최신 버전은 4.0이지만, 이 책에서 다루는 범위는 버전이 올라가더라도 거의 문제 없다.
    이 책의 본문에서는 원서의 버전을 그대로 사용했으며, 소스는 https://github.com/PacktPublishing/Hands-On-Algorithms-for-Computer-Vision를 통해서도 확인할 수 있다.

본 모듈을 가지고 있다. 다음은 이러한 모듈의 목록이다.

- core: 핵심 OpenCV 기능이 모두 포함돼 있다. 예를 들어, Mat 클래스(나중에 자세히 설명 함) 및 행렬 연산을 비롯한 모든 기본 구조가 포함돼 있다.
- imgproc: 필터링, 변환 및 히스토그램과 같은 모든 이미지 처리 기능이 포함돼 있다.
- imgcodecs: 이미지 읽기 및 쓰기에 사용되는 기능이 포함돼 있다.
- videoio: imgcodecs 모듈과 비슷하지만 이름에서 알 수 있듯이 동영상 작업에 사용된다.
- highgui: 본문 전반에 광범위하게 사용되며 일반적으로 결과를 나타내고 GUI 작성에 사용되는 모든 기능이 포함돼 있다. highgui 모듈은 이 책의 목적을 달성하기에 충분하고 컴퓨터 비전 알고리즘에 대해 배우면서 결과를 시각화할 때 사용가능하지만, 전체 크기를 지원하는 애플리케이션을 위한 것은 아니다. 본격적인 컴퓨터 비전 애플리케이션 개발을 위한 적절한 GUI 작성 도구에 대한 자세한 내용은 2장의 마지막에 있는 추가 읽기 절을 참조한다.
- video: 모션 검출 및 추적, 칼만 필터 및 CAM 이동 알고리즘(객체 추적에 사용됨)과 같은 OpenCV의 비디오 분석 기능이 포함돼 있다.
- calib3d: 보정 및 3D 재구성 기능이 포함된다. 이 모듈의 기능 중 잘 알려진 예는 두 이미지 간의 변환 추정 경우다.
- features2d: 지원되는 키포인트 검출 및 기술자 추출 알고리즘이 포함돼 있다. 3장에서 배우겠지만 가장 널리 사용되는 객체 검색 및 분류 알고리즘이 포함돼 있다.
- objdetect: 이름에서 알 수 있듯이, 이 모듈은 OpenCV를 사용해 객체를 탐지하는 데 사용된다. 8장에서 이 모듈에 포함된 기능을 배운다.
- dnn: objdetect 모듈과 마찬가지로 객체 검출 및 분류 용도로 사용된다. dnn 모듈은 OpenCV의 기본 모듈 목록에서 상대적으로 새로운 항목이며 딥러닝

과 관련된 모든 기능을 포함한다.

- ml: 이 머신 러닝 모듈은 분류와 회귀를 다루는 데 사용되는 클래스와 함수를 포함한다. 간단히 말해, 모든 엄격한 머신 러닝 관련 기능이 포함돼 있다.

- flann: OpenCV의 FLANN^{Fast Library for Approximate Nearest Neighbors} 인터페이스다. FLANN에는 대규모 데이터 세트의 고차원 특징에 대해 가장 가까운 이웃 검색을 처리하는 데 사용되는 최적화된 알고리즘 세트가 포함돼 있다. 여기에서 언급된 알고리즘은 주로 features2d와 같은 다른 모듈의 알고리즘과 함께 사용된다.[2]

- photo: 사진 관련 컴퓨터 비전을 위한 모듈로, 잡음 제거, HDR 이미징 및 주변을 이용한 사진 영역 복원과 같은 작업을 처리하는 데 사용되는 클래스 및 기능이 포함돼 있다.

- stitching: 이 모듈은 이미지 스티칭에 사용되는 클래스와 함수를 포함한다. 스티칭 자체는 매우 복잡한 작업이며 회전 추정 및 이미지 워핑을 위한 기능이 필요하고, 이 모든 기능은 OpenCV 모듈의 일부를 구성한다.

- shape: 이 모듈은 형상 변환, 매칭 및 거리 관련 주제를 다루는 데 사용된다.

- superres: 해상도 향상을 위한 알고리즘이 초해상도^{super-resolution} 모듈에 포함된다.

- videostab: 비디오 안정화에 사용되는 알고리즘이 들어 있다.

- viz: 3D Visualizer 모듈이라고도 하며, 3D 시각화 창에서 위젯을 표시하는 데 사용되는 클래스와 함수를 포함한다. 이 모듈은 이 책에서 다루는 주제는 아니며, 여기서는 단지 언급만 한다.

---

2 SIFT 특징점 추출 알고리즘을 사용한 이미지 검색에서 근접 이웃을 빠르게 탐색하는 것은 이전부터 해결해야 할 중요 문제였기 때문에, KD-Tree를 이용해 k-최근접 이웃을 탐색하는 FLANN(Fast Library for Approximate Nearest Neighbors) 방법이 제안됐다. KD-Tree는 k-차원을 구조화하기 위한 공간 파티셔닝 데이터 구조로 $O(\log n)$의 빠른 시간에 탐색 알고리즘을 수행할 수 있어, 기존 SIFT 이미지 검색에서의 빠른 근접 이웃 탐색 문제를 효과적으로 해결해줬지만, KD-Tree 특성상 빠른 탐색을 위해서는 누적된 이미지 DB의 특징점 모두가 메모리에 할당돼야 하기 때문에, 전체 메모리 용량이 이미지 DB의 특징점 용량보다 작다면 KD-Tree를 만들 수 없어서 알고리즘 수행이 불가능하다.
출처: 「MapReduce 기반 분산 이미지 특징점 추출을 활용한 빠르고 확장성 있는 이미지 검색 알고리즘」, Journal of KIISE, Vol. 42, No. 12, pp. 1474-1479, 2015. 12.

방금 언급한 모듈 외에도 OpenCV에는 CUDA(Nvidia에서 만든 API)를 기반으로 하는 여러 기본 모듈이 포함돼 있다. 이 모듈은 cuda라는 단어로 시작하기 때문에, 이름을 사용해 쉽게 구별할 수 있다. 이러한 모듈의 가용성은 특정 유형의 하드웨어에 전적으로 의존하며, 모듈 내 거의 모든 기능들이 지원되며 다른 모듈에 대해서도 기능들이 지원된다. 이와 관련된 내용은 지금은 다루지 않는다. 그러나 OpenCV cuda 모듈을 사용할 때 필요한 알고리즘이 구현되고 하드웨어가 최소한의 요구 사항을 충족하는 경우엔 애플리케이션 성능을 크게 향상시킬 수 있다.

▌ OpenCV 다운로드와 빌드/설치

OpenCV는 대부분 미리 빌드돼 있지 않고, 바로 사용 가능하지 않는 경우에는(이 절에서는 몇 가지 예외를 다룬다) 대부분의 오픈 소스 라이브러리와 유사하게 구성하고 구축해야 한다. 이 절에서는 OpenCV가 컴퓨터에서 어떻게 구축(및 설치)되는지를 간단히 설명한다. 하지만 먼저 컴퓨터에 OpenCV 소스 코드를 일단 가져와야 한다. 이 경우 다음 링크를 사용할 수 있다.

https://opencv.org/releases.html

이 페이지에서 OpenCV의 릴리스 버전을 찾을 수 있다. 이 책을 쓰는 시점에서 최신 버전은 3.4.1이므로 다운로드하거나 더 높은 버전이 있으면 그 버전을 사용하면 된다. 다음 스크린 샷에서 볼 수 있듯이 OpenCV 릴리스의 각 버전에는 Windows, iOS 및 Android 팩과 같은 다양한 다운로드 항목이 있지만, 사용자가 사용할 플랫폼을 기반으로 소스를 다운로드하고 OpenCV를 직접 빌드해야 한다.

> **ⓘ** OpenCV 3.4.1은 기본적으로 Android, iOS 및 64비트 MSVC14 및 MSVC15(Microsoft Visual C++ 2015 및 Microsoft Visual C++ 2017과 동일) 라이브러리의 사전 빌드된 버전을 제공한다. 따라서 이러한 플랫폼 중 하나에서 애플리케이션을 빌드하려는 경우에는 관련 팩을 다운로드하고 OpenCV 빌드 프로세스를 건너 뛸 수 있다.

소스에서 OpenCV를 빌드하려면 컴퓨터에 다음 도구가 필요하다.

- C++11 컴파일러를 지원하는 C/C++ 컴파일러: 윈도우^{Windows}에서의 MSVC15(2017) 또는 MSVC14(2015)와 같은 최신 Microsoft Visual C++ 컴파일러를 의미한다. Linux 운영체제에서는 최신 GCC를 사용할 수 있으며 macOS에서는 필요한 모든 도구가 포함된 Xcode용 커맨드라인 도구를 사용할 수 있다.

- CMake: 최신 버전의 CMake(예 : 3.10)를 사용해 최신 버전 OpenCV를 안전하게 빌드할 수 있으며, CMake 3.1 이상도 사용할 수 있다.

- python: 파이썬 프로그래밍 언어를 사용하고자 할 때 필요하다.

 OpenCV에는 많은 도구와 라이브러리가 포함돼 있으며 여러 가지 방법으로 사용자의 상황에 맞게 빌드할 수 있다. 예를 들어, OpenCV 빌드를 향상된 방법으로 하고 사용자에 맞게 하기 위해서 Qt 프레임워크, TBB(Intel Threading Building Block), IPP(Intel Integrated Performance Primitives) 및 기타 써드 파티 라이브러리를 사용할 수 있지만, OpenCV의 기본 설정과 도구를 사용할 것이기 때문에, 기본 설정 및 도구 세트를 제외하고는 요구 사항 목록에서 앞서 언급한 써드 파티 도구는 무시한다.

방금 언급한 모든 전제 조건을 맞춘 후에는 운영체제 및 원하는 플랫폼에 맞춰 CMake 및 해당 컴파일러를 사용해 OpenCV를 구성하고 작성할 수 있다.

다음 스크린 샷은 CMake 도구의 기본 구성 집합을 보여준다. 일반적으로 OpenCV 빌드에 고유 사용자 정의 세트를 적용하려는 경우가 아니면 구성을 변경할 필요가 없다.

CMake를 처음 사용할 때 앞의 스크린 샷에서 봤던 소스source 및 빌드 폴더를 설정해야 한다. 빌드할 소스 코드가 어디에 있는지 바이너리 빌드할 위치를 각각 정해야 한다. 구성Configure 버튼을 클릭한 후 생성기를 설정하고 설정Setting을 적용한 후 생성 Generate 버튼을 클릭한다.

생성 후 터미널이나 명령 프롬프트 인스턴스를 사용해 CMake 출력 폴더로 전환하고 다음 명령을 실행할 수 있다.

```
make
make install
```

 이 명령을 실행할 때마다 컴퓨터의 속도와 구성에 따라 다소 시간이 걸릴 수 있다. 또한 make 명령은 사용할 도구 집합에 따라 다를 수 있다. 예를 들어, 마이크로소프트 Visual Studio를 사용하는 경우 make를 nmake로 바꾸거나 MinGW를 사용하는 경우 make를 mingw32-make로 바꿔야 한다.[3]

빌드 프로세스가 완료되면 OpenCV를 사용할 수 있다. 사용자가 유일하게 주의해야할 것은 OpenCV 라이브러리와 설치 세트를 사용할 수 있도록 C++ 프로젝트를 구성하는 것이다.

 윈도우 운영체제에서는 구축 중인 애플리케이션에서 OpenCV DLL 파일에 액세스할 수 있어야 한다. 이 작업은 필요한 모든 DLL을 애플리케이션이 빌드되는 폴더에 복사하거나 OpenCV DLL 파일의 경로를 PATH 환경 변수에 추가해 수행할 수 있다. 계속 진행하기 전에 이를 처리해야 한다. 그렇지 않으면 애플리케이션이 성공적으로 빌드되고 컴파일할 때 문제가 보고되지 않더라도 애플리케이션 실행될 때 문제가 발생한다.

---

3   MinGW(과거 이름: mingw32)는 마이크로소프트 윈도우로 포팅한 GNU 소프트웨어 도구 모음이다
    (출처: https://ko.wikipedia.org/wiki/MinGW).

파이썬을 사용해 컴퓨터 비전 애플리케이션을 작성한다면 다음 명령과 같이 pip(패키지 관리자)를 사용해 파이썬용 OpenCV를 설치할 수 있으므로 작업이 매우 간단해질 것이다.

```
pip install opencv-python
```

이렇게 하면 최신 OpenCV 버전과 모든 종속성(예: numpy)이 자동으로 제공되고, OpenCV를 이미 설치한 경우 다음 명령을 사용해 최신 버전으로 업그레이드할 수 있다.

```
pip install --upgrade opencv-python
```

이 명령이 작동하려면 작동하는 인터넷 연결이 필요하다는 것은 말할 필요도 없다.

▌ C++, 파이썬에서 OpenCV 사용

이번 절에서는 C++ 또는 파이썬 프로젝트에서 OpenCV를 사용하는 방법을 HelloOpenCV라고 하는 간단한 예제와 함께 보여준다. 이러한 프로젝트를 하는 목적은 다음과 같다.

- OpenCV와 같은 새로운 라이브러리를 이전에 사용해 본 적이 없는 경우
- OpenCV 설치가 그대로 작동하고 잘 작동하는지 확인하려는 경우

OpenCV 초보자가 아니어도 다음 과정은 수행할 만한 가치가 있다. 이번 절의 간단한 예제를 실행해 OpenCV 빌드 또는 설치를 테스트해 본다.

C++ 프로젝트에서 OpenCV 사용에 필요한 단계부터 시작해보겠다.

1. HelloOpenCV라는 새 폴더를 만든다.

2. 이 폴더 안에 두 개의 새 텍스트 파일을 만들고 이름을 CMakeLists.txt와 main.cpp로 지정한다.

3. CMakeLists.txt 파일에 다음 내용이 포함돼 있는지 확인한다.

```
cmake_minimum_required(VERSION 3.1)

project(HelloOpenCV)

set(OpenCV_DIR "path_to_opencv")
find_package(OpenCV REQUIRED)
include_directories(${OpenCV_INCLUDE_DIRS})

add_executable(${PROJECT_NAME} "main.cpp")

target_link_libraries(${PROJECT_NAME} ${OpenCV_LIBS})
```

> ℹ️ 앞의 코드에서 "path_to_opencv"를 OpenCVConfig.cmake 및 OpenCVConfig-version.cmake 파일이 들어있는 폴더의 경로로 바꿔야 한다. 이 파일은 OpenCV 라이브러리를 설치한 폴더와 같다. 리눅스 운영체제 및 미리 작성된 OpenCV 라이브러리를 사용하는 경우에는 OpenCV 폴더에 대한 정확한 경로를 입력하지 않아도 된다.

4. main.cpp 파일에서는 다음 코드가 포함돼 있는지 확인한다. 이 파일은 실행 가능한 실제 C++ 코드다.

```
#include<iostream>
#include<opencv2/opencv.hpp>

using namespace std;
using namespace cv;
```

```
int main()
{
    Mat image = imread("MyImage.png");
    if(!image.empty())
    {
        imshow("image", image);
        waitKey();
    }
    else
    {
        cout << "Empty image!" << endl;
    }
    return 0;
}
```

나중에 앞 코드에서 사용한 함수를 2장과 3장에서 개별적으로 다루겠지만, 지금은 이 프로그램이 디스크에 저장된 이미지를 열고 표시하려고 한다는 점만 유의하면 된다. 성공하면 아무 키를 누를 때까지 이미지가 표시되고, 그렇지 않으면 "Empty image!"라는 메시지가 표시된다. 정상적인 상황에서 이 프로그램은 전혀 충돌되지 않아야 하며 성공적으로 빌드돼야 한다. 따라서, 사용자가 사용할 때 반대 상황이 발생하면, 2장에서 이전에 논의한 내용을 다시 살펴봐야 할 것이다.

5. 이제 C++ 프로젝트가 준비됐다. CMake를 사용해 Visual Studio 또는 원하는 다른 유형의 프로젝트(사용하려는 플랫폼, 컴파일러 및 IDE에 따라 다름)를 생성한 후 이를 빌드하고 실행해 본다. CMake는 단순히 클로스 플랫폼 및 IDE 독립적인 C++ 프로젝트가 생성됐는지 확인하는 데 사용된다.

이 예제 프로젝트를 실행하면 키보드의 아무 키나 누를 때까지 입력 이미지(이 경우 MyImage.png)가 표시된다. 이미지를 읽는 동안에 문제가 발생하면 "Empty image!" 메시지가 표시된다.

다음 코드를 사용해 파이썬에서 동일한 프로젝트를 생성하고 실행할 수 있다.

```python
import cv2

image = cv2.imread("MyImage.png")
if image is not None :
    cv2.imshow("image", image)
    cv2.waitKey()

else:
    print("Empty image!")
```

두 코드 간의 유사점은 여기서 분명히 보인다. 똑같은 imshow 및 waitKey 함수는 파이썬 버전의 동일 코드에서도 사용된다. 이전에 언급했듯이, 이제는 함수를 사용하는 정확한 방법을 신경 쓰지 않고 C++이나 파이썬 또는 둘 다에서 이러한 프로그램을 실행할 수 있는지, 그리고 이미지를 볼 수 있는지 확인한다.

이번 절에서 HelloOpenCV 예제 프로젝트를 성공적으로 실행할 수 있다면, 2장의 다음 절과 3장을 아무 문제없이 수행할 준비가 된 것이다. 지금까지 논의된 주제에 여전히 문제가 있거나 해당 주제에 대한 더 깊은 이해가 필요하다고 생각되면 2장의 시작 부분부터 다시 살펴보거나, 2장의 마지막 부분에 있는 '추가 읽기' 절에서 제시한 더 나은 책을 참조하면 된다.

▌Mat 클래스의 이해

1장에서 설명한 컴퓨터 비전의 이미지에 대한 설명을 다시 떠올려 보자. 이미지는 실제로 너비, 높이, 채널 수 및 깊이가 지정된 행렬이다. 이와 같은 설명을 염두에 두면, OpenCV Mat 클래스는 이미지 데이터를 처리하는 데 사용할 수 있으며 너비 및 높이와 같은 이미지에서 요구하는 모든 속성을 지원한다. 사실, Mat 클래스는 주어진 데이터 유형을 사용해 데이터의 단일 또는 다중 채널을 저장하는 데 사용할 수 있는 n-차원 배열이며 다양한 방법으로 이를 작성, 수정 또는 조작할 수 있는 여러 멤버와 메서드가 포함돼 있다.

이번 절에서는 Mat 클래스의 가장 중요한 멤버 및 메서드에 대해 배우고 예제 사용 사례 및 코드 샘플들을 살펴본다.

 파이썬에서 OpenCV C++ Mat 클래스와 동일한 것이 무엇인지 살펴보면 OpenCV 클래스가 아니고 numpy.ndarray 타입임을 알 수 있다. NumPy는 광범위한 숫자 알고리즘 및 수학 연산을 포함하는 파이썬 라이브러리이며 대규모 다차원 배열 및 행렬 작업을 지원한다. 파이썬에서 numpy.ndarray 유형으로 Mat을 사용하는 이유는 C++의 OpenCV Mat 클래스에서 요구하는 멤버 및 메소드 집합을 제공할 수 있기 때문이다. numpy.ndarray에서 지원하는 전체 멤버 및 메서드 목록을 보려면 NumPy 설명서를 참조하도록 한다.

Mat 객체 만들기

Mat에는 어떤 종류의 초기화가 필요한지에 따라 인스턴스를 생성하는 데 사용할 수 있는 약 20개의 생성자가 있다. 가장 보편적으로 사용되는 생성자 중 몇 가지 예를 살펴본다.

너비가 1920이고 높이가 1080이고 32비트 부동 소수점 값을 포함하는 세 개의 채널이 있는 Mat 객체(또는 클래스 인스턴스)를 만드는 방법은 다음과 같다.

```
Mat image(1080, 1920, CV_32FC3);
```

Mat 생성자의 type 매개변수는 특별한 유형의 매개변수, 즉 깊이, 유형 및 채널 수를 포함하는 상숫값을 허용한다. 패턴은 다음과 같다.

```
CV_<depth><type>C<channels>
```

⟨depth⟩는 픽셀의 각 요소를 저장하는 데 사용되는 비트 수를 나타내며 8, 16, 32 또는 64로 바꿀 수 있다. 각 픽셀에 필요한 실제 비트 수는 이 값에 채널 수, 즉 ⟨channels⟩를 곱해 계산할 수 있다. 마지막으로 부호없는 정수, 부호 있는 정수 및 부동 소수점 값에 대해서 각각 ⟨type⟩을 U, S 또는 F로 바꿔야 한다. 예를 들어 다음과 같이 너비가 800이고 높이가 600픽셀인 표준 그레이 스케일 및 컬러 이미지를 만들 수 있다. 채널 수만 다르고, depth 및 type 매개변수가 8비트 부호없는 정수를 나타낸다.

```
Mat grayscaleImage (600, 800, CV_8UC1);
Mat colorImage (600, 800, CV_8UC3);
```

다음 생성자를 사용해 너비가 W이고 높이가 H이며, 8비트 부호없는 정수 요소인 3채널 RGB 이미지를 만든 다음에 모든 요소를 R, G 및 B 색상 값으로 초기화할 수 있다.

```
int W = 800, H = 600, R = 50, G = 150, B = 200;
Mat image(H, W, CV_8UC3, Scalar(R, G, B));
```

 OpenCV의 기본 색상 순서는 RGB 대신 BGR이라는 점에 유의해야 한다. 이는 B와 R 값을 서로 바꿔야 한다는 것을 의미한다. 애플리케이션 실행 중 특정 시점에 이미지 처리 결과를 표시하려는 경우에 특히 중요하다.

따라서 앞의 코드에서 스칼라 초기화$^{scalar\ initializer}$의 올바른 방법은 다음과 같다.

```
Scalar (B, G, R)
```

더 높은 차원의 Mat 객체가 필요하면 다음과 같이 사용할 수 있다. 다음 예제에서는 7차원 Mat 객체를 만든다. 각 차원의 크기는 sizes 배열로 제공되며 hdm이라는 고차원 Mat의 각 요소에는 두 개의 32비트 부동 소수점 값 채널이 포함된다.

```
const int dimensions = 7;
const int sizes[dimensions] = {800, 600, 3, 2, 1, 1, 1};
Mat hdm(7, sizes, CV_32FC2);
```

동일한 결과를 얻기 위해서는 다음 예제와 같이 C++ 벡터를 사용하면 된다.

```
vector<int> sizes = {800, 600, 3, 2, 1, 1, 1};
Mat hdm(sizes, CV_32FC2);
```

마찬가지로 Scalar 매개변수를 추가로 지정해 Mat의 모든 값을 초기화할 수 있다. 스칼라 값 개수는 채널 수와 매칭돼야 한다. 예를 들어 이전 7차원 Mat의 모든 요소를 초기화하려면 다음 생성자를 사용한다.

```
Mat hdm(sizes, CV_32FC2, Scalar(1.25, 3.5));
```

Mat 클래스를 사용하면 이미 저장된 이미지 데이터를 사용해 초기화할 수 있다. 이 생성자를 사용하면 데이터 포인터가 가리키는 것과 동일한 데이터를 Mat 클래스에 포함시킬 수 있다. 이 생성자를 사용하면 원본 데이터의 새로운 복사본을 생성하지 않고 새로 생성된 Mat 객체는 해당 데이터 객체를 가리킨다. 이렇게 하면 Mat 클래스를 매우 효율적으로 초기화하고 구성할 수 있지만 필요하지 않을 때 메모리가 정리되지 않는 단점이 있으므로, 이 생성자를 사용할 때 특히 주의해야 한다.

```
Mat image(1080, 1920, CV_8UC3, data);
```

이전 생성자 및 초기화 함수와 달리 여기의 데이터는 스칼라가 아니라 1920 × 1080 픽셀의 3채널 이미지 데이터가 포함된 메모리에 대한 포인터다. 이 방법을 메모리 공간에 대한 포인터로 Mat 객체를 초기화하며 더 높은 차원의 Mat 클래스에서도 사용할 수 있다.

Mat 클래스의 가장 중요한 생성자 중 하나인 마지막 생성자 유형은 ROI[Region Of Interest]다. 이 생성자는 다른 Mat 객체 내부의 영역으로 Mat 객체를 초기화하는 데 사용된다. 예를 들면 다음과 같다.

이미지가 있다고 가정하고 이미지 내부의 특정 영역 또는 ROI에 약간의 수정을 가하고자 한다고 가정한다. 다음 생성자를 사용해 ROI에 액세스할 수 있는 Mat 클래스를 만들고, 이 클래스에 적용된 변경 사항은 원본 이미지의 동일한 영역에도 영향을 준다. 사용 방법은 다음과 같다.

```
Mat roi (image, Rect (240, 140, 300, 300));
```

image(자체가 Mat 객체임)가 다음의 왼쪽 이미지를 가지고 있을 때 이전의 생성자를 사용하면, roi는 해당 이미지에서 강조 표시된 영역에 대해서 액세스할 수 있고 다음 이미지의 오른쪽 부분에 해당한다.

OpenCV의 Rect 클래스는 왼쪽 위의 포인트, 너비 및 높이가 있는 사각형을 나타내

기 위해서 사용된다. 예를 들어 앞의 코드 예제에서 사용된 Rect 클래스의 왼쪽 위의 포인트 좌표는 240과 140이고 너비는 300이며 높이는 300픽셀이다.

```
Rect (240, 140, 300, 300)
```

앞에서 설명한 것처럼 ROI를 수정하면 원본 이미지도 수정된다. 예를 들어 다음 이미지 처리 알고리즘과 비슷한 방법을 roi에 적용할 수 있다(다음 알고리즘이 가지고 있는 특성에 대해서 지금은 너무 고민하지 않도록 한다. 왜냐하면 3장에서 더 자세히 배우기 때문이다. 여기서는 단지 ROI의 개념에 집중하도록 한다).

```
dilate (roi, roi, Mat( ), Point(-1, -1), 5);
```

이미지를 표시하려고 할 때 다음과 같은 결과를 가지게 된다. 이전 이미지에서 강조 표시된 영역이 다음 그림에서는 수정됐다. 이미지 전체가 아닌 roi에 변경 내용을 적용했더라도 다음 이미지에서 수정(확장)됐음을 알 수 있다.

이미지의 직사각형 영역에 해당하는 Rect 클래스를 사용해 ROI Mat 객체를 생성하

는 것과 마찬가지로 원래 Mat 객체의 열과 행 범위에 해당하는 ROI를 만들 수 있다. 예를 들어, 앞 예제에서 동일 영역은 다음 생성자의 범위 지정 방식을 사용해 액세스 할 수 있다.

```
Mat roi(image, Range(140, 440), Range(240, 540));
```

OpenCV의 Range 클래스는 start와 end 범위를 나타낸다. start와 end 값에 따라 Range 클래스가 비어있는지 여부를 확인할 수 있다. 앞의 생성자에서 첫 번째 Range 클래스 값은 행 140에서 행 440까지 원본 이미지의 행에 해당한다. 두 번째 범위는 240열에서 540열까지 원본 이미지의 열에 해당한다. 제공된 두 범위를 사용한 공유 공간은 ROI가 된다.

Mat 객체 삭제하기

Mat 객체는 release 함수를 사용해 정리할 수 있지만, Mat 클래스의 소멸자에서 release가 호출되므로 일반적으로는 이 함수를 호출할 필요가 없다.

Mat 클래스가 가리키는 여러 객체 간에는 동일한 데이터를 공유한다는 점에 유의해야 한다. 이 방법은 데이터 복사가 적고 메모리 사용량이 적다는 장점이 있으며, 모든 참조 카운팅이 자동으로 수행되므로 일반적으로 아무 것도 처리할 필요가 없다.

객체와 데이터를 정리하는 방법과 시기를 특별히 고려해야 할 유일한 시나리오는 이전 섹션에서 설명한 것처럼 데이터 포인터를 사용해 Mat 객체를 구성하는 경우다. 이 경우, Mat 클래스의 release 함수 또는 소멸자를 호출하더라도, 이미 생성한 외부 데이터에 대해서는 아무런 관계가 없고 정리 작업을 하려면 사용자가 직접 처리해야 한다.

픽셀에 액세스하기

ROI를 사용해 이미지의 직사각형 영역에 있는 픽셀에 액세스하는 것 외에도 이전 절에서와 같은 목표를 달성하거나 이미지의 개별 픽셀에 액세스하는 몇 가지 다른 방법을 사용할 수 있다. 이미지의 단일 픽셀(즉, Mat 객체)에 액세스하려면 다음 예제와 같이 at 함수를 사용할 수 있다.

```
image.at<TYPE> (R, C)
```

앞의 예제에서 at 함수를 사용하는 경우 TYPE은 채널 수와 이미지 깊이에 따라 유효한 유형 이름으로 바꿔야 한다. R은 행 번호로 대체돼야 하고 C는 액세스하려는 픽셀의 열 번호로 대체돼야 한다. 이것은 첫 번째 매개변수가 X(또는 왼쪽)이고 두 번째 매개변수가 Y(또는 최상위)인 많은 라이브러리의 일반적인 픽셀 액세스 방법과 약간 다르다. 기본적으로 매개변수는 여기에서 반대로 표시된다. 다음은 다양한 유형의 Mat 객체에서 개별 픽셀에 액세스하는 몇 가지 예를 보여준다.

8비트 정수 요소(그레이 스케일 이미지)를 가지는 단일 채널 Mat 객체의 픽셀에 액세스하는 방법은 다음과 같다.

```
image.at<uchar> (R, C)
```

부동 소수점 요소가 있는 단일 채널 Mat 객체의 픽셀에 액세스하는 방법은 다음과 같다.

```
image.at<float> (R, C)
```

다음과 같은 방법을 사용해 8비트 정수 요소를 가진 3채널 Mat 객체의 픽셀에 액세스할 수 있다.

```
image.at<Vec3b> (R, C)
```

앞의 코드에서는 Vec3b(3 바이트의 벡터) 유형이 사용된다. 편의를 위해 OpenCV에서 이와 유사한 벡터 유형이 정의돼 제공된다. 다음은 at 함수 또는 다른 용도로 사용할 수 있는 OpenCV Vec 유형의 패턴이다.

```
Vec <N> <Type>
```

<N>은 2, 3, 4, 6 또는 8(또는 1의 경우 생략)로 대체할 수 있으며 Mat 객체의 채널 수를 나타낸다. 반면에 <Type>은 다음 중 하나일 수 있다. 이는 각 픽셀의 각 채널에 저장된 데이터의 유형을 나타낸다.

- uchar(unsigned char)는 b
- short(signed char)는 s
- ushort(unsigned word)는 w
- int는 i
- float는 f
- double은 d

예를 들어, Vec4b를 사용해 4채널 Mat 객체의 픽셀을 uchar 요소로 액세스하고 Vec6f를 사용해 6채널 Mat 객체의 픽셀에 float 요소로 액세스할 수 있다. Vec 유형은 개별 채널에도 액세스할 수 있는 배열처럼 취급될 수 있다는 점에 유의해야 한다. 다음은 uchar 요소를 사용해 3채널 Mat 객체의 두 번째 채널에 액세스하는 방법의 예다.

```
image.at<Vec3b> (R, C) [1]
```

액세스를 통해 픽셀과 개별 채널에 대한 읽기 및 쓰기를 모두 수행한다는 점에 유의해야 한다. 예를 들어 다음 예제는 세피아^{sepia} 필터를 이미지에 적용하는 한 가지 방법이다.

```
for (int i=0; i<image.rows; i++)
{
    for (int j=0; j<image.cols; j++)
    {
        int inputBlue = image.at<Vec3b> (i, j) [0];
        int inputGreen = image.at<Vec3b> (i, j) [1];
        int inputRed = image.at<Vec3b> (i, j) [2];

        int red =
                inputRed * 0.393 +
                inputGreen * 0.769 +
                inputBlue * 0.189;

        if (red> 255) red = 255;

        int green =
                inputRed * 0.349 +
                inputGreen * 0.686 +
                inputBlue * 0.168;

        if(green> 255) green = 255;

        int blue =
                inputRed * 0.272 +
                inputGreen * 0.534 +
                inputBlue * 0.131;

        if (blue> 255) blue = 255;
```

```
        image.at<Vec3b> (i, j) [0] = blue;
        image.at<Vec3b> (i, j) [1] = green;
        image.at<Vec3b> (i, j) [2] = red;
    }
}
```

먼저, 이미지의 rows와 cols 멤버는 기본적으로 행(또는 높이)의 수와 열(또는 너비)을 나타낸다. 또한 at 함수가 채널 값을 추출하고 업데이트된 값을 그 함수에 쓰는 방법에 주의해야 한다. 이 예제에서 사용된 값을 사용해 곱셈 및 정확한 세피아 톤을 얻는 것에 대해서 걱정하지 않아도 된다. 세피아 톤은 톤 자체와 관련돼 있으므로 기본적으로 모든 유형의 작업을 개별 픽셀에 적용해 변경할 수 있다.[4]

다음 그림은 앞의 예제 코드를 사용해 3채널 컬러 이미지(왼쪽 이미지: 원본, 오른쪽 이미지: 필터링된 이미지)를 적용한 결과를 보여준다.

이미지의 픽셀에 액세스하는 또 다른 방법은 Mat 클래스의 forEach 함수를 사용하는 것이다. forEach는 하나씩 차례로 반복하는 대신 모든 픽셀에 대해 병렬로 작업을 적용하는 데 사용할 수 있다. 다음의 간단한 예를 살펴보자. forEach를 사용해 모든 픽셀의 값을 5로 나누고, 그레이 스케일 이미지에서 이미지를 실행하면 어두운 이미지를 볼 수 있다.

---

4   세피아(Sepia)는 어두운 갈색을 의미한다. 전통적으로 오징어의 먹물에서 이 색상을 추출했으며, 세피아라는 이름 역시 오징어를 뜻하는 고대 그리스어에서 유래됐다(출처: https://ko.wikipedia.org/wiki/%EC%84%B8%ED%94%BC%EC%95%84).

```
image.forEach<uchar> ([] (uchar & p, const int *)
{
    p /= 5;
});
```

앞의 코드에서 두 번째 매개변수인 position 매개변수(필요하지 않으므로 여기에서 생략됨)는 픽셀 위치에 대한 포인터다. 이전의 for 루프를 사용할 경우에는 다음과 같이 작성해야 한다.

```
for (int i=0; i<image.rows; i++)
    for (int j=0; j<image.cols; j++)
        image.at<uchar> (i, j) /= 5;
```

또한 OpenCV는 이미지의 개별 픽셀에 액세스하거나 수정하기 위해 STL-유사 반복기를 사용할 수 있다. 다음은 이전과 같은 예제이지만 STL 계열 반복자를 사용하도록 작성돼 있다.

```
MatIterator_<uchar> it_begin = image.begin<uchar> ();
MatIterator_<uchar> it_end = image.end<uchar> ();
for (; it_begin!= it_end; it_begin++)
{
    *it_begin /= 5;
}
```

앞의 세 가지 예제 모두에서 동일한 작업이 다음과 같은 간단한 방식을 사용해 수행될 수 있다는 점이 흥미롭다.

```
image /= 5;
```

이것은 OpenCV의 Mat 객체가 위의 명령을 요소별 나누기 연산으로 처리하기 때문이다. 이 연산은 3장에서 자세히 설명할 것이다. 다음 그림은 이전 예제를 그레이 스케일 이미지(왼쪽 이미지: 원본, 오른쪽 이미지: 필터링된 이미지)에 적용한 결과를 보여준다.

물론 forEach, C++ for 루프 및 STL-유사 반복기를 모두 사용해 Mat 객체 내의 픽셀을 액세스하고 수정할 수 있다. 이번 절에서는 Mat 클래스에 대해 설명한 함수와 멤버로도 충분하지만, 이미지 및 기본 속성을 효율적으로 사용하기 위해서 제공되는 많은 기능들을 탐색하고 살펴봐야 한다.

▌이미지 읽기 및 쓰기

OpenCV는 imread 함수를 사용해 디스크에서 이미지를 Mat 객체로 읽어들이는 것을 허용한다. 2장의 이전 예제에서 간단히 사용했었다. imread 함수는 입력 이미지 파일 이름과 플래그 매개변수를 받고 입력 이미지로 채워진 Mat 객체를 반환한다. 입력 이미지 파일에는 OpenCV에서 지원하는 이미지 형식 중 하나가 있어야 한다. 다음은 가장 많이 사용되고 지원되는 형식(포맷) 중 일부다.

- Windows 비트맵: *.bmp, *.dib

- JPEG 파일: `*.jpeg`, `*.jpg`, `*.jpe`
- 휴대용 네트워크 그래픽: `*.png`
- 휴대용 이미지 형식: `*.pbm`, `*.pgm`, `*.ppm`, `*.pxm`, `*.pnm`
- TIFF 파일: `*.tiff`, `*.tif`

위의 내용은 완성되고, 업데이트된 목록이고, 특히 일부 운영체제에서 사용하는 형식(포맷)의 예외 사례, 참고 사항들을 확인하기 위해서는 OpenCV 문서를 확인해야 한다. `flag` 매개변수는 OpenCV에 정의된 `ImreadModes` 열거형 값 중 하나 또는 조합이다. 다음은 가장 널리 사용되는 몇 가지 열거형이다.

- `IMREAD_UNCHANGED`
- `IMREAD_GRAYSCALE`
- `IMREAD_COLOR`
- `IMREAD_IGNORE_ORIENTATION`

예를 들어 EXIF 데이터 형식으로 지정된 이미지의 방향 값을 사용하지 않고 다음 코드를 사용해 디스크에서 이미지를 읽을 수 있으며 그레이 스케일로 변환할 수도 있다.

```
Mat image = imread ( "MyImage.png",
    IMREAD_GRAYSCALE | IMREAD_IGNORE_ORIENTATION);
```

 EXIF(Exchangeable Image File Format)는 디지털 카메라로 촬영한 이미지에 태그 및 추가 데이터(또는 메타 데이터)를 추가할 수 있는 표준이다. 이 태그에는 제조업체, 카메라 모델 및 사진 촬영 중의 카메라 방향이 포함될 수 있다. OpenCV는 특정 태그(예: 방향)를 읽고 해석할 수 있으며 이전 샘플 코드에서는 무시할 수 있다.

이미지를 읽은 후 성공적으로 읽었는지 여부를 확인하기 위해서 `empty( )`를 호출할 수 있다. 채널 수를 알기 위해서는 channel을 사용하고, 깊이를 얻기 위해서는 depth, 이미지 유형을 가져오기 위해서는 type을 사용할 수 있다. 또는 이전의 2장의 앞부분에서 봤듯이 imshow 함수를 호출해 이미지를 확인할 수 있다.

비슷하게, imreadmulti 함수는 다중 페이지 이미지를 Mat 객체의 벡터로 읽는 데 사용될 수 있다. 여기서 명백한 차이점은 imreadmulti는 페이지를 성공적으로 읽었는지 확인할 수 있는 bool값을 반환하며, 읽은 페이지를 참조 방식으로 전달하고 vector <Mat> 객체를 채운다.

디스크의 파일에 이미지를 기록하려면 imwrite 함수를 사용할 수 있다. imwrite는 쓸 파일 이름, Mat 객체 및 쓰기 매개변수를 포함하는 int값의 vector를 사용하며 기본 매개변수의 경우 무시할 수도 있다.

쓰기 프로세스의 동작을 변경하기 위해 imwrite 함수와 함께 사용할 수 있는 매개변수의 전체 목록은 OpenCV의 다음 열거형을 참조한다.

- ImwriteFlags
- ImwriteEXRTypeFlags
- ImwritePNGFlags
- ImwritePAMFlags

다음은 imwrite 함수를 사용해 디스크의 이미지 파일에 Mat 객체를 쓰는 방법을 보여주는 예제 코드다. 이미지의 형식(포맷)은 제공된 확장자(이 경우 png)를 통해서 알 수 있다.

```
bool success = imwrite("c:/my_images/image1.png", image);
cout << (success ?
        "Image was saved successfully!"
      :
        "Image could not be saved!")
    << endl;
```

디스크의 이미지 파일에서 이미지를 읽고 쓰는 데 사용되는 imread 및 imwrite 기능 외에도 imdecode 및 imencode 함수를 사용해 메모리의 버퍼에 저장된 이미지를 읽거나 이미지에 쓸 수 있다. 사용자가 별도로 살펴볼 수 있는 두 가지 기능은 제외하고 OpenCV를 사용해 비디오에 액세스하는 다음 주제를 살펴보자.

▌ 비디오 읽기 및 쓰기

OpenCV는 VideoCapture 및 VideoWriter 클래스를 사용해 videoio 모듈을 사용하거나, 정확히 말해서 비디오 파일을 읽고 쓸 수 있다. 비디오의 경우 명백한 차이점은 단일 이미지가 아닌 일련의 이미지(또는 좀 더 정확히 표현하면 프레임)가 포함돼 있다는 것이다. 따라서 일반적으로 비디오의 전체 또는 원하는 수의 프레임을 포함하는 루프를 읽고 처리하거나 작성한다. OpenCV VideoCapture 클래스를 사용해 비디오를 읽고 재생하는 방법을 보여주는 예제 코드를 시작해 보자.

```cpp
VideoCapture vid ( "MyVideo.mov");
// 비디오 파일이 제대로 열렸는지 확인
if(!vid.isOpened ())
{
  cout << "Can't read the video file";
  return -1
}
// 비디오 파일을 초당 프레임의 속도로 사용하기
double fps = vid.get(CAP_PROP_FPS);
if(fps == 0)
{
    cout << "Can't get video FPS";
    return -1;
}
// 밀리 초 단위로 프레임 사이에 필요한 지연을 주기
int delay_ms = 1000.0 / fps;
```

```
// 무한 루프
while(true)
{
    Mat frame;
    vid >> frame;
    if(frame.empty())
        break;
    // 필요한 경우 프레임을 처리
    // 프레임을 표시
    imshow("Video", frame);
    // space를 누르면 재생이 멈춤
    if(waitKey(delay_ms) == ' ')
        break;
}
// 비디오 파일을 릴리즈한다.
vid.release();
```

앞의 코드에서 봤듯이 비디오 파일 이름은 VideoCapture 클래스가 생성될 때 VideoCapture 클래스에 전달된다. 이렇게 하면 비디오 파일이 있는 경우와 형식(포맷)이 컴퓨터(및 opencv)에서 지원되는 경우에는 자동으로 열 수 있다. 그리고 isOpened 함수를 사용해 비디오 파일이 성공적으로 열렸는지 여부를 확인할 수 있다. 이후에 VideoCapture 클래스의 get 함수는 열어본 비디오 파일의 FPS$^{Framerate\ Per\ Second}$를 검색하는 데 사용될 수 있다. get은 VideoCapture의 매우 중요한 기능이며 열린 비디오 파일의 다양한 속성을 검색할 수 있다. 다음은 원하는 결과를 얻기 위해 get 함수에서 사용할 수 있는 몇 가지 예제의 매개변수다.

- CAP_PROP_POS_FRAMES: 다음에 디코딩되거나 캡처될 프레임의 0부터 시작하는 인덱스
- CAP_PROP_FRAME_WIDTH: 비디오 스트림 프레임의 너비
- CAP_PROP_FRAME_HEIGHT: 비디오 스트림 프레임의 높이
- CAP_PROP_FPS: 비디오의 프레임 속도

- CAP_PROP_FRAME_COUNT: 비디오 파일의 프레임 수

전체 목록을 보려면 OpenCV의 VideoCaptureProperties 열거형에 대한 문서를 참조한다. 위의 예제 코드로 돌아가면 get 함수를 사용해 프레임 속도를 검색한 후 두 프레임 사이에 필요한 지연을 계산하는 데 사용되므로 재생 시 너무 빠르거나 느려지지 않게 할 수 있다. 그런 다음 무한 루프 내부에서 >> 연산자를 사용해 프레임을 읽은 후에 표시할 수 있다. 이 연산자는 기본적으로 read, grab 및 retrieve와 같은 VideoCapture 함수를 사용하는 단순하고 편리한 방법이다. 이미 앞서서 imshow 함수와 그 사용법을 살펴봤기 때문에 어떻게 사용해야 할지 잘 알고 있다. 반면에 waitKey는 이전에 봤던 것과 약간 다른 방식으로 사용돼 지연을 삽입하고 동시에 키 누름을 기다릴 때 사용할 수 있다. 이 경우에 이전에 계산된 원하는 지연(밀리초)이 표시된 프레임 사이에 삽입되며 스페이스 키를 누르면 루프가 멈춘다. 그리고, 함수 release에 대해서는 이젠 거의 설명이 필요 없을 것이다.

VideoCapture 클래스와 그 메소드를 사용하는 방법 외에도 파일 이름을 생성자에 전달하지 않고자 하는 경우에, 비디오 파일이 VideoCapture 생성 시에 존재하지 않는다면 비디오 파일을 열기 위해 open 함수를 호출할 수도 있다. VideoCapture의 또 다른 중요한 기능은 set이다. VideoCapture와 열린 비디오 파일의 매개변수를 설정할 수 있다는 점에서 set 함수는 get 함수의 정반대라고 생각하면 된다. VideoCaptureProperties 열거형에서 이전에 언급한 여러 매개변수를 사용해 직접 실험해 본다.

비디오 파일에 데이터를 쓸 수 있게 하려면 유사하게 VideoWriter 클래스를 사용할 수 있다. 다음은 VideoWriter 객체가 생성되는 방법을 보여주는 예제다.

```
VideoWriter wrt("C:/output.avi",
            VideoWriter::fourcc('M', 'J', 'P', 'G'),
            30, Size(1920, 1080));
```

이렇게 되면, 너비가 1920이고 높이가 1080픽셀이고 초당 30프레임인 "C:/output.avi" 비디오 파일이 만들어지며 프레임을 채울 준비가 된다. 하지만 fourcc는 무엇일까? 4개의 문자 코드FourCC, Four Character Code는 비디오 파일을 기록하는 데 사용되는 4바이트 코드 형식(또는 정확한 코덱)이다. 이 예제에서는 가장 일반적인 FourCC값 중 하나를 사용했지만 FourCC값과 사양에 대한 보다 포괄적인 목록은 온라인에서 확인할 수 있다.[5]

VideoWriter 객체를 만든 후에는 << 연산자 또는 write 함수를 사용해 비디오 파일과 동일한 크기의 이미지를 비디오 파일에 쓸 수 있다.

```
wrt << image;
```

또는 다음 코드를 사용할 수도 있다.

```
vid.write(frame);
```

마지막으로 release 함수를 호출해 비디오 파일은 릴리즈되고 변경 내용이 모두 기록되는지 확인할 수 있다.

 앞서 언급한 VideoCapture 및 VideoWriter 클래스 사용 방법 외에도 선호하는 백엔드를 사용할 수도 있다. 이에 대한 자세한 내용은 OpenCV 문서에서 VideoCaptureAPIs enum 부분을 참조한다. 선호 값이 생략된 경우에는, 예제에서와 같이 컴퓨터에서 지원되는 기본 백엔드가 사용된다.

---

5   FourCC의 내용은 https://en.wikipedia.org/wiki/FourCC와 https://www.fourcc.org/에서 확인할 수 있다.

카메라에 액세스하기

OpenCV는 비디오 파일에 액세스할 때 사용한 것과 동일한 VideoCapture 클래스를 사용해 시스템에서 사용할 수 있는 카메라에 액세스할 수 있도록 지원한다. 유일한 차이점은 VideoCapture 클래스 또는 해당 open 함수의 생성자에 파일 이름을 전달하는 대신 사용 가능한 각 카메라에 해당하는 0부터 시작하는 인덱스 번호를 제공해야 한다는 점이다. 예를 들어 컴퓨터의 기본 웹캠은 다음 예제 코드를 사용해 액세스하고 표시할 수 있다.

```
VideoCapture cam (0);
// 카메라가 제대로 열렸는지 확인
if(!cam.isOpened ())
  return -1;

// 무한 루프
while (true)
{
  Mat frame;
  cam >> frame;
  if(frame.empty ())
    break;
  // 필요한 경우 프레임을 처리한다.
  // 프레임을 표시한다.

  imshow("Camera", frame);

 // 공간을 누르면 카메라 멈춤
 if(waitKey(10) == ' ')
    break;
}

cam.release ();
```

보시다시피, 유일한 차이점은 생성자뿐이다. 이러한 VideoCapture 클래스의 구현을 통해 사용자는 모든 유형의 비디오 소스를 동일한 방식으로 처리할 수 있으며 비디오 파일 대신 카메라를 다루더라도 거의 동일한 코드를 사용한다. 다음 절에서 설명하는 것처럼 네트워크 피드에서도 마찬가지다.

RTSP 및 네트워크 피드 액세스

OpenCV를 사용하면 네트워크 피드, 로컬 네트워크 또는 인터넷과 같은 네트워크의 RTSP 스트림에서 비디오 프레임 읽기를 할 수 있다. 이 작업을 수행하려면 RTSP 스트림의 URL을 VideoCapture 생성자 또는 해당 열기 함수에 전달해야 한다. 로컬 하드 디스크의 파일을 사용하는 경우와 완전히 동일하다. 사용할 수 있는 가장 일반적인 패턴과 예제 URL은 다음과 같다.

```
rtsp://user:password@website.com/somevideo
```

이 URL에서 user는 실제 사용자 이름, password는 해당 사용자의 비밀번호로 대치된다. 네트워크 피드에서 사용자 이름과 암호가 필요하지 않은 경우 생략할 수 있다.

▌ Mat-유사 클래스

OpenCV는 Mat 클래스 외에도 Mat와 매우 흡사한 다른 클래스를 제공한다. Mat와 비슷해도 사용 방법과 사용하는 시점은 다르다. 다음은 Mat 클래스 대신 사용되거나 Mat 클래스와 함께 사용할 수 있는 여러 개 중 가장 중요한 Mat-유사 클래스를 나타냈다.

- Mat_: Mat 클래스의 하위 클래스이지만 ( )를 사용해 at 함수보다 더 나은 액

세스 방법을 제공한다. Mat_는 템플릿 클래스이며, 컴파일 타임에 요소의 유형이 제공돼야 한다. 이는 Mat 클래스와는 다른 점이다.

- Matx: 이것은 작은 크기를 가지고 정확한 값을 가지는 행렬과 같이 사용된다. 컴파일 타임에 알려지고 작은 크기의 행렬과 함께 사용하는 것이 가장 좋다.

- UMat: Mat 클래스의 보다 최신 버전으로, 더 빠른 행렬 작업을 위해 OpenCL을 사용할 수 있다.

> UMat를 사용하면 컴퓨터 비전 애플리케이션의 성능을 크게 향상시킬 수 있지만, Mat 클래스와 완전히 동일한 방식으로 사용되므로 이 책의 전반부에서는 다루지 않았다. 실제로, 특히 실시간 컴퓨터 비전 애플리케이션에서는 UMat처럼 보다 최적화되고 성능이 뛰어난 클래스와 함수를 사용해야 한다.

요약

실습 예제와 실제 시나리오를 사용해 컴퓨터 비전 알고리즘을 쉽게 사용하는 데 필요한 중요한 주제를 다뤘다. OpenCV와 모듈 및 주요 빌딩 블록을 포함한 전반적인 구조에 대해 학습했다. 이러한 내용들은 사용자가 작업할 컴퓨터 비전 라이브러리의 대략적인 내용을 얻는 데 도움이 되지만 더 중요한 것은 컴퓨터 비전 알고리즘을 다룰 때 무엇이 가능하고 무엇을 기대할 수 있는지에 대한 내용들을 제공한다는 것이다.

2장에서는 OpenCV를 어디에서 어떻게 얻을 수 있는지 배웠으며, 사용자 스스로 OpenCV를 설치하거나 빌드하는 방법을 배웠다. 또한 OpenCV 라이브러리를 사용하는 C++ 및 파이썬 프로젝트를 만들고, 빌드하고, 실행하는 방법을 배웠다. 그런 다음 Mat 클래스에 대해 모두 배우고 이미지의 픽셀을 처리함으로써 이미지를 변경하고 표시하는 방법을 배웠다. 2장의 마지막 절에서는 단일(또는 다중 페이지) 이미지 또는 비디오 파일을 사용하던 간에, 카메라 및 네트워크 피드를 사용하던 간에 디스 크에 저장된 파일로부터 이미지를 읽거나 쓰는 것에 대해 알아야 할 모든 내용들이 포함돼 있다. 그리고 OpenCV Mat 제품군에서 애플리케이션을 개선하는 데 도움이 될 수 있는 몇 가지 다른 유형에 대해 학습했다 .

이제 이미지의 본질(즉, 행렬이라는 사실)을 알게 됐으므로 행렬 및 행렬-유사 엔티 티의 사용 가능한 작업들을 시작할 수 있다. 3장에서는 컴퓨터 비전 영역에 속하 는 행렬 및 배열 연산에 대해 학습하도록 한다. 3장의 끝부분까지 살펴본 이후에는, OpenCV를 사용해 픽셀 단위 및 이미지 단위의 연산 및 변환을 수행할 수 있다.

▎ 질문 사항

1. 3가지 추가 OpenCV 모듈의 용도와 이름을 나타내시오.
2. BUILD_opencv_world 플래그를 켜고 OpenCV 3을 빌드하면 어떤 영향이 있을까?
3. 2장에서 설명한 ROI 픽셀 액세스 방법을 사용하면, 중간 픽셀과 다른 이미지내의 모든 인접 픽셀(가운데 9픽셀)에 액세스할 수 있도록 하기 위해서 Mat 클래스를 어떻게 구성할 수 있을까?
4. 2장에서 언급한 것 이외의 Mat 클래스의 다른 픽셀 액세스 메서드 이름을 나타내시오.
5. at 메서드와 for 루프를 사용해 프로그램을 만든다. 이 메서드는 디스크에서 읽은 RGB 이미지에서 오직 하나의 채널만을 포함하는 세 개의 개별 색상 이미지를 만든다.
6. STL-유사 반복기를 사용해 그레이 스케일 이미지의 평균 픽셀 값을 계산한다.

7. Videocapture, waitKey 및 imwrite를 사용해 웹캠으로 표시하고 S키를 누르면 보이는 이미지를 저장하는 프로그램을 만들어 본다. 이 프로그램에서는 스페이스 바를 누르면 웹캠 녹화를 중지하고 종료된다.

▌추가 읽기

- OpenCV 3, Qt5를 사용한 컴퓨터 비전: https://www.packtpub.com/application-development/computer-vision-opencv-3-and-qt5
- Qt5 배우기: https://www.packtpub.com/web-development/learn-qt-5
- Qt5 프로젝트: https://www.packtpub.com/application-development/qt-5-projects

03

배열 및 행렬 연산

1장과 2장에서 컴퓨터 비전에 대한 소개와 기본 개념을 설명했기 때문에 OpenCV 라이브러리가 제공하는 컴퓨터 비전 알고리즘과 기능들을 사용할 수 있게 됐다. OpenCV 라이브러리에서는 컴퓨터 비전 주제를 다루며, 구현이 최적화돼 있다. 2장에서 배웠듯이 OpenCV는 모듈러 구조를 사용해 컴퓨터 비전 기능들이 분류돼 있었다. 이 책에서는 OpenCV 핵심 주제에 맞춰 비슷한 구조를 염두에 뒀고 이론적 관점뿐만 아니라 실습적 관점까지 고려해 각 장에서 각각의 기술들을 다룬다.

2장에서는 이미지와 행렬 간의 관계에 대해 배웠고 주어진 너비, 높이 및 유형을 사용해 구성할 수 있는 Mat 클래스의 가장 중요한 기능을 다뤘다. 또한 디스크, 네트워크 피드, 비디오 파일 또는 카메라에서 이미지를 읽는 방법을 배웠다. 이 과정에서 다양한 방법을 사용해 이미지의 픽셀에 액세스하는 방법에 대해서도 학습했다. 이제 실제 이미지 및 픽셀을 수정하는 방법 및 조작 기능을 시작할 수 있다.

3장에서는 다른 과정에서도 유용하게 사용할 수 있는 값 계산 방법 또는 이미지의 픽셀값을 직접 수정할 수 있는 방법과 같이 이미지 처리에 사용되는 많은 함수와 알고리즘에 대해 학습한다. 3장에서 소개된 거의 모든 알고리즘은 이미지가 본질적으로 행렬이라는 사실과 행렬이 데이터 배열을 사용해 구현된다는 사실에 기반한다. 따라서 3장의 이름은 '배열 및 행렬 연산'이다.

3장에서는 Mat 클래스 자체의 기능을 다루면서 시작한다. 초기 행렬을 만들 때 이 기능은 매우 중요하다. 그런 후에, 많은 수의 요소별(요소 단위) 알고리즘에 대해 배운다.

이러한 알고리즘은 많은 실습 예제를 통해 배울 것이지만 행렬의 각 요소에 특정 작업을 적용할 수 있으며, 다른 요소(또는 픽셀)와는 관련돼 있지 않다. 마지막으로 우리는 요소 단위가 아닌 행렬 및 배열 연산에 대해 배우고, 결과는 전체 이미지 또는 요소 그룹에 따라 달라질 수 있다.

3장에서 알고리즘을 학습하면서 이러한 내용들을 모두 정리될 것이다. 3장의 모든 알고리즘과 함수는 OpenCV 라이브러리의 핵심 모듈에 포함돼 있다.

3장을 다 배우고 나면 다음 내용에 대해 더 잘 이해하게 될 것이다.

- Mat 클래스에 포함된 작업
- 요소 단위의 행렬 연산
- 행렬 및 배열 방식의 연산

▌ 기술적 요구 사항

- C++ 또는 파이썬 애플리케이션을 개발할 수 있는 IDE
- OpenCV 라이브러리

개인용 컴퓨터에서 설치하고 OpenCV 라이브러리를 사용해 컴퓨터 비전 애플리케이션을 개발할 수 있는 방법에 대한 자세한 내용은 2장, 'OpenCV 시작하기'를 참조한다.

다음 URL을 사용해 3장의 소스 코드와 예제를 다운로드할 수 있다.

https://github.com/PacktPublishing/Hands-On-Algorithms-for-Computer-Vision/tree/master/Chapter03

Mat 클래스에 포함된 작업

이번 절에서는 Mat 클래스 자체에 포함된 수학 및 기타 연산 집합을 살펴본다. Mat 클래스의 함수에 대한 일반적인 사용 패턴은 없지만 대부분의 함수는 기존 행렬을 사용하든 처음부터 시작하든간에 새로운 행렬을 만드는 것은 포함돼 있다. 이제 시작해보자.

 이미지(image), 행렬(matrix), Mat 클래스 등의 단어는 서로 호환 가능하며, 명시적으로 언급하지 않는 한 동일한 의미로 쓰인다. 이 기회에 컴퓨터 비전 전문가처럼 이미지를 행렬로 생각할 수 있도록 해보자.

행렬 복제

Mat::clone을 사용해 Mat 객체의 완전한 독립 복제본을 만들어 보자. 이 함수는 메모리에 할당된 공간이 있는 이미지의 전체 복사본을 생성한다.

사용 방법은 다음과 같다.

```
Mat clone = image.clone();
```

copyTo 함수를 사용해 다음과 같이 동일한 작업을 수행할 수 있다.

```
Mat clone;
image.copyTo(clone);
```

앞의 두 코드 예제에서 image는 이미지, 카메라에서 읽거나 복제 작업을 수행하기 전에 생성된 원본 행렬(또는 이미지)이다. 지금부터 그리고 앞으로 다룰 모든 예제에서, 이미지는 달리 명시되지 않는 한 작업의 기본 요소인 Mat 객체다.

외적(교차곱) 계산

다음 예제와 같이 Mat::cross를 사용해 세 개의 부동 소수점 요소를 가지는 두 Mat 객체의 외적을 계산할 수 있다.

```
Mat A(1, 1, CV_32FC3),
    B(1, 1, CV_32FC3);

A.at<Vec3f>(0, 0)[0] = 0;
A.at<Vec3f>(0, 0)[1] = 1;
A.at<Vec3f>(0, 0)[2] = 2;

B.at<Vec3f>(0, 0)[0] = 3;
B.at<Vec3f>(0, 0)[1] = 4;
B.at<Vec3f>(0, 0)[2] = 5;

Mat AxB = A.cross(B);
Mat BxA = B.cross(A);
```

여기서 AxB는 두 벡터의 외적으로 BxA와 동일하지 않다.

대각선 추출

Mat::diag는 다음과 같이 Mat 객체에서 대각선을 추출하는 데 사용할 수 있다.

```
int D = 0; // 또는 +1, +2, -1, -2 등등
Mat dg = image.diag(D);
```

이 함수는 다음 다이어그램과 같이 주 대각선 옆에 추가 대각선을 추출하는 데 사용할 수 있는 인덱스 매개변수를 허용한다.

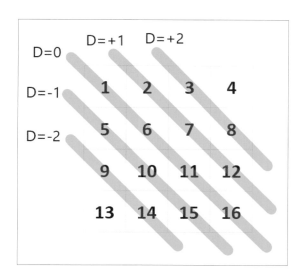

D = 0인 경우, 추출된 대각선은 주 대각선인 1, 6, 11 및 16을 포함한다. 그러나 D의 값에 따라 추출된 대각선은 앞의 다이어그램에서 볼 수 있듯이 주 대각선 위 또는 아래에 있다.

내적 계산

두 행렬의 점곱$^{dot\ product}$, 스칼라 곱 또는 내적을 계산하려면 다음과 같이 Mat::dot 함수를 사용할 수 있다.

```
double result = A.dot (B);
```

여기서 A와 B는 모두 OpenCV Mat 객체다.

단위 행렬 학습

단위(항등) 행렬$^{identity\ matrix}$은 OpenCV에서 Mat::eye 함수를 사용해 만든다. 만드는 방법은 다음 예제에서 볼 수 있다.

```
Mat id = Mat::eye (10, 10, CV_32F);
```

단위 행렬 대각선 이외의 값이 필요한 경우 scale 매개변수를 사용할 수 있다.

```
double scale = 0.25;
Mat id = Mat::eye(10, 10, CV_32F) * scale;
```

단위 행렬를 만드는 또 다른 방법은 setIdentity 함수를 사용하는 것이다. 이 기능에 대한 자세한 내용은 OpenCV 문서를 확인하도록 한다.

역행렬

Mat::inv 함수를 사용해 역행렬을 구할 수 있다.

```
Mat inverted = m.inv ();
```

행렬 분해 유형을 inv 함수에 적용할 수 있으며, cv::DecompTypes enum의 엔트리로
사용될 수 있다.

요소 단위의 행렬 곱셈

Mat::mul은 두 개의 Mat 객체의 엘리먼트 단위 곱셈을 수행하는 데 사용될 수 있다.
말할 필요도 없이 이 함수는 요소 단위로 나눌 수 있다. 다음 예를 살펴보자.

```
Mat result = A.mul(B);
```

결과의 크기를 조정하고자 할 때는 추가적으로 scale 매개변수를 사용할 수 있다.
이제 또 다른 예제를 살펴보자.

```
double scale = 0.75;
Mat result = A.mul(B, scale);
```

1과 0 행렬

Mat::ones와 Mat::zeroes를 사용해 주어진 크기의 행렬을 만들 수 있다. 각 행렬의
요소는 각각 1 또는 0으로 설정된다. 이 행렬은 주로 초기화된 행렬을 만드는 데 사
용된다. 다음 예제들을 살펴보자.

```
Mat m1 = Mat::zeroes(240, 320, CV_8UC1);
Mat m2 = Mat::ones(240, 320, CV_8UC1);
```

1이 아닌 다른 값으로 채워지는 행렬을 생성해야 하는 경우에는 다음과 같이 사용할
수 있다.

```
Mat white = Mat::ones(240, 320, CV_8UC1) * 255;
```

전치행렬

Mat::t를 사용해 전치행렬을 만들 수 있다. 다음 예제를 살펴보자.

```
Mat transpose = image.t();
```

다음은 이미지가 전치된 것을 보여주는 예제다.

왼쪽 이미지는 원본 이미지이고 오른쪽 이미지는 원본 이미지가 전치된 것이다. 보
다시피 결과는 원래 이미지에서 회전(시계 방향)되고 뒤집힌(수직적) 버전이다. 3장의
뒷부분에서 배우게 될 것처럼, transpose 또는 Mat::t 함수를 flip 함수와 함께 사

용해 가능한 모든 방향으로 이미지를 회전하거나 뒤집기^{flip}/미러링^{mirror} 효과를 적용할 수 있다.

> 전치행렬을 다시 전치시키면 원래 행렬과 같아지는데, 다음 코드를 실행하면 원래 이미지 자체로 생성된다.
>
> ```
> Mat org = image.t( ). t( );
> ```

행렬의 전치를 계산하는 또 다른 방법은 transpose 함수를 사용하는 것이다.

다음은 transpose 함수의 사용 예다.

```
transpose(mat, trp);
```

mat과 trp는 모두 Mat 객체다.

Mat 객체의 형상 바꾸기

Mat 객체는 Mat::reshape 함수를 사용해 재형성될 수 있다. 현재의 형상에서 다시 형상을 바꾸는 것은 이미지의 채널 및 행 수를 변경하는 것을 의미한다.

```
int ch = 1;
int rows = 200;
Mat rshpd = image.reshape(ch, rows);
```

채널 수로 값 0을 전달하면 채널 수가 소스와 동일하게 유지된다는 것을 의미한다. 마찬가지로 값 0을 행 수로 전달하면 이미지의 행 수가 동일하게 유지된다.

Mat::resize는 행렬을 변형하기 위한 또 다른 유용 함수이지만 이미지의 행 수만 변경할 수도 있다. 행렬을 변형하거나 행렬의 요소 수를 처리할 때 유용하게 사용할 수 있는 또 다른 함수는 Mat::total 함수이며, 이미지의 총 요소 수를 반환한다.

이 함수들은 Mat 클래스에 임베드돼 해당 기능을 제공한다. Mat 클래스 문서를 살펴보고 이 절에서 방금 배운 메서드의 가능한 변형들을 익히도록 한다.

▌요소 단위의 행렬 연산

요소별$^{per-element}$ 또는 요소 단위$^{element-wise}$ 행렬 연산은 행렬의 개별 요소 또는 이미지의 픽셀을 사용하는 컴퓨터 시각의 수학 함수 및 알고리즘이다. 요소별 작업을 병렬 처리할 수 있다는 점을 유의해야 한다. 기본적으로 행렬의 요소가 처리되는 순서는 중요하지 않다. 이 사양들은 이번 절과 다음 절에서의 기능과 알고리즘을 구분할 수 있는 가장 중요한 기능이다.

기본 작업

OpenCV는 두 개의 행렬 또는 행렬과 스칼라 간의 더하기, 빼기, 곱하기 및 나눗셈의 네 가지 기본 작업을 모두 수행하는 데 필요한 모든 필요한 함수와 오버로드된 연산자를 제공한다.

덧셈 연산

add 함수와 '+' 연산자는 다음 예제와 같이 두 행렬 또는 행렬과 스칼라의 요소를 더하고자 할 때 사용할 수 있다.

```
Mat image = imread("Test.png");
Mat overlay = imread("Overlay.png");
Mat result;
add(image, overlay, result);
```

앞의 코드에서 마지막 줄을 다음과 같이 바꿀 수 있다.

```
result = image + overlay;
```

다음 이미지에서는 두 이미지를 사용한 추가 작업 결과를 보여준다.

Mat 객체의 모든 요소에 스칼라 값 하나를 추가하려는 경우 다음과 같이 사용할 수 있다.

```
result = image + 80;
```

앞의 코드를 그레이 스케일 이미지에 적용하면 원본 이미지보다 밝은 결과 이미지를 보게 된다. 이미지에 세 개의 채널이 있는 경우 단일 값 대신에 세 항목에 대한 벡터를 사용해야 한다. 예를 들어, RGB 이미지를 더 밝게 만들려면 다음과 같이 사용할 수 있다.

```
result = image + Vec3b(80, 80, 80);
```

앞의 코드를 적용해 나온 더 밝은 결과 이미지는 다음과 같다.

위의 예제 코드에서 더 밝은 이미지를 얻으려면 단순히 값을 더하면 된다.

가중치 추가

두 개의 이미지를 더하는 것 외에도 가중치 추가 기능을 사용해 두 개의 추가 이미지 각각에 가중치를 반영할 수 있다. add 작업에서 각 사용 요소의 불투명도 수준을 설정하는 것을 생각해 보자. 가중치 추가를 수행하려면 addWeighted 함수를 사용하면 된다.

```
double alpha = 1.0; // 첫 번째 이미지의 가중치
double beta = 0.30; // 두 번째 이미지 가중치
double gamma = 0.0; // 합계에 추가
addWeighted(image, alpha, overlay, beta, gamma, result);
```

이전 절의 예제 그림에서 덧셈 예제를 실행하면 결과는 다음과 같게 된다.

일반적으로 사진 편집 애플리케이션에서 적용되는 워터마크와 유사한 투명 텍스트를 확인할 수 있다. alpha, beta 및 gamma 값과 관련된 코드 내의 주석 내용을 확인해야 한다. 분명히 beta 값 1.0이 제공되면, 예제에서는 오버레이 텍스트의 투명도가 없는 일반 add 함수와 동일한 결과를 얻게 된다.

빼기 연산

두 개의 Mat 객체를 서로 더하는 것과 마찬가지로 substract 함수 또는 '-' 연산자를 사용해 한 이미지의 모든 요소를 다른 이미지에서 뺄 수 있다. 다음의 예를 살펴보자.

```
Mat image = imread("Test.png");
Mat overlay = imread("Overlay.png");
Mat result;
subtract(image, overlay, result);
```

앞의 코드에서 마지막 행은 다음과 같이 바꿀 수 있다.

```
result = image - overlay;
```

앞의 예제에서 사용한 두 이미지를 가지고 빼기 연산을 한 결과는 다음과 같다.

원본 이미지에서 더 높은 픽셀 값(더 밝은 픽셀)을 빼서 오버레이 텍스트의 어두운 색을 얻는 방법이다. 또한 빼기 연산은 덧셈과 달리 피연산자의 순서에 따라 달라진다. 피연산자^{operand}를 바꿔보고 어떻게 되는지 살펴보자.

덧셈과 마찬가지로 이미지의 모든 픽셀에 상수를 곱하는 것도 가능하다. 모든 픽셀에서 상숫값을 빼면 이미지 덧셈과 반대의 결과(빼기 값에 따라 다름)인 어두운 이미지를 얻게 된다. 다음은 간단한 뺄셈 작업으로 이미지를 어둡게 만드는 예제다.

```
result = image - 80;
```

소스 이미지가 3채널 RGB 이미지인 경우, 두 번째 피연산자로 벡터를 사용해야 한다.

```
result = image - Vec3b(80, 80, 80);
```

곱셈과 나눗셈 연산들

더하기 및 빼기와 마찬가지로 Mat 객체의 모든 요소에 다른 Mat 객체의 모든 요소를 곱할 수도 있다. 나누기 작업도 동일하게 수행할 수 있다.

다시 말하지만, 두 작업 모두 행렬과 스칼라를 사용해 수행할 수 있다. 곱셈은 OpenCV의 multiply 함수(Mat::mul 함수와 비슷함)를 사용해 수행할 수 있지만 나누기는 divide 함수를 사용해 수행할 수 있다.

다음 예제를 살펴보자.

```
double scale = 1.25;
multiply(imageA, imageB, result1, scale);
divide(imageA, imageB, result2, scale);
```

scale은 곱하기 및 나눗셈 함수에 제공할 수 있는 추가 매개변수로, 결과 Mat 객체의 모든 요소를 조절한다. 다음 예제에서와 같이 스칼라로 곱셈 또는 나눗셈을 수행할 수 있다.

```
resultBrighter = image * 5;
resultDarker = image / 5;
```

앞의 코드는 두 가지 이미지를 생성한다. 하나는 5배 밝은 이미지이고, 다른 하나는 원래 이미지보다 5배 더 어둡다. 여기에서 유의해야 할 중요한 점은 더하기와 빼기와 달리 결과 이미지가 균등하게 밝아지거나 어두워지지 않으며 밝은 영역이 훨씬 밝아지고 그 반대도 마찬가지라는 것을 알아야 한다. 그 이유는 분명히 곱셈과 나눗셈 연산의 효과인데, 밝은 픽셀 값이 연산 후에 작은 값보다 훨씬 더 빠르게 커지거나 작아지기 때문이다. 이 기술은 대부분의 사진 편집 애플리케이션에서 이미지의 밝은 부분을 더 밝게 하거나 어둡게 만드는 데 사용된다.

비트 논리 연산

기본 연산과 마찬가지로 두 행렬 또는 행렬과 스칼라의 모든 요소에 대해 비트 논리 연산을 수행할 수 있다. 따라서, 다음 기능을 사용할 수 있다.

- bitwise_not
- bitwise_and
- bitwise_or
- bitwise_xor

이 함수가 Not, and, Or, Exclusive OR 연산을 수행할 수 있다는 것을 이름을 통해서 바로 알 수 있다. 이들 함수가 어떻게 세부적으로 사용되는지 몇 가지 실습 예제를 통해 살펴본다.

먼저 bitwise_not 함수는 이미지의 모든 픽셀의 모든 비트를 반전하는 데 사용된다. 이 기능은 대부분의 사진 편집 애플리케이션에서 볼 수 있는 반전 작업과 동일한 효과가 있다. 사용 방법은 다음과 같다.

```
bitwise_not(image, result);
```

앞의 코드는 C++에서 오버로드된 비트 NOT 연산자(~)를 사용하는 다음 코드로 바꿀 수 있다.

```
result = ~image;
```

이미지가 단색 흑/백 이미지인 경우, 모든 흰색 픽셀이 검은색으로 바뀌고 그 반대의 경우가 적용된 결과 이미지를 얻게 된다. 이미지가 RGB 컬러 이미지인 경우 결과는 다음 예제 이미지에서 나타낸 것처럼 이진 픽셀 값의 의미로 반전된다.

bitwise_and 함수 또는 & 연산자는 이미지 두 개에서의 비트 And 연산을 수행하거나 이미지의 픽셀과 스칼라 값에 대해 수행할 수 있다. 다음 예제를 살펴보자,

```
bitwise_and(image, mask, result);
```

간단히 & 연산자를 사용해 다음과 같이 쓸 수 있다.

```
result = image & mask;
```

bitwise_and 함수는 이미지의 특정 영역을 마스크 및 추출하는 데 쉽게 사용할 수 있다.

예를 들어, 다음 이미지에서는 bitwise_and를 사용해 흰색 픽셀 부분에 해당하는 부분에 대해서는 이미지를 전달하고 검정 픽셀 부분은 제거한다.

이미지의 특정 영역을 마스킹하는 것 외에도, 비트 단위 And 연산을 사용해 채널을 모두 필터링할 수 있다. 이 작업을 수행하려면 & 연산자의 두 번째 형식을 사용해야 한다. 이 연산자는 행렬과 스칼라를 사용하고 모든 픽셀과 해당 값 사이에서 And 연산을 수행한다. 다음 예제 코드는 RGB 색상 이미지에서 녹색 색상 채널을 마스킹(제로 아웃)하는 데 사용할 수 있다.

```
result = image & Vec3b(0xFF, 0x00, 0xFF);
```

이제 다음 비트 연산인 Or 연산으로 넘어가 보자. bitwise_or 및 | 연산자는 두 이미지 또는 이미지와 스칼라에서 비트 단위 Or 연산을 수행하는 데 사용될 수 있다. 다음과 같이 사용한다.

```
bitwise_or(image, mask, result);
```

비트 단위 And 연산과 유사하게, | 연산자를 사용해 앞의 코드 대신 다음을 만들 수 있다.

```
result = image | mask;
```

And 연산을 사용해 0이 아닌 픽셀(또는 비검정색 픽셀)을 통과하는 데 사용되면 OR 연산을 사용해 입력 이미지에서 더 높은 값(또는 더 밝음)을 가진 픽셀을 통과시키는 데 사용될 수 있다. 이전 예제 이미지에서 비트 단위 OR 연산을 수행한 결과는 다음과 같다.

다른 비트 단위 And 연산과 마찬가지로 비트 단위 Or 연산을 사용해 개별 채널 또는 이미지의 모든 픽셀을 업데이트할 수 있다. 다음은 RGB 이미지의 녹색 채널을 모든 픽셀에 가능한 최댓값(255 또는 16 진수 FF)을 갖도록 업데이트하고 다른 채널은 그대로 두는 방법을 보여주는 예제 코드다.

```
result = image | Vec3b(0x00, 0xFF, 0x00);
```

마지막으로 bitwise_xor 또는 ^ 연산자를 사용해 두 이미지의 픽셀 또는 이미지와 스칼라 간에 Exclusive Or을 수행할 수 있다. 다음과 같이 사용한다.

```
bitwise_xor(image, mask, result);
```

또는 ^ 연산자를 사용해 다음과 같이 작성할 수 있다.

```
result = image ^ mask;
```

이전 절에서 제공하는 예제 이미지에서 Exclusive Or 작업을 수행하면 다음과 같은 결과 이미지를 볼 수 있다.

이 작업을 통해 마스크된 영역의 픽셀이 반전됨을 확인할 수 있다. 종이에 픽셀 값을 적어두고 결과를 직접 계산해 어떻게 이렇게 됐는지 그 이유를 생각해 보자. 해당 컴퓨터의 동작을 명확하게 이해하면 Exclusive Or 및 모든 비트 단위 작업을 다른 많은 컴퓨터 비전 작업에 사용할 수 있다.

비교 연산

서로 다른 두 개의 이미지(또는 주어진 값)를 비교하는 것은 매우 유용하게 사용될 수 있다. 특히 이미지에서 관심 있는 대상을 추적하거나 이미지내 격리된(마스크된) 영역에서 작업을 수행해 다양한 다른 알고리즘에서 사용될 수 있는 마스크를 만드는데 유용하게 사용될 수 있다. OpenCV는 요소별 비교를 수행할 수 있는 몇 가지 기능을 제공한다. 예를 들어, 비교 기능을 사용해 두 이미지를 서로 비교할 수 있다. 다음과 같이 사용될 수 있다.

```
compare(image1, image2, result, CMP_EQ);
```

처음 두 매개변수는 비교에 사용될 첫 번째 이미지와 두 번째 이미지다. 결과는 세 번째 Mat 객체에 저장되고 마지막 매개변수는 CmpTypes 열거^{enum}형의 항목이어야 하며 비교 유형을 선택하는 데 사용된다. 비교 유형은 다음 중 하나가 사용된다.

- CMP_EQ: 첫 번째 이미지가 두 번째 이미지와 같음을 의미한다.
- CMP_GT: 첫 번째 이미지가 두 번째 이미지보다 큰 값을 가짐을 나타낸다.
- CMP_GE: 첫 번째 이미지가 두 번째 이미지보다 크거나 같음을 의미한다.
- CMP_LT: 첫 번째 이미지가 두 번째 이미지보다 작음을 나타낸다.
- CMP_LE: 첫 번째 이미지가 두 번째 이미지보다 작거나 같음을 의미한다.
- CMP_NE: 첫 번째 이미지가 두 번째 이미지와 동일하지 않음을 나타낸다.

> ℹ️ 지금은 요소 단위 연산에 대해 이야기하고 있으므로 첫 번째 이미지가 두 번째 이미지보다 작거나 같다고 가정하면, 실제로는 첫 번째 이미지의 각 픽셀은 두 번째 이미지에서 정확히 대응되는 값보다 작거나 같게 된다.

오버로드된 C++ 연산자를 사용해 compare 함수와 동일한 사용 목표를 달성할 수 있다. 다음은 개별 비교 유형에 대해서 나타냈다.

```
result = image1 == image2; // CMP_EQ
result = image1 > image2; // CMP_GT
result = image1 >= image2; // CMP_GE
result = image1 < image2; // CMP_LT
result = image1 <= image2; // CMP_LE
result = image1 != image2; // CMP_NE
```

OpenCV의 또 다른 유용한 비교 함수인 inRange 함수를 사용해 특정 하한값과 상한값 사이의 값을 갖는 픽셀을 찾을 수 있다. 기존 이미지를 경계 값 행렬로 사용할 수도 있고 사용자가 직접 만들 수도 있다. 다음은 그레이 스케일 이미지에서 0과 50 사이의 픽셀 값을 찾는 데 사용할 수 있는 예제 코드다.

```
Mat lb = Mat::zeros(image.rows,
                    image.cols,
                    image.type());
Mat hb = Mat::ones(image.rows,
                    image.cols,
                    image.type()) * 50;
inRange(image, lb, hb, result);
```

lb가 0으로 채워지고 hb가 50으로 채워지는 것을 제외하고는, lb와 hb는 소스 이미지의 크기와 유형이 같은 Mat 객체다. 이 방법은 inRange가 호출될 때 원본 이미지의 각 픽셀을 lb 및 hb의 해당 픽셀로 검사하고, 값이 제공된 경계 사이에 있으면 결과의 해당 픽셀을 흰색으로 설정한다.

다음 그림은 예제 이미지에 inRange 함수를 적용한 결과를 보여준다.

이름에서 쉽게 추측할 수 있는 min 및 max 함수는 두 이미지(요소별)를 비교하고 최소 또는 최대 픽셀 값을 찾는 데 사용할 수 있는 다른 비교 함수다. 다음은 그 사용 예를 나타냈다.

```
min(image1, image2, result);
```

max를 사용해 최댓값을 찾을 수 있다.

```
max(image1, image2, result);
```

간단히 말해서 이 두 함수는 동일한 크기 및 유형의 두 이미지의 픽셀을 비교하고 결과 행렬의 해당 픽셀을 입력 이미지의 최소 또는 최대 픽셀 값으로 설정한다.

수학 연산

OpenCV는 지금까지 배운 함수 외에도 요소별 수학 연산을 처리할 수 있는 많은 함수를 제공한다. 이번 절에서 간략하게 해당 함수를 살펴보겠다. 해당 함수들을 직접 익히고 익숙해지면 프로젝트에서 편안하게 사용할 수 있다.

OpenCV의 요소별 수학 함수는 다음과 같다.

- absdiff 함수는 동일한 크기와 유형을 가지는 픽셀간 또는 이미지와 스칼라 값 간의 절대 차이를 계산하는 데 사용할 수 있다.

다음과 같이 사용한다.

```
absdiff(image1, image2, result);
```

앞의 코드에서 image1, image2 및 result는 모두 Mat 객체이며, 결과에서의 각 요소는 image1과 image2의 해당 픽셀 간의 절대 값 차이를 나타낸다.

- exp 함수는 행렬의 모든 요소들의 지수를 계산하는 데 사용할 수 있다.

```
exp(mat, result);
```

- log 함수는 행렬의 모든 요소들의 자연 대수$^{natural logarithm}$ 값을 계산하는 데 사용할 수 있다.

```
log(mat, result);
```

- pow는 행렬의 모든 요소에 주어진 거듭제곱^{power} 값을 적용할 수 있다. 이 함수에는 행렬과 거듭 제곱 값으로 사용되는 double값이 필요하다.

다음과 같이 사용한다.

```
pow(mat, 3.0, result);
```

- sqrt 함수는 행렬의 모든 요소의 제곱근^{square root}을 계산하는 데 사용되며 다음과 같이 사용된다.

```
sqrt(mat, result);
```

 log 및 pow와 같은 함수는 표준 C++ 라이브러리에서의 같은 이름을 가지는 함수와 혼동돼서는 안 된다. 코드의 가독성을 높이려면 C++ 코드에서 함수 이름 앞에 cv 네임 스페이스를 사용하는 것이 좋다. 예를 들어, 다음과 같이 pow 함수를 호출할 수 있다.

```
cv::pow(image1, 3.0, result);
```

행렬 및 배열 방식의 연산

지금까지 살펴봤던 함수 및 알고리즘과는 달리, 이번 절의 알고리즘은 이미지(또는 행렬) 자체에 대해 원자적이며 완전한 연산을 수행하지만 지금까지 설명된 요소 단위의 연산으로는 간주되지 않는다. 지금까지 생각해 보면 요소 단위 연산의 법칙은 결과 행렬이 두 이미지내의 대응되는 픽셀 사용에 의존하기 때문에 쉽게 병렬 처리할 수 있다는 것이었지만, 3장에서 배우게 될 함수와 알고리즘은 쉽게 병렬화할 수 없다. 결과 픽셀 및 값들이 대응되는 소스 픽셀과 비슷하지 않거나 전혀 반대인 경우에, 결과 픽셀은 일부 또는 모든 입력 픽셀에 대해 동시에 모두 종속될 수 있다.

외삽을 위한 테두리 만들기

3장과 4장에서 볼 수 있듯이 많은 컴퓨터 비전 알고리즘을 다룰 때 처리해야 할 가장 중요한 문제 중 하나가 외삽^{extrapolation}이다. 간단히 말하면 이미지 외부에 존재하지 않는 픽셀을 가정하는 것이다. 왜 존재하지도 않는 픽셀에 대해 생각해야 하는지 궁금할 것이다. 가장 간단한 대답은 단일 픽셀뿐만 아니라 주변 픽셀을 사용하는 다양한 컴퓨터 비전 알고리즘이 있다는 것이다. 이러한 경우에 픽셀이 이미지 내에 있으면 문제가 없다. 그러나 이미지의 경계에 있는 픽셀(예: 맨 위 행)에서는 주변 픽셀 중 일부가 이미지 외부가 된다. 따라서 이때 외삽과 존재하지 않는 픽셀을 가정해야 한다.

단순히 그 픽셀이 0값을 가진다고 가정해야 할까? 경계 픽셀과 동일한 값을 가진다고 가정하는 것이 더 좋을지도 모른다. 이러한 질문들에 대한 해답은 모두 copyMakeBorder라는 OpenCV 함수에서 처리된다.

copyMakeBorder를 사용하면 이미지 외부에 테두리를 만들 수 있으며 모든 가능한 시나리오를 처리할 수 있는 충분한 사용자 값을 제공한다. copyMakeBorder가 어떻게 사용될 수 있는지를 몇 가지 간단한 예제와 함께 살펴본다.

```
int top = 50;
int bottom = 50;
int left = 50;
int right = 50;
BorderTypes border = BORDER_REPLICATE;
copyMakeBorder (image,
                result,
                top,
                bottom,
                left,
                right,
                border);
```

이전 예제에서 봤듯이, copyMakeBorder는 지금까지 배운 OpenCV 기능과 마찬가지로 입력 이미지를 받아들이고 결과 이미지를 생성한다. 또한, 이 함수에는 이미지의 위쪽, 아래쪽, 왼쪽 및 오른쪽에 추가되는 픽셀 수를 나타내는 4개의 정숫값을 넣어야 한다. 그러나 여기서 제공해야 할 가장 중요한 매개변수는 BorderTypes 열거형 항목인 경계 유형 매개변수다. 다음은 BorderType 값의 가장 일반적인 몇 가지 예다.

- BORDER_CONSTANT
- BORDER_REPLICATE
- BORDER_REFLECT
- BORDER_WRAP

BORDER_CONSTANT가 경계 유형 매개변수로 사용되면, 생성된 경계의 일정한 색상 값을 나타내는 추가 스칼라 매개변수가 copyMakeBorder 함수에 들어가야 한다. 이 값을 생략하면 0(또는 검은색) 값이 사용되는 것으로 간주된다. 다음 그림은 예제 이미지에서 copyMakeBorder 함수가 실행될 때의 결과를 보여준다.

copyMakeBorder 및 다른 많은 OpenCV 함수를 사용하려면 borderInterpolate 함

수를 사용해 외삽에 사용된 도너^{donor} 픽셀의 위치를 계산하고 존재하지 않지만 필요한 픽셀을 생성한다. 이 함수를 직접 호출할 필요는 없으므로, 직접 탐색하고 발견할 수 있도록 남겨 둘 것이다.

이미지 뒤집기(미러링) 및 이미지 회전

flip 함수를 사용해 이미지를 뒤집거나 대칭할 수 있다. 이 함수는 제공된 플립 코드별로 x 또는 y축 또는 둘 다에서 이미지를 뒤집을 수 있다. 이 함수를 사용하는 방법은 다음과 같다.

```
int code = +1;
flip(image, result, code);
```

code 값이 0이면 입력 이미지가 수직(x축 기준)으로 반전되고, code값이 양수인 경우 입력 이미지가 수평(y축 기준)으로 뒤집히거나 대칭되며, code값이 음수인 경우에는 입력 이미지가 x축과 y축 기준으로 동시에 뒤집히고 대칭된다.

반면 이미지를 회전하려면 회전 기능을 사용할 수 있다. 회전 함수를 호출할 때 다음 예제와 같이 회전 플래그를 정확히 사용해야 한다.

```
RotateFlags rt = ROTATE_90_CLOCKWISE;
rotate(image, result, rt);
```

RotateFlag 열거형은 다음과 같은 상숫값 중 하나가 된다.

- ROTATE_90_CLOCKWISE
- ROTATE_180
- ROTATE_90_COUNTERCLOCKWISE

flip 및 rotate 함수의 모든 가능한 결과를 보여주는 이미지는 다음과 같다. 두 축을 기준으로 하는 뒤집기 결과는 다음 결과 이미지 중에서 180도 회전한 경우와 같다.

 앞에서 언급했듯이, Mat::t 또는 전치행렬은 flip 함수와 함께 사용될 때 이미지를 회전시키는 데에도 사용할 수 있다.

채널 작업

OpenCV는 병합, 분리 작업 또는 그 외 다양한 작업 수행 여부와 상관없이 채널을 다루는 몇 가지 기능을 제공한다. 이번 절에서는 이미지를 구성중인 채널로 분할하거나 여러 개의 단일 채널 이미지를 사용해 다중 채널 이미지를 만드는 방법을 학습한다. 이제 시작해 보자.

다음 예제 코드에서와 같이 merge 함수를 사용해 여러 단일 채널 Mat 객체를 병합하고 새로운 다중 채널 Mat 객체를 만들 수 있다.

```
Mat channels[3] = {ch1, ch2, ch3};
```

```
merge(channels, 3, result);
```

앞의 코드에서 ch1, ch2 및 ch3은 모두 동일한 크기의 단일 채널 이미지다. 결과로 3 채널 Mat 객체를 얻을 수 있다.

또한 insertChannel 함수를 사용해 새 채널을 이미지에 삽입할 수 있다.

다음과 같은 방법을 사용할 수 있다.

```
int idx = 2;
insertChannel (ch, image, idx);
```

앞의 코드에서 ch는 단일 채널 Mat 객체이고, image는 추가 채널을 이미지에 추가하려는 행렬이며, idx는 채널이 삽입될 위치의 0부터 시작하는 인덱스 번호를 나타낸다.

split 함수는 다중 채널 이미지를 분할해 여러 단일 채널 이미지를 만드는 merge 함수와 정확히 반대되는 기능을 수행하는 데 사용할 수 있다. 다음과 같이 사용한다.

```
Mat channels[3];
split(image, channels);
```

위 코드에서 channels 배열은 이미지 내의 각 개별 채널에 해당하는 동일한 크기의 3개의 단일 채널 이미지를 포함한다.

이미지에서 단일 채널을 추출하기 위해서는 extractChannel 함수를 사용한다.

```
int idx = 2;
Mat ch;
extractChannel(image, ch, idx);
```

앞의 코드에서 idx 위치의 채널은 이미지에서 추출돼 ch에 저장된다.

대부분의 일반적인 사용 사례에서는 merge, split, insertChannel 및 extractChannel로 충분하지만, 이미지에서 채널을 더 복잡하게 뒤섞거나 추출하거나 조작해야 할 수도 있다. 이러한 이유 때문에 OpenCV는 mixChannels라는 함수를 제공한다. 이 함수는 훨씬 고급 채널 처리 방법을 제공한다. mixChannels을 사용하는 방법을 예제를 통해서 살펴본다. 이미지의 모든 채널을 오른쪽으로 옮기고자 한다고 가정한다. 이러한 작업을 수행할 수 있도록 다음 샘플 코드를 살펴보자.

```
Mat image = imread("Test.png");
Mat result(image.rows, image.cols, image.type());

vector<int> fromTo = {0,1,
                      1,2,
                      2,0};
mixChannels(image, result, fromTo);
```

앞의 예제 코드에서 제일 중요한 부분은 fromTo 벡터다. 소스와 대상의 채널 번호에 해당하는 값을 쌍으로 포함해야 한다. 채널은 항상 0-인덱스 기반이므로 0, 1은 소스 이미지의 첫 번째 채널이 결과의 두 번째 채널에 복사된다는 것을 의미한다.

 이번 절에서 나타낸 모든 이전 함수(merge, split 등)는 mixChannels 함수의 일부다.

수학 함수

이번 절에서 배울 함수와 알고리즘은 3장의 앞부분에서 봤던 것과는 반대로 요소 단위가 아닌 값을 수학적으로 계산할 때만 사용된다. 여기에는 이산 푸리에 변환과 같은 단순한 함수(예: mean, sum 또는 보다 복잡한 연산)가 포함된다. 실습 예제를 통해 가장 중요한 것들을 찾아 보자.

역행렬

invert 함수는 행렬의 역행렬을 계산하는 데 사용할 수 있다. 이미지의 픽셀에서 각각의 모든 비트를 반전하는 bitwise_not 함수와 혼동해서는 안 된다. invert 함수는 요소 단위 함수가 아니며, inversion 메서드는 이 함수에 매개변수로 제공된다. 다음은 그 예다.

```
DecompTypes dt = DECOMP_LU;
invert(image, result, dt);
```

DecompTypes 열거형은 invert 함수에서 분해decomposition 유형으로 사용할 수 있는 모든 가능한 항목을 포함한다. 다음 항목들을 살펴보자.

- DECOMP_LU
- DECOMP_SVD
- DECOMP_EIG
- DECOMP_CHOLESKY
- DECOMP_QR

각각의 모든 분해 방법에 대한 자세한 설명을 더 보기 원하면, DecompType 열거형에 대한 OpenCV 문서를 참조하면 된다.

요소의 평균 및 합

mean 함수를 사용해 행렬 요소들에 대한 평균 또는 평균값을 계산할 수 있다. 다음은 이미지를 읽고 개별 채널의 평균값을 계산하고 표시하는 방법을 보여주는 예다.

```
Mat image = imread("Test.png");
Mat result;
```

```
Scalar m = mean(image);
cout << m[0] << endl;
cout << m[1] << endl;
cout << m[2] << endl;
```

sum 함수를 동일한 방식으로 사용해 행렬 요소들의 합계를 계산할 수 있다.

```
Scalar s = sum(image);
```

또한 OpenCV에는 모든 행렬 요소들의 평균 및 표준 편차를 동시에 계산하는 데 사용할 수 있는 meanStdDev 함수가 포함돼 있다. 다음과 같이 사용한다.

```
Scalar m;
Scalar stdDev;
meanStdDev(image, m, stdDev);
```

평균 함수와 마찬가지로 meanStdDev 함수는 각 개별 채널에 대해 각각 결과를 별도로 계산한다.

이산 푸리에 변환

1D 또는 2D 배열 즉, 이미지에서의 이산 푸리에 변환은 컴퓨터 비전에서 이미지를 분석하는 많은 방법 중 하나다. 결과에 대한 해석은 그것이 사용되는 분야에 완전히 의존적이지만, 여기서는 이와 관련돼 다루지 않는다. 그러나, 이 절에서 알고자 하는 것은 이산 푸리에 변환을 수행하는 방법이다.

간단히 말하면 dft 함수를 사용해 이미지의 푸리에 변환을 할 수 있다. 그러나 dft 함수를 안전하게 사용하기 전에 몇 가지 준비 작업이 필요하다. 푸리에 변환 결과에도 동일하게 적용된다. 예제 코드를 좀 더 자세히 살펴보며, 이전 절에서 사용한 예제 이미지에 대해 푸리에 변환을 적용해 계산하고 그 결과를 표시한다.

dft 함수는 특정 크기(2, 4, 8과 같은 2의 거듭제곱 값)의 행렬을 훨씬 더 효율적으로 처리할 수 있으므로, 행렬의 크기를 가장 가까운 최적 크기로 늘리고 dft 함수를 호출하기 전에 0으로 패딩하는 것이 가장 좋다. 이러한 작업은 getOptimalDFTSize 함수를 사용해 수행할 수 있다. 이산 푸리에 변환을 계산할 입력 이미지를 image를 통해서 사용한다고 가정하면, 다음 코드를 사용해 dft 함수의 최적 크기로 계산하고 크기를 조정할 수 있다.

```
int optRows = getOptimalDFTSize( image.rows );
int optCols = getOptimalDFTSize( image.cols );

Mat resizedImg;
copyMakeBorder(image,
               resizedImg,
               0,
               optRows - image.rows,
               0,
               optCols - image.cols,
               BORDER_CONSTANT,
               Scalar::all(0));
```

알다시피, getOptimalDFTSize 함수는 행과 열을 별도로 두 번 호출해야 한다. 사용자는 이미 copyMakeBorder 함수에 익숙해져 있다. 이미지 크기를 조정하고 새 픽셀을 0 또는 다른 원하는 값으로 채우는 것은 copyMakeBorder 함수에 대한 수많은 예제 사용 사례 중 하나다.

나머지는 아주 간단한다. 2채널 이미지를 만들어서 dft 함수에 전달하고 같은 행렬에 복잡한 (실제 및 가상) 결과를 가져와야 한다. 그러면 나중에 결과를 표시하는 프로세스가 단순해진다. 방법은 다음과 같다.

```
vector<Mat> channels = {Mat_<float>(resizedImg),
                        Mat::zeros(resizedImg.size(), CV_32F)};
Mat complexImage;
merge(channels, complexImage);

dft(complexImage, complexImage);
```

병합 기능을 사용하는 방법을 이미 배웠다. 앞의 코드에서 유의해야 할 중요한 점은 결과가 입력에서 사용한 동일한 이미지에 저장된다는 사실이다. complexImage는 이산 푸리에 변환의 실수 부분과 다른 부분에 대한 두 개의 채널을 포함한다. 그러나, 결과를 표시할 수 있으려면 결과의 크기를 계산해야 한다. 방법은 다음과 같다.

```
split(complexImage, channels);

Mat mag;
magnitude(channels[0], channels[1], mag);
```

위의 코드에서는 복합 이미지를 여러 개의 채널로 분할한 후 magnitude 함수를 사용해 크기를 계산했다. 이론적으로 mag는 표시 가능한 결과이지만 사실 OpenCV를 사용해 표시할 수 있는 것보다 훨씬 높은 값을 포함하므로 표시하기 전에 몇 가지 변환을 수행해야 한다. 먼저, 다음 변환을 수행해 결과가 로그 크기$^{logarithmic\ scale}$인지 확인해야 한다.

```
mag += Scalar::all(1);
log(mag, mag);
```

다음으로는 OpenCV의 imshow 함수로 표시할 수 있도록 결과 값을 0.0에서 1.0 사이의 크기로 조정하고 정규화해야 한다. 이러한 이유로 여기서는 normalize 함수를 사용해야 한다.

```
normalize(mag, mag, 0.0, 1.0, CV_MINMAX);
```

이제 imshow 함수를 사용해 결과를 표시할 수 있다. 다음은 이산 푸리에 변환의 결과를 표시하는 예제다.

이 결과의 문제점은 결과의 원점을 이미지의 중심으로 하기 전에 사분면을 바꿔야 한다는 것이다. 다음 이미지에서는 결과가 중앙의 원점이 되기 전에 결과의 네 사분면이 어떻게 바뀌어야 하는지를 보여준다.

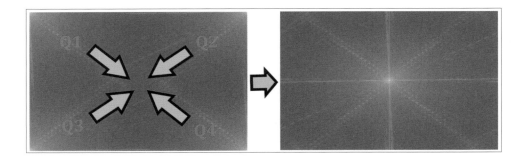

다음은 푸리에 변환 결과의 네 사분면을 바꾸는 데 필요한 코드다. 결과의 중심을 찾은 후, ROI^{Region of Interest} 행렬 4개를 만든 다음에 스왑^{swap}한다.

```
int cx = mag.cols/2;
int cy = mag.rows/2;
Mat Q1(mag, Rect(0, 0, cx, cy));
Mat Q2(mag, Rect(cx, 0, cx, cy));
Mat Q3(mag, Rect(0, cy, cx, cy));
Mat Q4(mag, Rect(cx, cy, cx, cy));

Mat tmp;
Q1.copyTo(tmp);
Q4.copyTo(Q1);
tmp.copyTo(Q4);
Q2.copyTo(tmp);
Q3.copyTo(Q2);
tmp.copyTo(Q3);
```

dft 함수에서는 추가 동작을 사용자 지정하기 위해 사용할 수 있는 추가 매개변수 사용을 허용한다. 이 매개변수는 DftFlags 열거형의 값 조합이 될 수 있다. 예를 들어 역 푸리에 변환을 수행하려면 DFT_INVERSE 매개변수를 사용해 dft 함수를 호출해야 한다.

```
dft(input, output, DFT_INVERSE);
```

그리고, 다음과 같이 idft 함수를 사용해 수행할 수도 있다.

```
idft(input, output);
```

이산 푸리에 변환이 OpenCV에서 구현되는 방법에 대한 자세한 내용은 DftFlags 열거형 및 dft 함수 문서를 확인하면 된다.

난수 생성하기

난수 생성은 컴퓨터 비전에서 가장 널리 사용되는 알고리즘 중 하나다. 특히 주어진 범위 내에서 임의의 값으로 기존 알고리즘을 테스트할 때 더욱 필요하다. OpenCV 라이브러리를 사용할 때 다음 함수를 사용해 임의의 값을 포함하는 값 또는 행렬을 생성할 수 있다.

- randn 함수는 주어진 평균값과 표준 편차를 가지고 생성된 난수로 행렬이나 배열을 채우기 위해 사용될 수 있다. 이 함수를 사용하는 방법은 다음과 같다.

```
randn(rmat, mean, stddev);
```

- randu 함수는 randn 함수와 비슷하고 배열에 임의의 값을 채우는 데 사용되지만, 평균 및 표준 편차 대신에 이 함수에서 생성된 임의 값에 대해 더 낮은 밴드와 높은 밴드(둘 다 포함)를 사용할 수 있다. 다음과 같이 사용할 수 있다.

```
randu(rmat, lowBand, highBand);
```

- 함수 이름을 통해서 추측할 수 있는 randShuffle 함수는 배열이나 행렬의 내용을 무작위로 섞는 데 사용된다. 다음 예제와 같이 간단하게 사용된다.

```
randShuffle(array);
```

검색 및 위치 함수

컴퓨터 비전 프로젝트를 진행할 때 수많은 픽셀이나 최댓값(가장 밝은 점) 등을 찾아야 하는 수많은 시나리오와 사례에 직면하게 된다. OpenCV 라이브러리에는 이 같은 용도로 사용할 수 있는 많은 함수가 들어 있으며, 이 절의 주제로 사용된다.

0이 아닌 요소의 위치 찾기

0이 아닌 요소를 찾거나 카운트하는 것은 특히 임계 조작 후 이미지의 특정 영역을 찾거나 특정 색상이 포함된 영역을 찾을 때 매우 유용할 수 있다. 이러한 용도로 OpenCV에는 findNonZero 및 countNonZero 함수가 포함돼 있다. 이 함수는 이미지에서 0이 아닌(또는 밝은) 값이 있는 픽셀을 찾거나 카운트하는 데 사용된다.

다음은 findNonZero 함수를 사용해 그레이 스케일 이미지에서 검은색이 아닌 첫 번째 픽셀을 찾아 위치를 출력하는 방법을 보여주는 예제다.

```
Mat image = imread("Test.png", IMREAD_GRAYSCALE);
Mat result;
vector<Point> idx;
findNonZero(image, idx);
if(idx.size() > 0)
    cout << idx[0].x << "," << idx[0].y << endl;
```

다음은 그레이 스케일 이미지에서 검은 픽셀 비율을 찾는 방법을 보여주는 또 다른 예제 코드다.

```
Mat image = imread("Test.png", IMREAD_GRAYSCALE);
Mat result;
int nonZero = countNonZero(image);
float white = float(nonZero) / float(image.total());
float black = 1.0 - white;
cout << black << endl;
```

최소 및 최대 요소 찾기

이미지 또는 행렬에서 가장 밝은 (최대) 지점과 가장 어두운 지점(최소)을 찾는 것은 컴퓨터 비전에서 이미지 내에서 가장 중요한 유형의 검색 중 하나다. 특정 유형의 임계 알고리즘 또는 템플릿 매칭 기능을 수행한 후에 특히 그렇다(이제 곧 다룰 다른 장들에서 이와 관련해서 배울 것이다). OpenCV는 전역 최솟값과 최댓값을 찾기 위해 다음 두 가지 기능을 제공한다. 각 값의 위치는 행렬내의 값이다.

- minMaxIdx
- minMaxLoc

minMaxLoc 함수는 전체 이미지(단일 채널 이미지만)에서 가장 밝은 점과 가장 어두운 점을 검색하고 해당 위치와 함께 가장 밝고 어두운 픽셀의 값을 반환한다. minMaxIdx 함수는 위치(x 및 y가 있는 Point 객체) 대신에 발견된 최소 및 최대 위치에 대한 포인터를 반환한다. minMaxLoc 함수는 다음과 같이 사용된다.

```
double minVal, maxVal;
Point minLoc, maxLoc;
minMaxLoc(image, &minVal, &maxVal, &minLoc, &maxLoc);
```

다음은 minMaxIdx 함수를 사용하는 예제다.

```
double minVal, maxVal;
int minIdx, maxIdx;
minMaxIdx(image, &minVal, &maxVal, &minIdx, &maxIdx);
```

룩업 테이블 변환

컴퓨터 비전에서 필요 대체 값을 포함하는 주어진 테이블 값 기반으로, 픽셀을 새로운 값으로 대체하는 방법을 룩업 테이블 변환^{loopup table transformation}이라고 한다. 처음에는 약간 혼란스러울지 모르지만 룩업 테이블을 사용해 이미지를 수정하는 것은 매우 강력하고도 간단한 방법이다. 실전 예제를 통해서 어떻게 사용하는지 살펴보자.

예제 이미지가 있다고 가정하고 밝은 픽셀(175보다 큰 값)을 절대 흰색으로, 어두운 픽셀(값이 125 미만)은 절대 검정색으로 교체하며 나머지 픽셀은 그대로 둔다. 이러한 작업을 수행하려면 OpenCV의 **LUT** 함수와 함께 룩업 테이블 **Mat** 객체를 사용하면 된다.

```
Mat lut (1, 256, CV_8UC1);
for (int i = 0; i <256; i ++)
{
    if (i <125)
        lut.at<uchar>(0, i) = 0;
    else if(i > 175)
        lut.at<uchar>(0, i) = 255;
    else
        lut.at<uchar>(0, i) = i;
}

Mat result;
LUT(image, lut, result);
```

다음 그림은 예제 이미지에서 이 룩업 테이블 변환이 실행될 때의 결과를 보여준다. 보다시피, 룩업 테이블 변환은 색상(오른쪽)이 있는 이미지와 그레이 스케일(왼쪽) 이미지 모두에서 실행될 수 있다.

LUT 기능을 현명하게 사용하면 픽셀을 주어진 값으로 대체하고자 하는 컴퓨터 비전 문제에서 많은 솔루션을 얻을 수 있다.

▌ 요약

3장에서 우리가 살펴본 것은 컴퓨터 비전에서 OpenCV 라이브러리를 사용해 행렬 및 배열 작업을 수행하는 것이었다. 2장에서 배운 컴퓨터 비전의 근본적인 개념에 대한 배경 지식만을 가지고 3장을 시작했으며 실습 예제를 사용해 많은 알고리즘과 기능을 배웠다. Mat 클래스의 핵심에 포함된 1, 0, 단위 행렬, 전치 및 기타 함수에 대해서도 배웠으며, 그런 다음에도 많은 요소별 알고리즘을 추가적으로 계속 배웠다. 이제는 기본 연산, 비교 및 비트 연산과 같은 요소 단위 행렬 연산을 완전히 수행할 수 있게 됐다. 마지막으로, OpenCV 코어 모듈에서 요소 단위가 아닌 작업에 대해 배웠다. 테두리 만들기, 채널 수정 및 이산 푸리에 변환은 3장에서 배운 많은 알고리즘 중 하나다.

4장에서는 필터링, 그리기 및 기타 기능에 사용되는 컴퓨터 비전 알고리즘에 대해 알아본다. 4장에서 다루는 주제는 얼굴 또는 객체 검출 및 추적과 같은 매우 복잡한 작업에 사용되는 고급 컴퓨터 비전 개발 및 알고리즘에 있어서 미리 필수적으로 알아야 한다.

▌ 질문 사항

1. 요소 단위 수학 연산과 비트 연산 중 어느 것이 정확한 결과를 제공할까?
2. OpenCV에서 gemm 함수의 목적은 무엇일까? gemm 함수를 사용해 A*B에 해당하는 동작을 하려면 어떻게 해야 할까?

3. borderInterpolate 함수를 사용해 경계 유형이 BORDER_REPLICATE인 지점 (-10, 50)에 존재하지 않는 픽셀의 값을 계산한다. 이러한 계산을 하기 위해서 어떤 함수를 호출해야 할까?

4. 3장내의 단위 행렬 학습에 대한 절에서 사용했던 동일한 단위 행렬을 생성해보자. 그렇지만, Mat::eye 함수 대신에 setIdentity 함수를 사용해야 한다.

5. 그레이 스케일 및 색상이 존재하는 (RGB) 이미지를 사용해, bitwise_not(반전 색상)과 동일한 작업을 수행하는 LUT 함수(룩업 테이블 변환)를 이용한 프로그램을 만들어보자.

6. 행렬의 값을 정규화하는 것 외에도 normalize 함수를 사용해 이미지를 밝게 하거나 어둡게 할 수 있다. normalize 함수를 사용해 그레이 스케일 이미지를 어둡게 하고 밝게 하는 데 필요한 함수 호출을 만들어보자.

7. merge와 split 함수를 사용해 이미지(imread 함수를 사용해 만든 BGR 이미지)에서 파란색 채널(첫 번째 채널)을 제거해보자.

04

그리기, 필터링 및 변환

3장에서는 컴퓨터 비전에 사용된 기본 개념과 이를 이용한 행렬, 이미지에 대한 광범위한 작업을 수행하는 데 활용되는 많은 알고리즘과 함수에 대해 학습했다. 먼저 Mat 클래스에 포함된 함수에 대해 배웠다. 예를 들어 행렬을 복제(또는 전체 및 독립 복사본 사용), 두 행렬의 외적$^{cross\ product}$과 내적$^{dot\ product}$을 계산하고, 행렬 전치 및 역행렬을 생성하는 단계를 포함했다. 그런 다음 OpenCV의 다양한 요소 단위 작업에 대해 알아봤다.

이미 알고 있는 요소 단위 연산은 이미지의 모든 개별 픽셀(또는 요소)에 동일한 프로세스를 수행하는 병렬 알고리즘이다. 이 과정을 통해서 실제 이미지 파일에 대한 작업의 효과를 실험했다. 3장에서는 요소 단위 작업과 달리 이미지를 전체적으로 다루는 연산과 함수에 대해 학습했지만, 컴퓨터 비전 측면에서는 여전히 행렬에 대한 작업으로 볼 수 있다.

이제는 그리기, 필터링 및 이미지 변환과 같은 작업에 컴퓨터 비전 애플리케이션에 사용되는 수많은 강력한 알고리즘에 대해 더 깊게 파고 들면서 알아볼 준비가 됐다. 3장에서 언급했듯이 이 카테고리의 알고리즘은 전체적으로 이미지 처리 알고리즘이다. 4장에서는 비어있는 이미지(캔버스와 유사) 또는 기존 이미지 및 비디오 프레임에 형상과 텍스트를 그리는 방법을 배운다. 4장의 첫 번째 절에서는 OpenCV 창에 트랙 바를 추가하는 방법에 대한 내용이 포함돼 있어서 필요한 매개변수를 쉽게 조정할 수 있다. 그 후에 이미지 블러링^{bluring}, 팽창^{dilation} 및 침식^{erosion} 처리와 같은 이미지 필터링 기술에 대해 배우게 된다. 4장에서 배우게 될 필터링 알고리즘과 함수에는 널리 사용되는 알고리즘, 특히 전문적인 사진 편집 애플리케이션에서 사용할 알고리즘이 포함된다. 3장에서는 사진의 크기를 간단하게 조정하거나 픽셀을 다시 매핑하는 것과 같은 복소수 처리 알고리즘을 포함한 이미지 변환 알고리즘에 대한 포괄적인 내용들을 포함했다. 이미지에 색상맵을 적용해 색상을 변환하는 방법을 배우면서 4장을 마무리한다.

4장에서는 다음과 같은 내용을 알아본다.

- 이미지에 도형과 텍스트 그리기
- 이미지에 평활화 필터 적용하기
- 팽창, 침식 및 다양한 필터를 이미지에 적용
- 픽셀을 다시 매핑하고 이미지에 기하학적 변형 알고리즘 적용
- 이미지에 색상맵 적용

▌ 기술적 요구 사항

- C++ 또는 파이썬 애플리케이션을 개발하는 IDE

- OpenCV 라이브러리

개인용 컴퓨터를 설치하고 OpenCV 라이브러리를 사용해 컴퓨터 비전 애플리케이션을 개발할 준비를 하는 방법에 대한 자세한 내용은 2장, 'OpenCV 시작하기'를 참조하도록 한다.

다음 URL을 사용해 4장의 소스 코드와 예제를 다운로드할 수 있다.

https://github.com/PacktPublishing/Hands-On-Algorithms-for-Computer-Vision/tree/master/Chapter04

이미지 그리기

컴퓨터 비전 애플리케이션을 개발할 때 가장 중요한 작업 중 하나는 이미지를 그리는 것이다. 사진에 타임 스탬프를 출력하거나 이미지의 일부 영역 주위에 직사각형이나 타원을 그리고 이미지나 도형(사각형 등)에 텍스트와 숫자를 그리고자 하는 많은 비슷한 예제들을 상상해 보자. 보다시피, 생각해볼 예제들은 매우 많다. 그러면, 지금은 더 이상 생각하지 말고 우선은 OpenCV에서 그리기에 사용할 수 있는 함수와 알고리즘을 살펴보자.

이미지에 텍스트 출력하기

OpenCV는 이미지에 텍스트를 그리거나 출력하기 위해 putText라는 매우 사용하기 쉬운 함수를 제공한다. 이 함수는 입력/출력 매개변수에서 이미지를 필요로 하므로 원본 이미지를 사용해야 한다. 따라서, 이 함수를 호출하기 전에 원본 이미지의 복사본을 메모리에 올려놔야 한다. 또한, 이 기능에는 텍스트가 출력되는 위치인 원점(origin point)이 있어야 한다. 텍스트의 글꼴은 HersheyFonts 열거형 항목 중 하나여야 하며, 다음 값 중 하나(또는 조합)를 사용할 수 있다.

- FONT_HERSHEY_SIMPLEX

- FONT_HERSHEY_PLAIN

- FONT_HERSHEY_DUPLEX

- FONT_HERSHEY_COMPLEX

- FONT_HERSHEY_TRIPLEX

- FONT_HERSHEY_COMPLEX_SMALL

- FONT_HERSHEY_SCRIPT_SIMPLEX

- FONT_HERSHEY_SCRIPT_COMPLEX

- FONT_ITALIC

출력 시 각 항목에 대한 자세한 내용은 OpenCV를 확인하거나 온라인에서 Hershey 글꼴에 대한 세부 정보를 검색하면 된다.

방금 언급한 매개변수 외에도 텍스트의 크기, 색상, 두께 및 선 유형과 같은 몇 가지 추가 매개변수가 필요하다. 간단한 예제를 통해 각각을 살펴보자.

다음은 putText 함수의 사용법을 보여주는 예제 코드다.

```
string text = "www.amin-ahmadi.com";
int offset = 25;
Point origin(offset, image.rows - offset);
HersheyFonts fontFace = FONT_HERSHEY_COMPLEX;
double fontScale = 1.5;
Scalar color(0, 242, 255);
int thickness = 2;
LineTypes lineType = LINE_AA;
bool bottomLeftOrigin = false;
putText(image,
        text,
        origin,
        fontFace,
        fontScale,
        color,
```

```
thickness,
lineType,
bottomLeftOrigin);
```

이전부터 사용해 온 예제 그림에서 위의 코드를 실행하면 다음과 같은 결과를 얻게
된다.

fontScale 값을 늘리거나 줄이면 텍스트 크기도 커지거나 작아진다.

thickness 매개변수는 텍스트 두께 출력 등에 적용된다. 이 예제에서 좀 더 주의깊
게 살펴볼 유일한 매개변수는 lineType이며, 이번 예제에서는 LINE_AA를 사용했다.
그렇지만, LineTypes 열거형 중 다른 값을 선택할 수도 있다. 다음은 흰색 배경에
출력되는 W 문자들의 선 유형과 그 차이점을 보여준다.

LINE_4는 4개의 연결된 선 유형을 나타내며 LINE_8은 8개의 연결된 선 유형을 나타낸다. 하지만 LINE_AA는 앤티 앨리어싱된 선 유형으로 다른 두 가지보다 더 느리게 그려지긴 하지만 앞의 그림에서 볼 수 있듯이 훨씬 더 나은 품질을 제공한다.

 LineTypes 열거형에는 FILLED 항목도 포함돼 있다. 이 항목은 이미지에 그려진 도형을 지정된 색상으로 채우는 데 사용된다. OpenCV의 거의 모든 그리기 함수에서는(putText뿐만 아니라) 선 유형 매개변수가 필요하다는 점에 유의해야 한다.

OpenCV는 텍스트 처리와 관련된 두 가지 기능을 제공하지만 정확히는 텍스트 그리기는 아니다. 두 가지 기능 중 첫 번째는 getFontScaleFromHeight이며 글꼴 유형, 높이(픽셀 단위) 및 두께에 따른 필요 크기 값을 가져오는 데 사용된다. 다음과 같이 사용할 수 있다.

```
double fontScale = getFontScaleFromHeight(fontFace,
                      50, // 픽셀 높이
                      thickness);
```

앞의 putText 함수를 사용하는 예제에서 scale에 상숫값을 제공하는 대신 위 코드를 사용할 수 있다. 텍스트의 픽셀 높이 값을 50 대신에 원하는 픽셀 높이 값으로 대체하면 된다.

OpenCV에서는 getFontScaleFromHeight 외에도 이미지에 특정 텍스트를 출력하기 위해 필요한 너비와 높이를 얻기 위해 사용할 수 있는 getTextSize 함수를 제공한다. 다음은 getTextSize 함수를 사용해 이미지에 FONT_HERSHEY_PLAIN 글꼴 유형, 크기 3.2, 두께 2로 "Example"이라는 단어를 출력하는 데 필요한 너비와 높이를 픽셀 단위로 찾는 방법을 보여주는 예제 코드다.

```
int baseLine;
Size size = getTextSize("Example",
                        FONT_HERSHEY_PLAIN,
                        3.2,
                        2,
                        &baseLine);

cout << "Size = " << size.width << " , " << size.height << endl;
cout << "Baseline = " << baseLine << endl;
```

결과는 다음과 같다.

```
Size = 216 , 30
Baseline = 17
```

즉, 텍스트는 216 × 30 픽셀의 공간이 필요하고 기준선은 텍스트의 맨 아래로부터 17 픽셀 떨어져 있다.

도형 그리기

사용자는 아주 간단한 OpenCV 함수들을 사용해 이미지에 다양한 유형의 도형을 그릴 수 있다. 이 함수들은 모두 putText 함수와 마찬가지로 imgproc 모듈에 포함돼 있으며, 주어진 점에서 마커, 선, 화살표가 있는 선, 사각형, 타원 및 원, 폴리라인 polyline 등을 그리는 데 사용할 수 있다.

우선은 drawMarker 함수로 시작해 보자. 이 함수는 이미지에 주어진 유형의 마커를 그리는 데 사용된다. 이 함수를 사용해 주어진 이미지의 가운데에 마커를 출력하는 방법은 다음과 같다.

```
Point position(image.cols/2,
               image.rows/2);
Scalar color = Scalar::all(0);
MarkerTypes markerType = MARKER_CROSS;
int markerSize = 25;
int thickness = 2;
int lineType = LINE_AA;
drawMarker(image,
           position,
           color,
           markerType,
           markerSize,
           thickness,
           lineType);
```

position은 마커의 중심점을 나타내며 나머지 매개변수는 이전에 putText 함수에서 본 것과 거의 같다. 이 매개변수들은 OpenCV의 대부분 드로잉 함수와(모든 함수가 해당되는 것은 아니지만) 동일한 패턴이다. drawMarker 함수와 관련된 유일한 매개변수는 markerSize와 markerType이다. markerSize는 마커의 크기를 나타내고 markerType은 다음의 MarkerTypes 열거형 값 중 하나를 취할 수 있다.

- MARKER_CROSS
- MARKER_TILTED_CROSS
- MARKER_STAR
- MARKER_DIAMOND
- MARKER_SQUARE
- MARKER_TRIANGLE_UP
- MARKER_TRIANGLE_DOWN

다음 다이어그램은 이전 목록에서 나타낸 모든 마커 유형들이며, 흰색 배경을 사용했고 목록의 내용을 왼쪽부터 오른쪽 방향으로 나타냈다.

OpenCV의 line 함수를 사용해 선 그리기를 할 수 있다. 이 함수는 두 포인트를 필요로 하며 주어진 포인트를 연결하는 선을 그린다. 다음과 같이 사용할 수 있다.

```
Point pt1(25, image.rows/2);
Point pt2(image.cols/2 - 25, image.rows/2);
Scalar color = Scalar(0,255,0);
int thickness = 5;
int lineType = LINE_AA;
int shift = 0;
line(image,
     pt1,
     pt2,
     color,
     thickness,
     lineType,
     shift);
```

shift 매개변수는 주어진 포인트에서의 소수 비트 수를 나타낸다. 생략하거나 단순히 0을 전달해 결과에 영향을 주지 않을 수 있다.

line 함수와 마찬가지로 arrowedLine을 사용해 화살표가 있는 선을 그릴 수 있다.

주어진 포인트의 순서에 따라 화살표의 방향이 결정된다. arrowedLine 함수에서 필요한 유일한 매개변수는 tipLength이며, 화살표 끝을 생성하는 데 사용되는 선 길이 비율을 나타낸다. 다음과 같이 사용할 수 있다.

```
double tipLength = 0.2;

arrowedLine(image,
            pt1,
            pt2,
            color,
            thickness,
            lineType,
            shift,
            tipLength);
```

이미지에 원을 그릴 때는 circle 함수를 사용할 수 있다. 이 함수를 사용해 이미지의 중앙에 원을 그리는 방법은 다음과 같다.

```
Point center(image.cols/2,
             image.rows/2);
int radius = 200;
circle(image,
       center,
       radius,
       color,
       thickness,
       lineType,
       shift);
```

원의 중심점과 반경을 나타내는 center와 radius를 제외하고 나머지 매개변수는 이번 절에서 배운 다른 함수, 예제와 동일한 의미를 제공한다.

rectangle 함수를 사용해 이미지에 직사각형 또는 정사각형을 그릴 수 있다. 이 함수는 포인트 두 개만 필요하다는 점에서 line 함수와 매우 유사하다. 차이점은 직사각형 함수에 주어진 포인트가 직사각형 또는 정사각형의 왼쪽 위와 오른쪽 아래 모서리 포인트에 해당한다는 것이다. 다음과 같이 사용할 수 있다.

```
rectangle(image,
          pt1,
          pt2,
          color,
          thickness,
          lineType,
          shift);
```

두 개의 개별 Point 객체 대신 이 함수는 단일 Rect 객체와 함께 제공될 수도 있다. 방법은 다음과 같다.

```
Rect rect(pt1,pt2);
rectangle(image,
          color,
          thickness,
          lineType,
          shift);
```

마찬가지로, 타원은 ellipse 함수를 사용해 그릴 수 있다. 이 함수는 타원의 각도와 함께 축 크기를 제공해야 한다. 또한 시작 및 끝 각도를 사용해 타원 전체 또는 일부를 그릴 수 있으며 타원에서는 타원 대신 원호[arc]를 그릴 수도 있다. 시작 각도와 종료 각도로 0과 360을 전달하면 전체 타원이 그려지는 것을 볼 수 있다. 예제는 다음과 같다.

```
Size axes(200, 100);
double angle = 20.0;
double startAngle = 0.0;
double endAngle = 360.0;
ellipse(image,
        center,
        axes,
        angle,
```

```
            startAngle,
            endAngle,
            color,
            thickness,
            lineType,
            shift);
```

타원 함수를 호출하는 또 다른 방법은 RotatedRect 객체를 사용하는 것이다. 동일한 함수 버전에서 먼저 주어진 너비와 높이(즉, 크기) 및 각도^{angle} 값으로 RotatedRect를 만든 다음에 표시된 대로 타원 함수를 호출하면 된다.

```
Size size(150, 300);
double angle = 45.0;
RotatedRect rotRect(center,
                    axes,
                    angle);
ellipse(image,
        rotRect,
        color,
        thickness,
        lineType);
```

이 방법을 사용하면 원호를 그릴 수 없기 때문에 전체 타원을 그릴 때만 사용된다.

OpenCV의 그리기 함수를 사용해 그릴 수 있는 마지막 유형의 도형은 폴리라인^{polyline}이다. polylines 함수를 사용해 폴리라인 형상을 그릴 수 있다. 폴리라인을 그리기 위해서는 필요한 정점^{vertice}에 해당하는 포인트 벡터를 만들어야 한다. 다음과 같이 사용할 수 있다.

```
vector<Point> pts;
pts.push_back(Point(100, 100));
pts.push_back(Point(50, 150));
```

```
pts.push_back(Point(50, 200));
pts.push_back(Point(150, 200));
pts.push_back(Point(150, 150));
bool isClosed = true;
polylines(image,
          pts,
          isClosed,
          color,
          thickness,
          lineType,
          shift);
```

isClosed 매개변수는 마지막 꼭지점을 첫 번째 꼭지점에 연결해 폴리라인을 닫아야 하는지 여부를 결정하는 데 사용된다.

다음 그림은 예제 이미지에 그림을 그리기 위해서 앞 코드 조각에서 사용한 arrowedLine, circle, rectangle 및 polylines 함수를 적용한 결과를 보여준다.

다음 절을 진행하고 이미지 필터링에 사용되는 알고리즘에 대해 알아보기 전에, OpenCV 디스플레이 창에 추가된 트랙 바를 사용해 런타임에 매개변수를 조정하는 방법에 대해 알아본다. 이것은 다른 값을 가지고 실험할 때 효과가 어떤지를 살펴보기 위해 런타임에 다양한 매개변수를 조정하기 위한 매우 유용한 방법이다. 그리고, 트랙 바 위치(또는 슬라이더)를 간단히 재조정해 변수의 값을 변경할 수 있다.

먼저 예제 코드를 일일이 분해하고 OpenCV 함수를 사용해 트랙 바가 처리되는 방법을 배우도록 한다. 다음 전체 예제 코드에서는 런타임에 트랙 바를 사용해 이미지에 그린 원의 반지름을 조정하는 방법을 보여준다.

```
string window = "Image"; // 이미지 출력 창의 제목
string trackbar = "Radius"; // 트랙 바에 레이블 붙이기
Mat image = imread("Test.png");
Point center(image.cols/2, image.rows/2); // 이미지 중심을 나타내는 Point 객체
int radius = 25;
Scalar color = Scalar(0, 255, 0); // BGR의 초록색(OpenCV 기본값)
color space
int thickness = 2; LineTypes lineType = LINE_AA; int shift = 0;
// 그리기 및 표시가 이뤄지는 실제 콜백 함수
void drawCircle(int, void*)
{
    Mat temp = image.clone();
    circle(temp,
            center,
            radius,
            color,
            thickness,
            lineType,
            shift);
    imshow(window, temp);
}

int main()
{
```

```
        namedWindow(window); // "Image" 이름의 창을 생성(위의 코드를 참조)
        createTrackbar(trackbar, // 트랙 바에 레이블 붙이기
                        window, // 트랙 바 창에 레이블 붙이기
                        &radius, // 트랙 바에 의해 변경되는 값
                        min(image.rows, image.cols) / 2, // 최대 사용 값
                        drawCircle);
        setTrackbarMin(trackbar, window, 25); // 트랙 바에서 사용할 최솟값 설정
        setTrackbarMax(trackbar, window, min(image.rows, image.cols) / 2);
                                                    // 최댓값 재 설정
        drawCircle(0,0); // 콜백 함수 호출 및 대기
        waitKey();
        return 0;
}
```

앞의 코드에서 window와 trackbar는 특정 윈도우에서 특정 트랙 바를 식별하고 액세스하는 데 사용되는 string 객체다. image는 소스 이미지를 포함하는 Mat 객체다. center, radius, color, thickness, lineType 및 shift는 원을 그리는 데 필요한 매개변수다. 이 매개변수는 4장 앞부분에서 배웠다. drawCircle은 그리려는 원의 반지름 값을 업데이트하기 위해 트랙 바가 사용될 때 다시 호출되는 함수 이름이다(정확히 말하면 콜백 함수). 이 예제 함수에는 int 및 void 포인터를 매개변수로 사용하는 서명^{signature}이 있어야 한다. 이 함수는 매우 간단하며 그냥 원본 이미지를 복제하고 그 이미지에 원을 그려 표시한다.

main 함수에서는 실제로 창과 트랙 바를 만든다. 먼저 namedWindow 함수를 호출해 원하는 이름을 가진 창을 만든다. 이 예제에서 볼 수 있듯이 createTrackbar 함수를 호출해 해당 창에 트랙 바를 만들 수 있다. 트랙 바 자체에는 액세스하는 데 필요한 이름이 존재한다. 이 이름은 트랙 바 옆에 출력돼 애플리케이션이 실행 중일 때 사용자에게 트랙 바의 목적을 보여준다. setTrackbarMin 및 setTrackbarMax는 이미지의 너비 또는 높이보다 크거나(둘 중 작은 값보다는 더 작아야 함), 25보다 작은 radius 값을 허용하지 않으며 radius 값을 2로 나눈 것보다 크지 않도록 사용된다(직경이 아니라 반지름을 다루기 때문임).

다음은 원의 반지름을 조정하는 데 사용할 수 있는 트랙 바와 함께 창 출력 결과를 보여주는 스크린 샷이다.

트랙볼의 위치에 따라 원의 반경이 어떻게 변하는지 스스로 조정해 보자. 이번에 학습한 함수 또는 알고리즘의 매개변수를 실험하려는 경우에는 이 메서드를 사용해야 한다. 사용자는 필요한 만큼 트랙 바를 추가할 수 있다. 그러나 트랙 바를 많이 추가하면 윈도우에서 더 많은 공간을 사용하게 되므로 사용자 인터페이스가 안 좋아지고 사용자가 얻는 경험이 안 좋을 수 있기 때문에 이를 고려해야 한다. 단순화된 프로그램이 아닌 사용하기 어려운 프로그램을 사용하게 될 수도 있으므로 트랙 바를 현명하게 제공해야 한다.

▌ 이미지 필터링

실시간으로 객체 검출하는 것과 같이 매우 복잡한 작업을 수행하는 컴퓨터 비전 애플리케이션을 만들거나 단순히 입력 이미지를 수정하는 등의 작업은 큰 문제가 없다. 이때는 거의 필연적으로 입력 또는 출력 이미지에 특정 유형의 필터를 적용해야 한다. 그 이유는 아주 간단한데, 모든 이미지를 바로 처리할 준비가 돼 있지 않기 때문이다. 대부분의 경우 필터를 이미지에 적용해 더 부드럽게^{smoother} 보이도록 처리할 수 있고, 부드럽게 처리하는 것은 알고리즘에 반영된 여러 가지 중 하나의 방법이다.

컴퓨터 비전에서 이미지에 적용할 수 있는 필터는 다양하지만 이번 절에서는 가장 중요한 필터 중 일부, 특히 OpenCV 라이브러리에서 구현할 수 있는 필터에 대해 배울 것이다.

블러링/스무딩 필터

이미지에 대한 블러링^{blurring}은 가장 중요한 이미지 필터링 작업 중 하나이며, 이를 지원해 주는 많은 알고리즘이 있다. 각각의 알고리즘은 장단점을 가지고 있으며 이번 절에서는 이와 관련해서 설명할 것이다.

중간값 필터라고 하는 이미지 스무딩에 사용되는 가장 단순한 필터부터 시작할 수 있는데, 다음 예제와 같이 `medianBlur` 함수를 사용해 수행할 수 있다.

```
int ksize = 5; // 홀수 값을 사용해야 한다.
medianBlur(image, result, ksize);
```

이 필터는 이미지의 각 픽셀에 인접한 픽셀의 중앙값을 쉽게 찾는다. `ksize`라는 커널 크기 매개변수는 블러링에 사용되는 커널의 크기를 결정한다. 즉, 블러링 알고리즘에서 얼마나 먼 인접 픽셀을 사용할 것인지를 결정한다. 다음 그림은 커널 크기를 1에서 7로 증가시킨 결과를 보여준다.

커널 크기는 홀수 값이어야 하며 커널 크기 1은 입력과 완전히 동일한 이미지를 생성한다. 따라서 이전 이미지에서는 원본 이미지(가장 왼쪽)에서 커널 크기가 7이 될 때까지 블러링 수준이 증가하는 것을 볼 수 있다.

필요한 경우 매우 큰 커널 크기 값을 사용할 수는 있지만 이러한 경우는 거의 필요하지 않으며, 일반적으로는 매우 많은 잡음을 가지는 이미지에서 잡음을 제거해야 할 경우를 대비해 필요하다. 다음은 커널 크기가 21인 결과를 보여주는 이미지의 예다.

이미지를 블러링하는 또 다른 방법은 boxFilter 함수를 사용하는 것이다. 예제 코드를 사용해 어떻게 동작되는지 확인한 후 그 동작을 더 잘 이해하기 위해 더 자세히 코드를 분석해 본다.

```
int ddepth = -1;
Size ksize(7,7);
Point anchor(-1, -1);
bool normalize = true;
BorderTypes borderType = BORDER_DEFAULT;
boxFilter(image,
          result,
          ddepth,
          ksize,
          anchor,
          normalize,
          borderType);
```

박스^{box} 필터링은 이미지를 블러링하기 위해 주어진 ksize 및 anchor 포인트를 가진 행렬을 사용하는 블러링 기법이다. 여기서 중요한 차이점은 medianBlur 함수와 비교할 때, 실제로 어떤 anchor 포인트가 어떤 이웃의 중심점이 아닌 다른 포인트로 정의될 수 있다는 점이다. medianBlur 함수에서 이 함수에 사용된 테두리 유형을 정의할 수도 있다.

BORDER_REPLICATE는 내부적으로 사용되며 변경되지 않는다. 경계 유형에 대한 자세한 내용은 3장, '배열 및 행렬 연산'을 참조한다. 마지막으로 normalize 매개변수를 사용하면 결과를 표시 가능한 결과로 정규화할 수 있다.

 ddepth 매개변수를 사용해 결과의 깊이를 변경할 수 있다. 그러나 결과를 소스와 동일한 깊이로 유지하려면 −1을 사용한다. 마찬가지로 기본 anchor 포인트가 사용되도록 anchor 값에 −1을 사용할 수 있다.

다음 그림은 이전 예제 코드에서 블러링을 적용한 결과를 보여준다. 오른쪽 이미지는 상자 왼쪽에 있는 이미지를 필터링한 결과다.

다음 예제와 같이 blur 함수를 사용해 똑같은 작업, 즉 정규화된 박스 필터를 수행할
수 있다.

```
Size ksize(7,7);
Point anchor(-1, -1);
BorderTypes borderType = BORDER_DEFAULT;

blur(image,
     result,
     ksize,
     anchor,
     borderType);
```

이 샘플 코드의 결과는 앞서 살펴본 바와 같이 boxFilter를 호출하는 것과 완전히
동일하다. 여기서 명백한 차이점은 이 함수는 결과의 깊이를 변경할 수 없으며 기본
적으로 정규화를 적용한다는 것이다.

표준 상자 필터 외에도 sqrBoxFilter 함수를 사용해 박스 필터를 적용할 수 있다.
이 방법에서는, 이웃하는 픽셀들의 합을 계산하는 대신에, 그 제곱 값들의 합을 계산
한다. 다음은 boxFilter 함수를 호출하는 것과 매우 유사한 예제다.

```
int ddepth = -1;
Size ksize(7,7);
Point anchor(-1, -1);
bool normalize = true;
BorderTypes borderType = BORDER_DEFAULT;

sqrBoxFilter(image,
            result,
            ddepth,
            ksize,
            anchor,
            normalize,
            borderType);
```

 boxFilter 및 sqrBoxFilter 함수의 정규화되지 않은 버전을 사용해 이미지의 모든 픽셀의 인접 영역에 대한 통계 정보를 찾을 수 있으며, 이러한 방법을 사용하는 사례는 이미지 블러링에만 국한되지 않는다.

컴퓨터 비전에서 가장 많이 사용되는 블러링 방법 중 하나는 가우시안 블러링 알고리즘이며 OpenCV의 GaussianBlur 함수를 사용할 수 있다. 이 함수는 이전에 배웠던 블러링 함수와 비슷하게 X 및 Y 방향의 표준 편차 값인 sigmaX 및 sigmaY와 함께 커널 크기를 필요로 한다. 다음은 가우시안 블러링 함수의 사용 예다.

```
Size ksize(7,7);
double sigmaX = 1.25;
double sigmaY = 0.0;
BorderTypes borderType = BORDER_DEFAULT;

GaussianBlur(image,
            result,
            ksize,
            sigmaX,
```

```
                    sigmaY,
                    borderType);
```

sigmaY에 대한 값 0은 sigmaX의 값이 Y 방향에서도 사용됨을 의미한다. 가우시안 블러링에 대한 자세한 내용은 Gaussian 함수 및 OpenCV 문서 페이지의 GaussianBlur 함수를 참조하면 된다.

이 절에서 배울 마지막 평활화 필터는 bilateral 필터이며 bilateralFilter 함수를 사용해 이 필터를 구현할 수 있다. bilateral 필터링은 모서리를 보존하면서 이미지 잡음을 제거하고 부드럽게 하는 강력한 방법이다. 이 함수는 이전에 봤던 블러 알고리즘과 비교할 때 훨씬 느리고 CPU를 많이 사용한다. bilateralFilter를 다음 예제와 같이 사용하고 필요한 매개변수를 분석해 본다.

```
int d = 9;
double sigmaColor = 250.0;
double sigmaSpace = 200.0;
BorderTypes borderType = BORDER_DEFAULT;
bilateralFilter(image,
                result,
                d,
                sigmaColor,
                sigmaSpace,
                borderType);
```

필터 크기인 d는 필터에 사용될 픽셀 인접 영역의 직경 값이다. sigmaColor 및 sigmaSpace 값은 모두 색상 효과를 정의하고 필터링된 값의 픽셀에서 더 가깝거나 멀리있는 픽셀들을 조정할 때 사용된다. 다음은 예제 이미지에서 bilateralFilter 함수를 실행했을 때의 효과를 보여주는 스크린 샷이다.

모폴로지 필터

스무딩 필터와 마찬가지로 모폴로지morphological 필터는 주변 픽셀의 값을 기반으로 각 픽셀의 값을 변경하는 알고리즘이다. 그러나 이 둘간의 명확한 차이는 블러링 효과가 없고 주로 침식 또는 이미지 팽창(확대) 효과가 있다는 점이다. 이 부분에서 몇 가지 실습 예제를 통해 명확히 파악할 수 있겠지만, 지금은 OpenCV 기능을 사용해 모폴로지 동작(변형transformation이라고도 함)이 어떻게 수행되는지 살펴본다.

morphologyEx 함수를 사용해 이미지에 모폴로지 작업을 수행할 수 있다.

이 함수는 MorphTypes 열거형의 항목과 함께 제공돼 모폴로지 동작을 수행한다. 다음은 사용할 수 있는 값들이다.

- MORPH_ERODE: 침식 작업
- MORPH_DILATE: (morphological) 팽창 조작
- MORPH_OPEN: 개방된 작업 또는 침식된 이미지의 팽창
- MORPH_CLOSE: 닫는 작업 또는 팽창된 이미지의 침식
- MORPH_GRADIENT: 모폴로지 그라데이션 작업 또는 팽창된 이미지에서 침식 이미지의 뺄셈
- MORPH_TOPHAT: 탑햇Top-hat 작업, 원본 이미지에서 오프닝opening 동작 결과를 뺌

- **MORPH_BLACKHAT**: 블랙햇^Black-hat 작업, 원본 이미지에서 클로징^closing 동작결과를 뺌

이전 목록에서 언급된 가능한 모든 모폴로지 작업을 이해하기 위해선, 먼저 침식과 팽창을 사용했을 때의 영향을 살펴본다. 왜냐하면 다른 항목들은 침식/팽창 모폴로지 동작과 다르기 때문이다. 먼저 다음 예제를 사용해 침식을 시도하고 동시에 **morphologyEx** 함수가 사용되는 방법을 배우겠다.

```
MorphTypes op = MORPH_ERODE;
MorphShapes shape = MORPH_RECT;
Size ksize(3,3);
Point anchor(-1, -1);
Mat kernel = getStructuringElement(shape,
                                   ksize,
                                   anchor);
int iterations = 3;
BorderTypes borderType = BORDER_CONSTANT;
Scalar borderValue = morphologyDefaultBorderValue();
morphologyEx(image,
             result,
             op,
             kernel,
             anchor,
             iterations,
             borderType,
             borderValue);
```

연산 op는 앞서 언급한 바와 같이 **MorphTypes** 열거형의 항목이다. kernel은 모폴로지 연산에 사용되는 커널 행렬이며, 자체적으로 또는 **getStructuringElement** 함수를 사용해 만들어진다. **getStructuringElement**에 shape 모프^morph, 커널 크기^ksize 및 anchor를 제공해야 한다. shape의 값은 직사각형, 십자형 또는 타원형일 수 있으며 단순히 **MorphShapes** 열거형 중 하나를 할 수 있다. iterations 변수는 이미지에

서 모폴로지 연산이 수행된 횟수를 나타낸다. borderType은 픽셀의 외삽^{extrapolation}을 위해 지금까지 살펴본 모든 함수에서 사용했던 다른 것들과 동일한 방식으로 사용될 수 있다. 상수 경계^{constant border} 유형 값이 사용되는 경우 morphologyEx 함수에는 morphologyDefaultBorderValue 함수를 사용해 검색하거나 수동으로 지정할 수 있는 경계 값이 제공돼야 한다.

샘플 이미지에서 실행될 때 앞의 코드(침식)의 결과는 다음과 같다.

한편, Dilation 동작은 앞의 예제에서 단순히 op 값을 MORPH_DILATE로 바꾸는 것으로 수행이 될 수 있다. 팽창 동작 결과는 다음과 같다.

침식 및 팽창 동작을 매우 간단히 설명하면, 더 어두운 픽셀의 인접한 픽셀은 더 어둡게 하고 (침식의 경우) 더 밝은 픽셀의 인접한 픽셀은 더 밝아지도록 한다(팽창의 경우). 반복수행한 이후에는 어둡거나 밝아지는 것이 더 잘 돼 있고, 쉽게 눈에 띄는 효

과가 발생한다.

이전에 언급했듯이, 모든 다른 모폴로지 동작은 단순히 침식과 팽창의 조합으로 이뤄진다. 다음은 예제 이미지에서 실행된 오프닝 및 클로징 작업의 결과를 보여준다.

다른 모폴로지 동작은 사용자가 직접 시도해 효과를 확인해보도록 한다. 이미지에서 트랙 바를 가지는 사용자 인터페이스를 만들고 `iteration`과 다른 매개변수의 값을 변경해 모폴로지 작업의 결과에 어떤 영향을 주는지 확인해보자. 매개변수를 신중하고 현명하게 사용하면 모폴로지 작업은 매우 흥미로운 결과를 가져올 수 있으며 이미지에서 수행하려는 작업을 더욱 단순화할 수 있다.

다음 절로 넘어가기 전에 `erode` 및 `dilate` 함수를 사용해 정확히 모폴로지와 동일한 작업을 수행할 수 있다는 점은 주목해야 한다. 이러한 함수들은 연산 매개변수를 필요로 하지 않지만(해당 연산이 이미 해당 이름에 존재하므로) 나머지 매개변수는 `morphologyEx` 함수에서와 완전히 동일하게 사용하면 된다.

미분 기반 필터

이번 절에서는 이미지의 미분 계산을 이용한 필터링 알고리즘에 대해 알아본다. 이미지의 미분 개념을 이해하려면 이미지가 행렬이라는 먼저 사실을 상기해야 한다. 따라서 X 또는 Y 방향의 미분(임의의 차수를 사용)을 적용해야 한다. 예를 들어, 가장 간단한 경우에는 한 방향의 픽셀들에 있어서 변화가 어디서 일어나는지를 찾는 것과 같다.

Sobel 연산자를 사용해 이미지의 미분^{derivative}을 계산하는 Sobel 함수부터 시작해 본다. 이 함수는 다음과 같이 실제 사용된다.

```
int ddepth = -1;
int dx = 1;
int dy = 1;
int ksize = 5;
double scale = 0.3;
double delta = 0.0;

BorderTypes borderType = BORDER_DEFAULT;
Sobel(image,
      result,
      ddepth,
      dx,
      dy,
      ksize,
      scale,
      delta,
      borderType);
```

4장을 통틀어서 이전 예제에서 봤던 것과 비슷한 ddepth를 사용해 출력의 깊이를 정의하는 데 -1을 사용하면 결과가 입력과 동일한 깊이를 갖게됨을 의미한다. dx와 dy는 X와 Y 방향 모두에서 미분의 차수를 설정하는 데 사용된다. ksize는 Sobel 연산자의 크기이며 1, 3, 5 또는 7이 될 수 있다. scale은 결과의 scale 팩터로 사용되며 delta가 result 변수에 추가된다.

다음 그림은 앞 예제 코드의 매개변수 값을 사용해 호출했을 때의 Sobel 함수 결과를 나타낸다. delta 값으로 0(왼쪽)과 255(오른쪽)를 가진다.

다른 delta 및 scale 값을 설정하고 실험해 결과를 얻어 보자. 또한 다른 미분 차수를 사용하고 직접 효과를 확인한다. 이전 출력 이미지에서 볼 수 있듯이 이미지의 미분 계산은 이미지의 모서리 부분들을 계산하는 방법이다.

Sobel 연산자를 사용해 X와 Y 방향 모두에서 이미지의 1차 미분을 동시에 계산하기 위해 spatialGradient 함수를 사용할 수 있다. 즉, spatialGradient를 한 번 호출하는 것은 두 방향의 1차 미분을 두 번 호출하는 것과 같기 때문에 Sobel 함수를 두 번 호출하는 것과 같다. 이러한 동작은 다음과 같이 사용할 수 있다.

```
Mat resultDX, resultDY;
int ksize = 3;
BorderTypes borderType = BORDER_DEFAULT;
spatialGradient(image,
                resultDX,
                resultDY,
                ksize,
                borderType);
```

여기서 ksize 매개변수는 3이어야 하고, 입력 이미지 유형은 그레이 스케일이어야 한다. 그렇지 않으면 다음 OpenCV 버전에서는 변경될 수도 있지만, 지금 이 함수는 제대로 실행되지 않는다.

Sobel 함수와 비슷한 방식으로 Laplacian 함수를 사용해 이미지의 라플라시안을 계산할 수 있다. 이 함수는 기본적으로 Sobel 연산자를 사용해 계산된 X 및 Y 방향의 2차 미분을 합한다라는 점을 유의해야 한다.

다음은 Laplacian 함수의 사용법을 보여주는 예제다.

```
int ddepth = -1;
int ksize = 3;
double scale = 1.0;
double delta = 0.0;
BorderTypes borderType = BORDER_DEFAULT;
Laplacian(image,
          result,
          ddepth,
          ksize,
          scale,
          delta,
          borderType);
```

Laplacian 함수에 사용된 모든 매개변수는 이전 예제 및 특히 Sobel 함수에서 이미 설명됐다.

임의적 필터링

OpenCV는 filter2D 함수를 사용해 이미지에 임의의 필터를 적용할 수 있다. 이 함수는 이미 학습한 많은 알고리즘을 적용한 결과를 얻을 수 있지만 kernel 행렬이 제공해야 한다. 이 함수는 전체 이미지를 주어진 kernel 행렬을 사용해 간단하게 컨볼루션 처리할 수 있다. 다음은 이미지에 임의의 필터를 적용한 예다.

```
int ddepth = -1;
Mat kernel{+1, -1, +1,
           -1, +2, -1,
           +1, -1, +1};
```

```
Point anchor(-1, -1);
double delta = 0.0;
BorderTypes borderType = BORDER_DEFAULT;
filter2D(image,
         result,
         ddepth,
         kernel,
         anchor,
         delta,
         borderType);
```

다음은 임의 필터의 적용 결과다. 왼쪽에는 원본 이미지가 표시되고 오른쪽에는 필터링 작업 결과가 표시된다.

filter2D 함수를 사용해 생성하고 사용할 수 있는 필터의 수에는 제한이 없다. 다른 커널 행렬을 사용하고 filter2D 함수를 사용해 실험해보자. 또한 인기 있는 필터 커널 행렬을 온라인으로 검색해 filter2D 함수를 사용해 적용할 수 있다.

▌ 이미지 변환

이번 절에서는 이미지를 변환하는 데 사용되는 컴퓨터 비전 알고리즘에 대해 알아본다. 이 절에서 배우게 될 알고리즘은 이미지의 내용을 변경하거나 이미지의 내용을 해석하는 알고리즘이다.

임계 알고리즘

임계^{Thresholding} 알고리즘은 이미지의 픽셀에 임계 값을 적용하기 위해 사용된다. 이러한 알고리즘을 사용하면 특정 임계 값을 통과할 수 있는 관심 영역 또는 픽셀이 있는 이미지에서 마스크를 효과적으로 생성할 수 있다.

threshold 함수를 사용해 이미지의 모든 픽셀에 임계 값을 적용할 수 있다.

임계 값 기능에는 원하는 임계 값 유형이 제공돼야 하며 ThresholdTypes 유형 열거의 항목이 사용될 수 있다. 다음은 임계 값 기능을 사용해 이미지에서 가장 밝은 영역을 찾는 데 사용할 수 있는 예제다.

```
double thresh = 175.0;
double maxval = 255.0;
ThresholdTypes type = THRESH_BINARY;
threshold(image,
          result,
          thresh,
          maxval,
          type);
```

thresh는 최소 임계 값이며, maxval은 허용되는 최댓값이다.

간단히 말해, thresh와 maxval 사이의 모든 픽셀 값이 전달될 수 있고, result 값이 만들어진다. 다음은 이전 threshold 연산자를 사용한 결과를 예제 이미지를 통해서 보여준다.

thresh 매개변수(또는 임계 값) 값을 올리면 더 적은 픽셀만 통과할 수 있다. 정확한 임계 값을 설정하려면 이미지 장면에 대한 경험과 지식이 필요하다. 그러나 어떤 경우에는 자동으로 임계 값을 설정하거나 적합한 임계 값을 설정하는 프로그램을 개발해서 사용할 수 있다. 임계 값 유형은 임계 값 기능 결과에 많은 영향을 줄 수 있다. 예를 들어, THRESH_BINARY_INV는 THRESH_BINARY의 반전된 결과를 생성한다. 이렇게 흥미롭고 강력한 기능으로 다른 임계 값 유형을 사용해 추가적으로 실험해 볼 수 있다.

이미지에 임계 값을 적용하는 또 다른 정교한 방법은 그레이 스케일 이미지와 함께 사용할 수 있는 adaptiveThreshold 함수를 사용하는 것이다. 이 함수는 지정된 maxValue 매개변수를 임계 값 기준을 통과하는 픽셀에 할당한다. 그 외에도 임계 값 유형, adaptiveThreshold 함수, 픽셀 근처의 직경을 정의하는 블록 크기 및 평균에서 뺀 일정 상숫값을 사용해야 한다(적응 threshold 함수에 따라 다름). 다음과 같이 사용할 수 있다.

```
double maxValue = 255.0;
AdaptiveThresholdTypes adaptiveMethod =
                        ADAPTIVE_THRESH_GAUSSIAN_C;
ThresholdTypes thresholdType = THRESH_BINARY;
int blockSize = 5;
double c = 0.0;
adaptiveThreshold(image,
                result,
```

```
maxValue,
adaptiveMethod,
thresholdType,
blockSize,
c);
```

adaptiveMethod 함수는 다음 예제 중 하나를 사용할 수 있다.

- ADAPTIVE_THRESH_MEAN_C
- ADAPTIVE_THRESH_GAUSSIAN_C

blockSize 매개변수 값이 높을수록 adaptiveThreshold 함수에서 더 많은 픽셀이 사용된다. 다음은 앞의 예제 코드에 있는 값으로 호출된 adaptiveThreshold 함수 결과를 나타낸 예제 이미지다.

색 공간 및 유형 변환

다른 여러 장치 유형에서 이미지를 다루거나 다른 장치에서 이미지와 형식을 표시하려는 경우에 다양한 색상 공간과 유형을 변환하는 것은 매우 중요하다. 아주 간단한 예제를 통해 이것이 무엇을 의미하는지 알아본다. 다양한 OpenCV 기능과 컴퓨터 비전 알고리즘에 대해 그레이 스케일 이미지가 필요하고 일부는 RGB 컬러 이미지가 필요하다. 이러한 경우 cvtColor 함수를 사용해 다양한 색상 공간과 형식 간에 변환할 수 있다.

다음은 컬러 이미지를 그레이 스케일 이미지로 변환하는 예제다.

```
ColorConversionCodes code = COLOR_RGB2GRAY;
cvtColor(image,
         result,
         code);
```

code는 변환코드를 사용할 수 있으며, ColorConversionCodes 열거형의 항목이어야 한다. 다음은 cvtColor 함수와 함께 사용할 수 있는 가장 일반적인 색상 변환 코드의 몇 가지 예다.

- COLOR_BGR2RGB
- COLOR_RGB2GRAY
- COLOR_BGR2HSV

목록은 그 외에도 더 존재한다. 가능한 모든 색상 변환 코드에 대한 ColorConversion Codes 열거형을 확인해 보도록 한다.

기하학적 변환

이 절에서는 기하학적^{Geometric} 변환 알고리즘과 이와 관련된 OpenCV 함수에 대해 설명한다.

기하학적 변환이라는 이름은 이 카테고리에 속하는 알고리즘이 이미지의 내용을 변경하지 않고 단순히 기존 픽셀을 변형시키며 기존 픽셀의 영역 바깥 쪽과 각 픽셀들에 대해서 외삽 및 보간 방법을 사용해 픽셀을 계산한다는 것을 의미한다.

이미지 크기를 조정하는 데 사용되는 가장 간단한 기하학적 변환 알고리즘부터 시작해 본다. resize 함수를 사용해 이미지의 크기를 조정할 수 있다. 이 함수의 사용법

158

은 다음과 같다.

```
Size dsize(0, 0);
double fx = 1.8;
double fy = 0.3;
InterpolationFlags interpolation = INTER_CUBIC;
resize(image,
       result,
       dsize,
       fx,
       fy,
       interpolation);
```

dsize 매개변수가 0이 아닌 크기로 설정된 경우 fx 및 fy 매개변수는 입력 이미지의 크기를 조절하는 데 사용된다. 그렇지 않으면 fx와 fy가 모두 0이면 입력 이미지의 크기가 주어진 dsize로 조정된다. 한편 interpolation 매개변수는 크기 조정 알고리즘에 사용되는 보간 방법을 설정하는 데 사용되며 InterpolationFlags 열거형의 항목 중 하나여야 한다. 다음은 interpolation 매개변수에 사용할 수 있는 값 중 일부를 나타낸다.

- INTER_NEAREST
- INTER_LINEAR
- INTER_CUBIC
- INTER_AREA
- INTER_LANCZOS4

InterpolationFlags에 대한 OpenCV 문서 페이지를 확인해 각 가능한 방법의 세부 정보를 확인해야 한다.

다음 그림은 이미지의 크기를 조정하는 데 사용된 이전 예제 코드의 결과를 보여준다.

다른 기하학적 변환 대부분을 수행할 수 있는 가장 중요한 기하학적 변환 알고리즘은 재매핑remapping 알고리즘이며, remap 함수를 호출해 구현할 수 있다.

remap 함수에는 두 개의 맵핑mapping 행렬이 제공돼야 하며, 하나는 X용이고 다른 하나는 Y 방향용이다. 그 외에도 보간과 외삽(경계 유형) 방법은 상수 경계 유형의 경우에 경계 값을 사용해 remap 함수를 통해 제공될 수 있다. 이 함수가 어떻게 호출되는지 살펴보고 그 다음에는 다른 매핑에 대해서도 시도해 본다. 다음은 remap 함수가 호출되는 방법을 보여주는 예제다.

```
Mat mapX(image.size(), CV_32FC1);
Mat mapY(image.size(), CV_32FC1);
// 여기서 매핑을 생성한다.
InterpolationFlags interpolation = INTER_CUBIC;
BorderTypes borderMode = BORDER_CONSTANT;
Scalar borderValue = Scalar(0, 0, 0);
remap(image,
      result,
      mapX,
      mapY,
      interpolation,
      borderMode,
      borderValue);
```

무한 수의 서로 다른 매핑을 생성하고 이미지에 크기 변경, 뒤집기, 뒤틀기 및 기타 많은 변형 작업을 수행하기 위해서는 remap 함수를 사용하면 된다. 예를 들어, 다음

코드를 사용해 결과 이미지의 수직 뒤집기 효과를 제공하는 재매핑^{remapping} 기능을
만들 수 있다.

```
for (int i=0; i<image.rows; i++)
    for (int j=0; j<image.cols; j++)
    {
        mapX.at<float> (i, j) = j;
        mapY.at<float> (i, j) = image.rows-i;
    }
```

앞의 for 루프 코드를 다음과 같이 변경하면, remap 함수가 호출된 결과로 수평으로
뒤집힌 이미지를 볼 수 있다.

```
mapX.at<float> (i, j) = image.cols - j;
mapY.at<float> (i, j) = i;
```

이렇게 간단한 뒤집기 외에도, remap 함수를 사용해 많은 흥미로운 픽셀 변형을 수
행할 수 있다. 다음과 같이 사용할 수 있다.

```
Point2f center(image.cols/2,image.rows/2);
for(int i=0; i<image.rows; i++)
    for(int j=0; j<image.cols; j++)
    {
        // 표준 좌표에서 i, j를 찾는다.
        double x = j - center.x;
        double y = i - center.y;

        // X와 Y에 대한 매핑을 수행한다.
        x = x*x/750;
        y = y;

        // 이미지 좌표로 다시 변환한다.
```

```
    mapX.at<float>(i,j) = x + center.x;
    mapY.at<float>(i,j) = y + center.y;
}
```

앞의 예제 코드의 인라인 주석에서 알 수 있듯이 OpenCV의 i와 j값(행 및 열 번호)을
표준 좌표계로 변환하고 이미 알고 있는 수학 및 기하 함수를 사용해 X와 Y를 구하
는 것이 일반적이다. 그리고 나서 다시 OpenCV 이미지 좌표로 변환한다. 다음 이미
지는 앞 예제 코드의 수행 결과를 보여준다.

remap 함수는 mapX와 mapY의 계산이 효율적으로 처리되는 한, 믿을 수 없을 만큼 강
력하고 효율적이다. 더 많은 재매핑 기능을 사용하는 것에 대해 배우려면 이 함수를
가지고 더 많은 시험을 해보면 된다.

컴퓨터 비전과 OpenCV 라이브러리에는 매우 많은 수의 기하학적 변형 알고리즘이
있으며, 이들 모두를 다루는 것은 별도의 책으로 만들어야 한다. 따라서 나머지 기하
학적 변형 알고리즘은 사용자들이 직접 살펴보고 시도할 수 있도록 남겨둔다.

더 많은 기하학적 변환 알고리즘과 함수에 대해서는 OpenCV imgproc^{Image Processing}
모듈 문서의 기하 이미지 변환^{Geometric Image Transformations}절 부분을 참조한다. 특히
getPerspectiveTransform과 getAffineTransform을 포함하는 함수에 대해서 살
펴봐야 한다. 이 함수들은 두 가지 포인트 집합 사이에서 원근감^{perspective}과 아핀^{affine}
변환을 찾는 데 사용된다. 이러한 함수는 warpPerspective 및 warpAffine 함수

를 사용해 이미지에 원근감 및 아핀 변환을 적용하는 데 사용할 수 있는 변형 행렬 transformation matrix 을 반환한다.

▍색상맵 적용

이제 이미지에 컬러맵colormap을 적용하는 방법을 배우면서 4장을 끝낼 것이다. 이것은 일반적으로 이미지의 색상이나 톤을 수정하는 데 사용할 수 있으며 매우 간단하면서도 강력한 방법이다. 이 알고리즘은 단순히 색상맵을 사용해 입력 이미지의 색상을 대체한 결과를 만든다. 색상맵은 색상 값의 256개 요소 배열이며 각 요소는 소스 이미지에서 해당 픽셀 값에 사용해야 하는 색상을 나타낸다. 그리고 몇 가지 예제를 통해 이 문제를 추후 더 자세히 설명하겠지만, 그 전에 이미지에 컬러맵을 적용하는 방법을 살펴본다.

OpenCV에는 사용자가 만든 미리 정의된 색상맵 또는 사용자 정의 색상맵을 적용하는 데 사용할 수 있는 applyColorMap이라는 함수가 있다. 미리 정의된 색상맵이 사용되는 경우 applyColorMap에 색상맵 유형이 제공돼야 한다. 색상맵 유형은 ColormapTypes 열거 항목이어야 한다. 다음과 같이 사용할 수 있다.

```
ColormapTypes colormap = COLORMAP_JET;
applyColorMap(image,
            result,
            colormap);
```

다음 그림은 applyColorMap 함수를 사용해 적용 가능한 다양한 미리 정의된 색상맵의 결과를 나타낸다.

앞서 언급했듯이 사용자 정의 색상맵을 직접 만들 수도 있다. 색상맵을 만드는 방법을 따라서 만들면 된다. 색상맵은 **256**개 요소(256행과 1열이 있는 Mat 객체)의 크기를 가져야 하며 색상맵을 적용하려는 이미지 유형에 따라 색상 또는 그레이 스케일 값을 포함해야 한다. 다음은 녹색 채널 색상을 단순히 반전해 사용자 정의 색상맵을 만드는 방법을 보여주는 예제다.

```
Mat userColor(256, 1, CV_8UC3);
for(int i=0; i<=255; i++)
    userColor.at<Vec3b>(i,0) = Vec3b(i, 255-i, i);
applyColorMap(image,
              result,
              userColor);
```

위의 예제 코드의 수행 결과는 다음과 같다.

▌ 요약

4장에서는 컴퓨터 비전에서 가장 중요한 이미지 처리 알고리즘 주제를 다루려고 했지만 아직 가야 할 길은 멀었고 더 많은 알고리즘들을 배워야 한다라는 것을 알 수 있다. 그 이유는 매우 간단한데, 이런 알고리즘들을 사용할 다양한 애플리케이션이 있기 때문이다. 4장에서는 광범위하게 사용되는 컴퓨터 비전 알고리즘들에 대해서 많이 배웠고, 이렇게 배운 내용들을 통해서 나머지 이미지 처리 알고리즘에 대해서는 혼자서도 응용해 쉽게 할 수 있을 것으로 예상된다.

4장에서는 이미지에 도형과 텍스트를 그리는 데 사용할 수 있는 그리기 함수에 대해 학습했다. 그리고, 가장 중요한 컴퓨터 비전 주제인 이미지 필터링에 대해 알아봤다. 이미지를 부드럽게 처리하는 스무딩 알고리즘을 사용하는 방법을 배웠고, 모폴로지 필터를 실험하고 침식, 팽창, 오프닝 및 클로징 기능에 대해서도 배웠다. 또한 간단한 에지 검출 알고리즘, 즉 미분-기반^{derivative-based} 필터를 시도했다. 그리고, 이미지를 임계 값을 가지고 처리하고 색상 공간과 유형을 변경하는 방법을 배웠다. 4장의 마지막 절에서는 기하학적 변환과 이미지에 컬러맵을 적용하는 방법을 소개했다. 여기서는 사용자 고유의 색상 표를 만들어 보기도 했다. 많은 전문 사진 편집 또는 소셜 네트워킹 및 사진 공유 애플리케이션에서는 4장에서 배운 알고리즘을 쉽게 찾을 수 있다.

5장에서는 히스토그램의 기본적인 내용과 계산 방법 및 컴퓨터 비전에서 사용하는 방법에 대해 알아본다. 그리고 특정 객체 탐지 및 추적 알고리즘을 작업할 때 사용되는 중요한 알고리즘에 대해서도 살펴본다.

▌ 질문 사항

1. 픽셀 3개의 두께와 붉은색을 사용해 전체 이미지에 십자 표시를 그려주는 프로그램을 작성한다.

2. 트랙 바를 사용해 medianBlur 함수의 ksize를 변경하는 기능이 포함된 윈도 우를 만든다. kszise 값의 가능한 범위는 3에서 99 사이여야 한다.

3. 직사각형 모폴로지 형태를 가지고 커널 크기 7을 가지도록 요소를 구성해 이미지에 그라디언트 모폴로지 연산을 수행한 결과를 나타낸다.

4. cvtColor를 사용해 컬러 이미지를 그레이 스케일로 변환하고 threshold 함수에서 가장 어둡도록 음영 임계 값으로 100을 사용해 필터링한다. 결과 이미지에서 필터링된 픽셀이 흰색을 가지도록 설정하고 나머지 픽셀은 검정으로 설정돼야 한다.

5. remap 함수를 사용해 이미지의 크기를 원본 너비와 높이의 절반으로 변경하지만, 원본 이미지의 종횡비는 보존해야 한다. 외삽을 적용하기 위해서 기본 경계 유형$^{border type}$을 사용해야 한다.

6. a) 컬러맵을 사용해 이미지를 그레이 스케일으로 변환한다. b) 이미지를 그레이 스케일로 변환하고 동시에 픽셀을 반전시킨다.

7. 원근법 변환 함수에 대해 살펴봤는가? 하나의 함수로 모든 유사 변환을 다루기 위해서 어떤 OpenCV 함수를 사용해야 할까?

05

역 투영 및 히스토그램

4장에서는 추가적인 처리나 여러 가지 방법으로 이미지를 수정하는 데 사용할 수 있는 많은 컴퓨터 비전 알고리즘과 OpenCV 기능에 대해 배웠다. 이미지에 텍스트와 도형을 그리는 방법, 스무딩 알고리즘을 사용해 필터를 필터링하는 방법, 이미지에 모폴로지를 변환하는 방법, 미분 기반을 계산하는 방법을 배웠다. 또한 이미지의 기하학적 및 기타 변형에 대해 배우고 이미지의 색조를 변경하기 위해 컬러맵을 적용했다.

5장에서는 추가적인 처리, 추론 및 수정을 위한 이미지를 준비하는 데 사용되는 몇 가지 알고리즘 및 기능에 대해 학습한다. 컴퓨터 비전의 히스토그램에 대해서 먼저 기본적인 내용을 배우고, 뒷부분에서는 더 자세히 설명할 것이다.

히스토그램 개념에 대해 소개한 후 실습 예제 코드로 계산 및 활용하는 방법에 대해 알아본다. 5장에서 배우게 될 또 다른 매우 중요한 개념으로 역 투영이 있다. 히스토그램의 역 투영을 사용해 원본 이미지의 변형된 버전을 만드는 방법을 배운다.

5장에서 배우게 될 개념과 알고리즘들은 일반적으로 사용되는 것 외에도, 6장에서 학습할 객체 탐지와 추적을 위해 가장 널리 사용되는 알고리즘을 다루는 데 있어 필수적이다. 5장에서는 다음 내용을 다룬다.

- 히스토그램 이해
- 히스토그램 역 투영
- 히스토그램 비교
- 히스토그램 평활화

▌ 기술적 요구 사항

- C++ 또는 파이썬 애플리케이션을 개발하기 위한 IDE
- OpenCV 라이브러리

개인용 컴퓨터에 OpenCV 라이브러리를 설치하고, 설치된 라이브러리를 사용해 컴퓨터 비전 애플리케이션 개발을 준비하는 방법에 대해 자세히 알고자 하는 경우에는 2장, 'OpenCV 시작하기'를 참조한다.

다음 URL을 사용해 5장의 소스 코드와 예제를 다운로드할 수 있다.

https://github.com/PacktPublishing/Hands-On-Algorithms-for-Computer-Vision/tree/master/Chapter05

▌ 히스토그램 이해하기

컴퓨터 비전에서 히스토그램은 해당 픽셀에 허용되는 값의 가능한 범위, 즉 픽셀의 확률 분포에 대한 픽셀 값의 분포를 나타내는 그래프다. 하지만, 분포 값만 보고서는 예상과 달리 명확하게 이해하기 어려울 수도 있다. 따라서 단일 채널 그레이 스케일 이미지를 간단한 예제로 사용해 히스토그램이 무엇인지 알아보고 다중 채널 컬러 이미지로 확장하는 등의 작업을 수행해 보자. 표준 그레이 스케일 이미지의 픽셀은 0에서 255 사이의 값을 포함한다. 이 값을 고려하면 그래프는 다음과 같이 볼 수 있으며, 주어진 이미지의 히스토그램이다. 그래프는 임의의 이미지가 가지고 있는 그레이 스케일 픽셀 값들을 포함하는 픽셀 수 비율을 나타낸다.

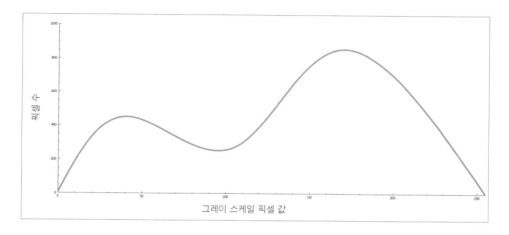

지금까지 학습한 것을 토대로 예를 들어 3-채널 이미지에 대한 히스토그램은 각 채널의 값 분포를 나타내는 세 개의 그래프로 나타내짐을 예상할 수 있을 것이다. 각 채널은 단일 채널 그레이 스케일 이미지의 히스토그램을 가진다.

OpenCV 라이브러리에서 calcHist 함수를 사용해 단일 채널 또는 다중 채널인 하나 이상의 이미지의 히스토그램을 계산할 수 있다. 이 함수는 원하는 결과를 생성하기 위해 많은 매개변수가 필요하다. 이 함수가 몇 가지 예제 내에서 어떻게 사용되는지 살펴보자.

다음 예제 코드(모든 매개변수에 대한 설명 포함)는 단일 그레이 스케일 이미지의 히스토그램 계산 방법을 보여준다.

```
Mat image = imread("Test.png");
if(image.empty())
    return -1;
Mat grayImg;
cvtColor(image, grayImg, COLOR_BGR2GRAY);

int bins = 256;
int nimages = 1;
int channels[] = {0};
Mat mask;
int dims = 1;
int histSize[] = { bins };
float rangeGS[] = {0, 256};
const float* ranges[] = { rangeGS };
bool uniform = true;
bool accumulate = false;
Mat histogram;
calcHist(&grayImg,
        nimages,
        channels,
        mask,
        histogram,
        dims,
        histSize,
        ranges,
        uniform,
        accumulate);
```

앞의 코드는 다음 내용을 포함한다.

- grayImg는 히스토그램을 계산하기 위해 사용하는 입력 그레이 스케일 이미지이며 결과는 histogram에 저장된다.
- nimages에는 히스토그램을 계산할 이미지 개수(이 경우 이미지 한 개)를 넣는다.

- channel은 히스토그램을 계산할 각 이미지의 채널 값이며, 0부터 시작하는 인덱스 번호 배열이다. 예를 들어 다중 채널 이미지에서 첫 번째, 두 번째 및 네 번째 채널의 히스토그램을 계산하려면 channels 배열은 0, 1 및 3 값을 가진다. 이번 예제에서는 그레이 스케일 이미지에서 유일 채널 히스토그램을 계산하므로 channels는 0만 포함한다.

- 많은 다른 OpenCV 함수에서 공통적으로 사용되는 mask는 특정 픽셀을 마스크(또는 무시)하거나 계산된 결과에 포함되지 않도록 사용되는 매개변수다. 이미지의 특정 부분을 다루지 않는 경우에 mask는 빈 행렬을 포함한다.

- dims(차원 수^{dimensionality} 매개변수)는 계산중인 결과 히스토그램의 차원에 해당한다. dims 값은 CV_MAX_DIM보다 커서는 안된다. 현재 OpenCV 버전에서 CV_MAX_DIM은 32이다. 히스토그램은 단순한 배열 형태의 행렬이므로 대부분의 경우 1을 사용한다. 결과 히스토그램에서 각 요소의 색인 번호는 빈^{bin} 번호와 매칭된다.

- histSize는 각 차원에서 히스토그램의 크기를 포함하는 배열이다. 이 예제에서는 차원이 1이므로 histSize는 단일 값을 가진다. 히스토그램의 크기는 히스토그램의 빈 개수와 같다. 앞의 예제 코드에서 bins는 히스토그램의 bin 수를 정의하는 데 사용되며 단일 histSize 값으로도 사용된다. bin은 히스토그램의 픽셀 그룹 수로 생각하면 된다.

  이와 관련된 내용은 나중에 더 자세히 설명하겠지만 지금은 bin에 대해서 256값을 적용하면 가능한 모든 개별 픽셀 값의 수를 포함하는 히스토그램을 얻을 수 있다.

- ranges는 이미지 히스토그램을 계산할 때 가능한 값의 하한 및 상한에 해당하는 범위 값을 쌍으로 포함해야 한다. 이 예제에서는 매개변수에 입력한 단일 범위(0, 256)의 값이 범위 값이다.

- uniform 매개변수는 히스토그램의 균일성^{uniformity}을 정의하는 데 사용된다. 히스토그램이 균일하지 않으면 예제에서 설명한 것과 반대로(ranges) 매개변수에 모든 차원의 하위 경계값, 상위 경계 값이 있어야 한다.

- accumulate 매개변수는 히스토그램이 계산되기 전에 지워져야 할지 또는 계산된 값이 기존 히스토그램에 추가돼야 할지 결정하는 데 사용된다. 이것은 여러 이미지를 사용해 단일 히스토그램을 계산할 때 매우 유용하게 사용될 수 있다.

> ℹ️ 여기에 언급된 매개변수는 5장에서 제공되는 예제에서 많이 사용된다. 그렇지만 자세한 내용은 calcHist 함수의 온라인 문서를 참조하면 된다.

히스토그램 표시

imshow와 같은 함수를 사용해 결과 히스토그램을 표시하면 저장된 히스토그램의 원시 포맷은 bins값을 가지는 행과 단일 열로 구성된 행렬과 유사하게 보여지기 때문에 큰 의미가 없다. 히스토그램의 각 행, 즉, 각 요소는 특정 빈에 속하는 픽셀 수에 해당한다. 이것을 고려해 4장, '그리기, 필터링 및 변환'의 그리기 기능을 사용해 계산된 히스토그램을 그린다.

다음은 앞의 코드 샘플에서 계산한 히스토그램을 사용자 정의 크기 및 속성이 있는 그래프로 표시하는 방법을 보여주는 예다.

```
int gRows = 200; // 높이
int gCol = 500; // 너비
Scalar backGroundColor = Scalar(0, 255, 255); // 노랑색
Scalar graphColor = Scalar(0, 0, 0); // 검정색
int thickness = 2;
LineTypes lineType = LINE_AA;

Mat theGraph(gRows, gCol, CV_8UC(3), backGroundColor);

Point p1(0,0), p2(0,0);
for(int i=0; i<bins; i++)
```

```
{
    float value = histogram.at<float>(i,0);
    value = maxVal - value; // 반전
    value = value / maxVal * theGraph.rows; // 크기 조정
    line(theGraph,
        p1,
        Point(p1.x,value),
        graphColor,
        thickness,
        lineType);
    p1.y = p2.y = value;
    p2.x = float(i+1) * float(theGraph.cols) / float(bins);
    line(theGraph,
        p1, p2,
        Scalar(0,0,0));
    p1.x = p2.x;
}
```

앞의 코드에서 gRow 및 gCol은 각각 결과 그래프의 높이 및 너비를 나타낸다. 나머지 매개변수는 그래프 자체에 대한 설명(backgroundColor 등)이거나 앞에서 이미 배운 항목들이다. 히스토그램의 각 값을 사용해 그려야 하는 선의 위치를 계산하는 방법을 유의해야 한다. 앞의 코드에서 maxVal은 단순히 결과를 표시된 범위로 확장하는 데 사용된다. maxVal 자체가 계산되는 방법은 다음과 같다.

```
double maxVal = 0;
minMaxLoc(histogram,
        0,
        &maxVal,
        0,
        0);
```

minMaxLoc 함수 사용 방법에 대해서 다시 살펴보려면 3장, '배열 및 행렬 연산'을 참

조한다. 이 예제에서는 히스토그램에서 가장 큰 요소의 값만 필요하기 때문에 나머지 매개변수는 무시된다.

앞의 예제 코드의 결과는 다음과 같다.

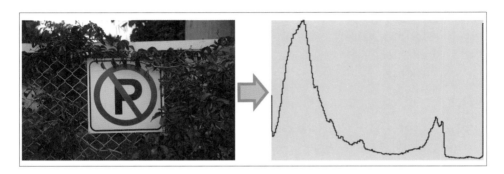

제공된 backGroundColor 또는 graphColor 매개변수를 사용해 배경 또는 그래프 색상을 쉽게 변경할 수 있으며, thickness 매개변수의 값을 변경해 그래프를 더 얇게 또는 두껍게 만들 수 있다.

히스토그램을 해석하는 것은 특히 사진 및 사진 편집 애플리케이션에서 매우 중요하며, 시각화가 가능하게 되면 결과를 더 쉽게 해석할 수 있다. 예를 들어 앞의 예제에서는 소스 이미지에 밝은 색보다는 어두운 색이 더 많이 포함돼 있다는 것을 결과 히스토그램에서 쉽게 알 수 있다. 지금 이후에는 더 밝거나 어두운 이미지의 예를 더 많이 살펴본다. 그러나 그 전에는 빈의 수를 변경하면 결과에 어떤 영향을 미치는지 알아보자.

다음은 막대 차트 시각화 방법을 사용해 왼쪽에서 오른쪽으로 150, 80 및 25개의 빈bin을 사용하면서 이전 예제와 동일한 이미지를 사용했을 때의 결과 히스토그램이다.

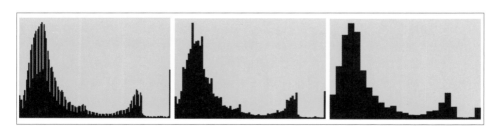

빈 값이 낮을수록 픽셀이 더 많이 그룹화됨을 쉽게 알 수 있다. 동일한 데이터의 해상도가 (왼쪽에서 오른쪽으로 가면서) 낮아진 것처럼 보일 수도 있지만 비슷한 수의 픽셀을 그룹화하는 데 더 적은 빈을 사용해 저장함을 알 수 있다.

앞의 예제에서 막대 차트^bar chart 시각화는 이전 예제 코드의 for 루프를 다음과 같이 바꾸면 된다.

```
Point p1(0,0), p2(0, theGraph.rows-1);
for(int i=0; i<bins; i++)
{
    float value = histogram.at<float>(i,0);
    value *= 0.95f; // 95% 값만 사용
    value = maxVal - value; // 반전
    value = value / (maxVal) * theGraph.rows; // 크기 조정
    p1.y = value;
    p2.x = float(i+1) * float(theGraph.cols) / float(bins);
    rectangle(theGraph,
              p1,
              p2,
              graphColor,
              CV_FILLED,
              lineType);
    p1.x = p2.x;
}
```

이러한 시각화(그래프 또는 막대 차트)에는 각각 장점과 단점이 있으며, 서로 다른 유형의 이미지의 히스토그램을 계산할 때 더 분명히 알 수 있다. 이제 컬러 이미지의 히스토그램을 계산해 보자. 앞에서 언급한 것처럼 개별 채널의 히스토그램을 계산해야 한다. 다음은 방법을 나타내는 예제 코드다.

```
Mat image = imread("Test.png");
if(image.empty())
{
```

```
    cout << "Empty input image!";
    return -1;
}

Mat imgChannels[3];
Mat histograms[3];
split(image, imgChannels);
// 각 imgChannels 요소는 개별 1-채널 이미지다.
```

5장의 온라인 소스 코드 저장소에서 앞의 예제에 대한 전체 소스 코드를 다운로드할
수 있다. 앞 코드의 전체 소스 코드를 포함하는 예제 프로젝트는 CvHistGraphColor
이며, 실행하면 다음 그림과 같은 결과를 얻을 수 있다.

앞의 예제 코드에서 볼 수 있듯이 split 함수는 세 개의 개별 이미지를 만드는 데 사
용되며, 각각의 이미지는 소스 색상 이미지(기본적으로 BGR) 중에서 단일 채널을 사
용해 표시된다. 앞의 주석 부분을 통해서 언급된 코드 영역에는 단순히 imgChannels
요소들을 반복하기 위해 for 루프를 사용하고, 이전과 똑같은 코드를 사용해 각각의
그래프를 그리는 부분이 들어간다. 또한, 다음 코드를 사용해 각 그래프는 고유 색상
을 가질 수 있다.

```
Scalar graphColor = Scalar(i == 0 ? 255:0,
                           i == 1 ? 255:0,
                           i == 2 ? 255:0);
```

i의 값에 따라서, graphColor가 파란색, 녹색 또는 빨간색으로 설정되므로 결과는 이전의 그림과 비슷하게 나온다.

이미지의 내용을 해석하거나 픽셀 값이 이미지에 어떻게 분포돼 있는지 보는 것 외에도 많은 곳에 히스토그램을 사용할 수 있다. 다음 절에서는 애플리케이션에서 히스토그램을 활용하는 데 사용되는 역 투영 및 기타 알고리즘에 대해 학습한다.

▍ 히스토그램 역 투영

이전 절의 앞부분에서 다뤘던 히스토그램 정의를 생각해보면 이미지의 히스토그램을 역 투영한다는 것은 각 픽셀을 확률 분포 값으로 바꾸는 것을 의미한다. 이미지의 히스토그램을 (정확하게는 아니지만) 역으로 계산하는 것이다. 이미지에 히스토그램을 역 투영할 때 이미지 수정을 위한 히스토그램을 사용한다. 먼저 OpenCV를 사용해 역 투영을 수행해보고 실제로 어떻게 사용되는지를 심도있게 살펴보자.

calcBackProject 함수를 사용해 이미지 히스토그램의 역 투영을 계산할 수 있다. 이 함수는 caclHist 함수와 유사한 매개변수들을 사용한다. 다음에서는 어떻게 호출되는지 살펴보고 매개변수를 더 자세히 분석한다.

```
calcBackProject(&image,
                nimages,
                channels,
                histogram,
                backProj,
                ranges,
                scale,
                uniform);
```

calcBackProject 함수의 nimages, channels, ranges 및 uniform 매개변수는

calcHist 함수와 동일한 방법으로 사용한다. image는 입력 이미지를 포함하며 histogram은 이전 calcHist 함수 호출 시 또는 다른 방법으로 (또는 수동으로) 계산돼야 한다. 결과는 scale 매개변수를 사용해 크기가 조정되고 마지막으로 backProj에 저장된다. 히스토그램 값이 표시 가능한 범위를 초과해 올바르게 표시되지 않는 경우에는 역 투영 수행 후에 결과로 표시되는 backProj 객체가 올바르게 표시되지 않는다. 이 문제를 해결하기 위해서는 OpenCV에서 히스토그램이 표시 가능한 범위로 정규화됐는지 먼저 확인해야 한다. 결과로 만들어지는 backProj를 표시하기 위해서는 앞의 calcBackProject를 호출하기 전에 다음 코드를 실행해야 한다.

```
normalize(histogram,
          histogram,
          0,
          255,
          NORM_MINMAX);
```

다음 그림은 원본 히스토그램(변경되지 않은 히스토그램)을 사용해 이미지를 역 투영한 결과를 보여준다. 오른쪽 이미지는 역 투영 알고리즘의 결과다.

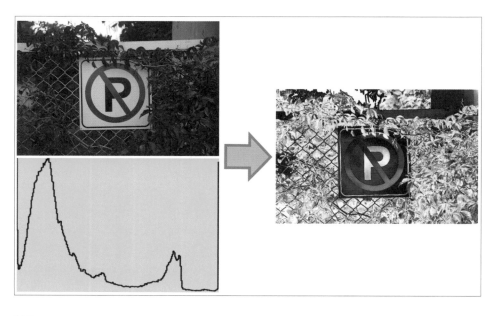

히스토그램과 역 투영의 정의에 따르면, 이전의 역투영 결과 이미지에서는 원래 이미지에 비해서 어두운 영역이 덜 존재하게 된다. 그 반대의 경우도 마찬가지로 존재할 수 있다. 이 알고리즘은 수정된 히스토그램을 통해 이미지를 바꾸고자 할 때 사용될 수 있다(물론 남용될 수도 있다). 이 기법은 일반적으로 주어진 색상이나 명도값을 포함하는 이미지 부분만 추출하는 마스크를 만드는 데 사용된다.

다음은 히스토그램 및 역 투영 개념을 사용해 가능한 가장 밝은 10%의 픽셀 값 범위에 있는 이미지의 픽셀을 검출하는 방법을 보여주는 예제다.

```
int bins = 10; // 10개의 슬라이스가 필요하다.
float rangeGS [] = {0, 256};
const float * ranges [] = {rangeGS};
int channels [] = {0};
Mat histogram(bins, 1, CV_32FC1, Scalar(0.0));
histogram.at<float> (9, 0) = 255.0;
calcBackProject(&imageGray,
                1,
                channels,
                histogram,
                backProj,
                ranges);
```

여기서 히스토그램은 원본 이미지에서 계산되는 대신 10개의 빈을 사용해 수동으로 구성된다. 그런 다음 마지막 빈 또는 히스토그램의 마지막 요소는 255로 설정한다. 이는 흰색을 의미한다. 이와 같은 동작들이 제대로 수행되지 않은 경우에 역투영의 결과가 표시 가능한 색상 범위에 있는지 확인하기 위해서는 정규화를 수행해야 한다.

다음 그림은 위의 코드 예제가 동일한 이전 샘플 이미지에서 실행될 때의 결과를 보여준다.

추출된 마스크 이미지는 이미지를 추가로 수정하는 데 사용할 수 있다. 또는 고유 색 객체의 경우는 객체를 검출하고 추적하는 데 사용할 수 있다. 탐지 및 추적 알고리즘에 대해서는 6장에서 좀 더 자세히 다룰 것이다. 그러나 객체 색상을 정확히 사용할 수 있는 방법은 더 나중에 배울 것이다.

역 투영에 대해 더 배우기

첫째, HSV 색상 공간이 표준 RGB(또는 BGR 등) 색상 공간보다 이미지의 픽셀 색상 값을 처리하는 데 훨씬 더 적합하다는 점을 기억해야 한다. 이 사실에 대한 자세한 내용은 1장, '컴퓨터 비전 소개'를 다시 읽어보면 된다. 이 간단한 사실을 사용해 색상 강도, 밝기 등에 관계없이 특수 색상을 가진 이미지 영역을 찾을 수 있다. 따라서, 이러한 이유로 이미지를 HSV 색상으로 먼저 변환해야 한다.

예제를 통해 이 내용을 간단히 살펴볼 수 있다. 하이라이트, 밝기 등을 보존하면서 이미지의 특정 색상을 대체한다고 가정해보자. 이러한 작업을 수행하려면 주어진 색상을 정확하게 검출하고, 밝기 속성이 아닌 검출된 픽셀 색상만 변경해야 한다. 다음 예제 코드에서는 색조 채널 및 직접적인 역 투영으로 형성된 히스토그램을 사용해 특정 색상(이 예제에서는 파란색으로 가정)을 갖는 픽셀을 추출하는 방법을 보여준다.

1. 이러한 작업을 수행하려면 이미지를 읽은 후 HSV 색상 공간으로 변환하고 색조 채널을 추출해야 한다. 즉, 여기에 표시된 것처럼 첫 번째 채널을 추출

해야 한다.

```
Mat image = imread("Test.png");
if(image.empty())
{
    cout << "Empty input image!";
    return -1;
}

Mat imgHsv, hue;
vector<Mat> hsvChannels;
cvtColor(image, imgHsv, COLOR_BGR2HSV);
split(imgHsv, hsvChannels);
hue = hsvChannels[0];
```

2. 이제 hue 객체 내부에 색조 채널이 생겼으므로 파란색을 가진 픽셀만 포함하는 색조 채널 히스토그램을 만들어야 한다. 색조 값은 0에서 360 사이의 값(각도)일 수 있으며 파란색의 색조 값은 240이다. 따라서 다음 코드를 사용해 히스토그램을 만들 수 있다. 이 코드는 픽셀 오프셋(또는 임계 값) 50을 갖는 파란색 픽셀들을 추출하는 데 사용할 수 있다.

```
int bins = 360;
int blueHue = 240;
int hueOffset = 50;
Mat histogram(bins, 1, CV_32FC1);
for(int i=0; i<bins; i++)
{
    histogram.at<float>(i, 0) =
        (i > blueHue - hueOffset)
            &&
        (i < blueHue + hueOffset)
            ?
        255.0:0.0;
}
```

3. 수동으로 생성된 색조 채널 히스토그램을 시각화하면 이를 사용해 추출할 정확한 색상을 더 잘 파악할 수 있다. 다음 코드는 색조 히스토그램을 쉽게 시각화하는 데 사용할 수 있다.

```
double maxVal = 255.0;

int gW = 800, gH = 100;
Mat theGraph (gH, gW, CV_8UC3, Scalar::all(0));

Mat colors (1, bins, CV_8UC3);
for (int i=0; i<bins; i++)
{
    colors.at<Vec3b> (i) =
            Vec3b (saturate_cast <uchar> (
                        (i + 1) * 180.0 / bins), 255, 255);
}
cvtColor (colors, colors, COLOR_HSV2BGR);
Point p1 (0,0), p2 (0, theGraph.rows-1);
for (int i = 0; i <bins; i ++)
{
    float value = histogram.at<float> (i, 0);
    value = maxVal - value; // 역으로
    value = value / maxVal * theGraph.rows; // scale
    p1.y = value;
    p2.x = float(i+1) * float(theGraph.cols) / float(bins);
    rectangle(theGraph,
            p1,
            p2,
            Scalar(colors.at<Vec3b>(i)),
            CV_FILLED);
    p1.x = p2.x;
```

}

다음 단계를 진행하기 전에 위의 예제 코드를 분석해 보자. 이 코드는 그레이 스케일 히스토그램 또는 단일 빨간색, 녹색 또는 파란색 채널 히스토그램을 시각화하는 것과 거의 똑같다. 그러나 앞의 코드에서 주의해서 봐야 하는 부분은 colors 객체를 만드는 부분이다. colors 객체는 색조 스펙트럼에서 가능한 모든 색을 포함하는 단순한 벡터이지만 빈의 수에 따라 색의 수는 달라질 수 있다. OpenCV에서 saturate_cast 함수를 사용해 색상 값이 허용되는 범위로 포화되는지 확인해야 한다. S 및 V 채널은 가능한 가장 높은 값인 255로 설정된다. colors 객체가 올바르게 생성된 후에는 이전과 같은 시각화 함수를 사용할 수 있다. 그러나 OpenCV는 기본적으로 HSV 색상 공간으로 이미지를 표시하지 않으므로 (대부분의 이미지 표시 함수와 라이브러리에서 이와 같이 표시하지 않음) 색상을 올바르게 표시하려면 HSV 색상 공간을 BGR로 변환해야 한다.

> ⓘ 색조는 (0, 360)의 범위에서 값을 취할 수 있지만 (0, 255) 범위의 값을 저장하는 단일 바이트 C++ 유형(예: uchar)에는 저장할 수 없다. 따라서, 색조 값이 OpenCV에서는 (0, 180) 범위에 있는 것으로 간주해야 한다. 즉, 단순히 값을 2로 나눈다.

다음 그림은 imshow 함수를 사용해 theGraph를 표시하려는 앞 예제 코드 결과를 보여준다.

위의 그림은 마스크의 해당 히스토그램을 사용해 이미지의 백 투영 계산을 통해 마스크에서 추출한 색이다. 이 색상 범위는 히스토그램을 직접 만들 때

수행한 간단한 임계 값(루프 내)을 사용해 만든다. 히스토그램의 모든 값을 파란색 범위 대신 **255.0**으로 설정하면 전체 색상의 스펙트럼을 얻을 수 있다. 다음의 간단한 예를 살펴보자.

```
Mat histogram(bins, 1, CV_32FC1);
for (int i = 0; i <bins; i++)
{
    histogram.at<float> (i, 0) = 255.0;
}
```

코드를 시각화해 출력한 결과는 다음과 같다.

이제 파란색의 원래 히스토그램으로 돌아가서 나머지 단계를 계속 진행해 보자.

4. 예제의 초기 단계에서 추출한 색조 채널에서 히스토그램의 역 투영을 계산할 준비가 됐다. 계산 방법은 다음과 같다.

```
int nimages = 1;
int channels[] = {0};
Mat backProject;
float rangeHue[] = {0, 180};
const float* ranges[] = {rangeHue};
double scale = 1.0;
bool uniform = true;
calcBackProject(&hue,
                nimages,
                channels,
                histogram,
```

```
            backProject,
            ranges,
            scale,
            uniform);
```

그레이 스케일 채널의 역 투영을 작성한 방법과 매우 유사하지만, 이 경우에 범위 값은 0에서 180 사이의 색조 채널에 사용할 수 있는 값을 올바르게 나타내도록 조정됐다.

다음 이미지에서는 파란색 픽셀이 추출되는 역행 투영 결과를 표시한다.

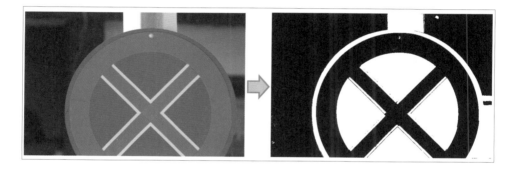

그레이 스케일 색상(흰색 및 검정색 포함)이 있는 픽셀은 추출하려는 색상 값과 비슷한 값을 가질 수 있지만 색상 값을 변경해도 색상에 아무런 영향을 미치지 않으므로 이 예제에서는 색상 값을 무시할 수 있다.

5. calcBackProject 함수를 사용해 추출한 픽셀의 색조를 이동 및 변경한다. 픽셀을 반복하고 원하는 값으로 첫 번째 채널을 이동하면 된다. 결과가 분명히 표시되기에 앞서 BGR로 변환돼야 한다. 방법은 다음과 같다.

```
int shift = -50;
for (int i = 0; i<imgHsv.rows; i++)
{
  for (int j = 0; j<imgHsv.cols; j++)
  {
```

```
      if (backProject.at<uchar> (i, j))
      {
        imgHsv.at<Vec3b> (i, j) [0] + = shift;
      }
    }
  }
}
Mat imgHueShift;
cvtColor (imgHsv, imgHueShift, CV_HSV2BGR);
```

앞의 예제에서 shift 값을 -50으로 사용했기 때문에 파란색 픽셀이 녹색으로 바뀌고 밝기는 유지됐다. 다양한 시프트 값을 사용하면 파란색 픽셀을 다른 색상으로 대체할 수 있다. 다음의 두 가지 예를 살펴보자.

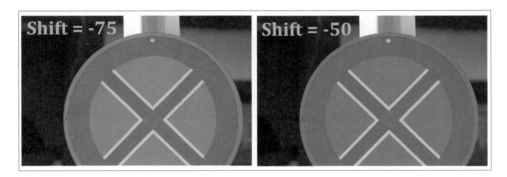

앞의 예제에서 배운 것은 많은 색상 기반 탐지 및 추적 알고리즘의 기초다. 앞으로 다룰 여러 장에서 배우게 될 것이다. 밝기 값의 이동에 상관없이 특정 색상의 픽셀을 올바르게 추출할 수 있으므로 매우 편리한다. 색상의 밝기 이동은 특정 색상의 객체에 대한 조명이 변경되거나 주·야간에 RGB 이미지의 빨강, 녹색 또는 파랑 채널 대신 색조가 사용될 때 고려되는 상황이다.

5장의 마지막 절로 가기 전에 직접 만든 가상 색조의 히스토그램을 표시하는 데 사용한 것과 동일한 시각화 방법을 사용해 이미지에서 계산된 색 히스토그램을 시각화할 수 있다는 점을 기억해야 한다. 예제를 통해 어떻게 완성되는지를 살펴보겠다.

이전 예제에서 히스토그램을 직접 만들어보는 대신, 초기 단계 후에 calcHist 알고리즘을 사용해 히스토그램을 계산한다.

```
int bins = 36;
int histSize[] = {bins};
int nimages = 1;
int dims = 1;
int channels[] = {0};
float rangeHue[] = {0, 180};
const float* ranges[] = {rangeHue};
bool uniform = true;
bool accumulate = false;
Mat histogram, mask;

calcHist (&hue,
        nimages,
        channels,
        mask,
        histogram,
        dims,
        histSize,
        ranges,
        uniform,
        accumulate);
```

빈 크기 효과를 변경하면 인접한 값을 함께 그룹화한다는 의미에서 그레이 스케일 및 단일 채널 히스토그램에서 본 것과 유사한 결과를 얻게 된다. 그러나 색조 채널을 시각화하는 경우에 근처 색조 값이 함께 그룹화되므로 이미지의 유사한 색상을 보다 잘 나타낼 수 있는 색조 히스토그램이 생성된다. 다음 예제 이미지는 선행 시각화의 결과를 나타내지만 다른 bin 값을 사용한다. 위에서 아래로, 각 히스토그램을 계산하는 데 사용되는 bins값은 360, 100, 36 및 7이다. 빈 값이 감소함에 따라 히스토그램 해상도는 어떻게 감소하는지 확인해보자.

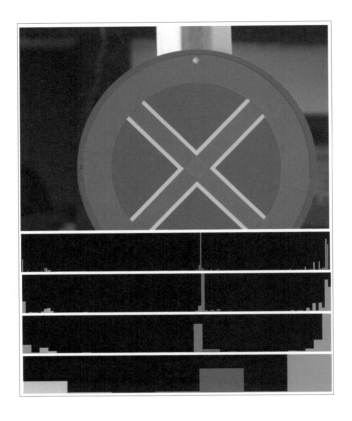

올바른 bin값을 선택하는 것은 다루는 대상의 유형, 유사 색상 정의에 따라 달라진
다. 앞의 이미지에서 알 수 있었던 것은 분명히 매우 높은 빈 값(예: 360)을 선택하는
것이 적어도 비슷한 수준의 그룹화 수준을 필요로 할 때 유용하지 않다는 것이다. 반
면에 매우 낮은 빈 크기를 선택하면 역 투영 계산으로도 정확한 결과를 얻을 수 없는
극단적 색상 그룹화가 발생할 수 있다. 따라서, 빈 값을 현명하게 선택하고 서로 다
른 주제에 맞게 값을 변경해야 한다.

▌히스토그램 비교

이미지 내용을 제대로 분석하기 위해 히스토그램을 사용해 서로 비교할 수 있다. OpenCV는 compareHist라는 메서드를 사용해 히스토그램 비교를 지원한다. 비교 메서드를 먼저 설정해야 한다. 다음 예제 코드는 이 함수를 사용해 calcHist 함수에 대한 이전 호출을 사용해 계산된 두 히스토그램 간 비교 결과를 계산하는 방법을 보여준다.

```
HistCompMethods method = HISTCMP_CORREL;
double result = compareHist (histogram1, histogram2, method);
```

앞의 예제에서 histogram1과 histogram2는 단순히 두 개의 다른 이미지 또는 이미지의 다른 채널 히스토그램이다. method는 HistCompMethods 열거형 중에서 필요한 항목을 포함해야 하며, compareHist 함수에서 사용하는 비교 알고리즘을 정의해야 한다. 비교 알고리즘은 다음 방법 중 하나일 수 있다.

- HISTCMP_CORREL, 상관 관계 분석 방법의 경우
- HISTCMP_CHISQR, 카이 제곱법의 경우
- HISTCMP_INTERSECT, 교차 메서드의 경우
- HISTCMP_BHATTACHARYYA, Bhattacharyya 거리 방법의 경우
- HISTCMP_HELLINGER는 HISTCMP_BHATTACHARYYA와 동일함
- HISTCMP_CHISQR_ALT, 대체 카이 제곱 방법의 경우
- HISTCMP_KL_DIV, Kullback-Leibler 발산 방법의 경우

최신 OpenCV 문서를 참조해 각 방법의 수학적 세부 정보, 히스토그램 속성 사용 방법 및 속성에 대한 자세한 정보를 얻을 수 있다. 모든 방법의 결과 해석에 대해서도 마찬가지로 파악이 가능하다. 예제를 통해 이것이 어떤 의미인지를 알아본다. 다음 샘플 코드를 사용해 모든 히스토그램 비교 방법의 결과를 출력할 수 있다.

```
cout << "HISTCMP_CORREL :"<<
  compareHist (histogram1, histogram2, HISTCMP_CORREL)
    << endl;
cout << "HISTCMP_CHISQR :"<<
  compareHist (histogram1, histogram2, HISTCMP_CHISQR)
    << endl;
cout << "HISTCMP_INTERSECT :"<<
  compareHist (histogram1, histogram2, HISTCMP_INTERSECT)
    << endl;
cout << "HISTCMP_BHATTACHARYYA :"<<
  compareHist (histogram1, histogram2, HISTCMP_BHATTACHARYYA)
    << endl;
cout << "HISTCMP_HELLINGER :"<<
  compareHist (histogram1, histogram2, HISTCMP_HELLINGER)
    << endl;
cout << "HISTCMP_CHISQR_ALT :"<<
  compareHist (histogram1, histogram2, HISTCMP_CHISQR_ALT)
    << endl;
cout << "HISTCMP_KL_DIV :"<<
  compareHist (histogram1, histogram2, HISTCMP_KL_DIV)
    << endl;
```

5장에서 사용된 것과 동일한 예제 이미지를 사용해 histogram1과 histogram2를 계산한다. 즉, 하나의 히스토그램과 동일한 히스토그램을 비교하면 다음과 같다.

```
HISTCMP_CORREL : 1
HISTCMP_CHISQR : 0
HISTCMP_INTERSECT : 426400
HISTCMP_BHATTACHARYYA : 0
HISTCMP_HELLINGER : 0
HISTCMP_CHISQR_ALT : 0
HISTCMP_KL_DIV : 0
```

두 히스토그램이 양의 상관관계를 가져서 상관관계 값으로 1을 반환하지만, 거리 기반과 발산 기반 방법을 사용했을 때는 값 0을 반환하는 것에 유의해야 한다. 이전 결과에서의 모든 결과는 동일 히스토그램을 가진다. 다음 두 이미지에서 히스토그램을 계산해 더 자세히 결과를 살펴보도록 한다.

왼쪽의 이미지를 사용해 histogram1을 만들고 오른쪽 이미지를 사용해 histogram2를 만들 수 있고, 임의의 밝은 이미지를 임의의 어두운 이미지와 비교할 경우에 다음 결과를 얻을 수 있다.

```
HISTCMP_CORREL : -0.0449654
HISTCMP_CHISQR : 412918
HISTCMP_INTERSECT : 64149
HISTCMP_BHATTACHARYYA : 0.825928
HISTCMP_HELLINGER : 0.825928
HISTCMP_CHISQR_ALT : 1.32827e + 06
HISTCMP_KL_DIV : 3.26815e + 06
```

---

compareHist 함수에 전달되는 히스토그램의 순서는 HISTCMP_CHISQR이 사용되는 경우와 같이 중요하다.

다음은 histogram1과 histogram2가 compareHist 함수에 역순으로 전달된 결과다.

```
HISTCMP_CORREL : -0.0449654
HISTCMP_CHISQR : 3.26926e + 06
```

```
HISTCMP_INTERSECT : 64149
HISTCMP_BHATTACHARYYA : 0.825928
HISTCMP_HELLINGER : 0.825928
HISTCMP_CHISQR_ALT : 1.32827e + 06
HISTCMP_KL_DIV : 1.15856e + 07
```

히스토그램을 비교하는 것은 매우 유용하게 사용될 수 있다. 특히 다양한 이미지를 더 좋고 의미있도록 하고자 할 때 유용하다. 예를 들어, 카메라의 연속된 프레임에 대한 히스토그램을 비교하면 연속적인 프레임 간의 변화의 정도를 알 수 있다.

▌ 히스토그램 평활화

지금까지 배운 함수와 알고리즘을 사용해 이미지의 명도 값 분포를 향상시킬 수 있다. 즉, 너무 많이 어둡거나 밝은 이미지의 밝기를 조정할 수 있다. 컴퓨터 비전에서 히스토그램 – 균등화 알고리즘은 똑같은 이유로 사용된다. 이 알고리즘은 다음 작업을 수행한다.

- 이미지의 히스토그램을 계산한다.
- 히스토그램을 정규화한다.
- 히스토그램의 누적 값(적분)을 계산한다.
- 업데이트된 히스토그램을 사용해 원본 이미지 수정

모든 빈의 값에 대한 합계를 계산하는 누적(적분) 부분을 제외하고, 나머지 부분은 5장에서 이미 수행했다. OpenCV에는 언급된 모든 작업을 수행하고 균등 히스토그램을 사용해 이미지를 생성하는 equalizeHist라는 함수가 포함돼 있다. 먼저 이 함수가 어떻게 사용되는지 살펴보고 어떤 효과를 내는지 살펴보기 위해 예제를 사용해 본다.

다음 예제 코드는 equalizeHist 함수를 사용하는 방법을 보여준다. 매우 사용하기 쉽고 특별한 매개변수가 필요 없다.

```
Mat equalized;
equalizeHist(gray, equalized);
```

예를 들어 극도로 과도하게 노출된(또는 밝은) 다음과 같은 이미지와 그 오른쪽에 해당 히스토그램이 있다고 가정해 보자.

equalizeHist 함수를 사용해 더 나은 명암과 밝기로 이미지를 얻을 수 있다. 위의 예제 이미지의 히스토그램이 균등화될 때 결과 이미지와 히스토그램은 다음과 같다.

히스토그램 평준화는 과다 노출(너무 밝음) 또는 노출 부족(너무 어두움) 가능성이 있는 이미지를 처리해야 할 때 매우 유용하다. 예를 들어, 백라이트를 사용해 명암 및

밝기를 증가시켜야 세부 사항을 볼 수 있는 X- 레이 스캔 이미지 또는 조명을 많이 바꾸는 환경에서 비디오 프레임을 사용해 작업하는 경우에 히스토그램 평활화 equalizing는 알고리즘의 나머지 부분을 통해서 동일하게 처리하거나 약간 다른 밝기 및 명암 대비contrast 레벨을 처리하도록 할 수 있다.

▌ 요약

5장의 시작은 OpenCV 라이브러리가 무엇인지, OpenCV 라이브러리를 사용해 계산하는 방법, 히스토그램에 대한 학습으로 시작했다. 히스토그램의 빈 크기와 히스토그램 값의 정확도 또는 그룹화에 미치는 영향에 대해 배웠다. 그리고, 4장, '그리기, 필터링 및 변환'에서 배운 함수와 알고리즘을 사용해 히스토그램을 시각화하는 방법을 배웠다. 다양한 시각화 유형을 살펴봤고 역 투영 및 히스토그램을 사용해 이미지를 업데이트하는 방법에 대해서도 알아봤다. 특정 색상으로 픽셀을 검출하는 방법과 색상 값을 이동하는 방법, 결과적으로 특정 픽셀의 색상만 이동하는 방법도 학습했다. 5장의 마지막 절에서는 히스토그램과 히스토그램 균등화 알고리즘을 비교하는 방법을 배웠다. 가능한 히스토그램 비교 시나리오에 대한 실습 예제를 수행하고 과다 노출 이미지의 명암 대비와 밝기를 향상시켰다.

역 투영 방법을 사용해 이미지를 향상시키고 수정하는 데 사용한 방법과 히스토그램은 사진 편집 애플리케이션에서 사용하는 많은 이미지 향상 알고리즘과 기술의 기초이기 때문에 쉽게 건너 뛰거나 놓칠 수 없는 컴퓨터 비전 내용 중 하나다. 6장에서는 가장 중요한 실시간 탐지 및 추적 알고리즘 기초에 대해 살펴 볼 것이다. 5장에서 배운 것은 히스토그램과 역 투영의 가장 실용적 사례 중 일부지만 히스토그램을 사용하는 실제 프로젝트를 시작하면 훨씬 더 많은 알고리즘 부분들이 포함될 것이다.

6장에서는 4장, 5장에서 배운 모든 개념을 사용해 비디오 프레임을 작업해 특정 색상의 객체를 검출하고 실시간으로 추적하며 비디오내 동작을 검출한다.

▌ 질문 사항

1. 3개 채널의 이미지 중에서 두 번째 채널의 히스토그램을 계산한다. 두 번째 채널에서는 0 – 100 범위와 빈 크기를 선택해서 사용할 수 있다.

2. 히스토그램을 만들고 그레이 스케일 이미지에서 가장 어두운 픽셀을 추출하기 위해 calcBackProject 함수를 사용할 수 있다. 그레이 스케일 강도를 사용해 가능한 가장 어두운 25%의 픽셀 값을 추출한다.

3. 이전 질문에서 마스크에서 추출하는 대신에 가장 어두운 부분과 가장 밝은 25%를 제외하려면 어떻게 해야 하는가?

4. 빨간색의 색조 값은 어떤 값일까? 색상을 파란색으로 표시하려면 얼마만큼 이동해야 할까?

5. 이미지에서 붉은색 픽셀을 추출하는 데 사용할 수 있는 색조 히스토그램을 만든다. 붉은색 픽셀에 대해 오프셋 50을 적용한다. 마지막으로 계산된 색조 히스토그램을 시각화한다.

6. 히스토그램의 누적 적분을 계산한다.

7. 컬러 이미지에서 히스토그램 평활화를 수행한다. equalizeHist 함수는 단일 채널 8비트 그레이 스케일 이미지의 히스토그램 평활화만 지원한다.

▌ 추가 읽기

- 『Python을 사용한 OpenCV 3.x 예제-2판』(https://www.packtpub.com/ application-development/opencv-3x-python-example-second-edition)

- 『OpenCV3와 Qt5를 사용한 컴퓨터 비전』(https://www.packtpub.com/ application-development/computer-vision-opencv-3-and-qt5)

06

비디오 분석
– 동작 검출 및 추적

컴퓨터 비전 개발자는 저장된 비디오 파일이나 카메라 및 기타 소스로부터의 비디오 피드를 다룰 수 있어야 한다. 비디오 프레임을 개별 이미지로 처리하는 것은 비디오 처리방법 중 한 가지이며, 지금까지 배운 것보다 훨씬 많은 노력이나 알고리즘 지식을 필요로 하지 않는다. 예를 들어 개별 이미지 적용 시와 마찬가지로 비디오, 즉 비디오 프레임 집합에 평활화 필터를 적용할 수 있다. 여기서 유일하게 미리 작업을 해야 한다면 2장, 'OpenCV 시작하기'에서 설명한대로 비디오에서 각 프레임을 추출해야 한다는 것이다.

그러나, 컴퓨터 비전에서는 연속적인 비디오 프레임을 처리할 수 있는 특정 알고리즘이 있으며 알고리즘 사용 결과는 개별 이미지 적용 시와 이전 프레임에 대해 동일한 작업을 했을 때의 결과에 따라 달라질 수 있다. 방금 언급한 두 가지 알고리즘 유형이 6장에서 다루는 주요 주제가 될 것이다.

5장에서 히스토그램 및 역 투영 이미지에 대해 학습한 후에 실시간으로 객체를 탐지하고 추적하는 데 사용되는 컴퓨터 비전 알고리즘을 사용할 준비가 됐다. 이 알고리즘을 알기 위해서는 5장, '역 투영 및 히스토그램'에서 배운 모든 주제에 대해 이해하고 있어야 한다. 이를 바탕으로 지금까지 배웠던 컴퓨터 비전 알고리즘을 사용해 비디오 파일이나 카메라 프레임을 처리하는 방법에 대한 몇 가지 간단한 예제와 더불어 6장을 시작하고 계속 학습을 진행할 것이다. 가장 유명한 객체 탐지 및 추적 알고리즘으로 Mean Shift와 CAM Shift 알고리즘 중 두 가지가 있다. 그런 다음 칼만 필터를 사용해 객체 탐지 및 추적 알고리즘의 결과를 수정하는 방법, 더 나은 추적 결과를 얻기 위해 결과에서 잡음을 제거하는 방법을 배운다. 모션 분석과 배경/전경 추출 방법에 대해 배우면서 6장을 마친다.

6장에서는 다음 내용을 다룬다.

- 동영상에서 필터를 적용하는 방법
- Mean Shift 알고리즘을 사용해 객체 검출 및 추적
- CAM Shift 알고리즘을 사용해 객체 검출 및 추적
- 칼만 필터를 사용해 추적 결과 개선 및 잡음 제거
- 배경 및 전경 추출 알고리즘 사용

▌ 기술적 요구 사항

- C++ 또는 파이썬 애플리케이션을 개발하는 IDE
- OpenCV 라이브러리

개인용 컴퓨터에 OpenCV 라이브러리를 설치하고, OpenCV 라이브러리를 사용해 컴퓨터 비전 애플리케이션을 개발할 준비를 하는 방법에 대한 자세한 내용은 2장, 'OpenCV 시작하기'를 참조한다.

다음 URL을 사용해 6장의 소스 코드와 예제를 다운로드할 수 있다.

https://github.com/PacktPublishing/Hands-On-algorithms-for-Computer-Vision/tree/master/Chapter06.

▍비디오 처리

이제 관련 알고리즘을 사용할 수 있다. 지금까지 배운 것은 비디오 프레임을 읽고 **Mat** 객체에 저장할 수 있어야 한다. 이 책의 앞부분에서 비디오 파일, 카메라 및 RTSP 피드를 다루는 방법에 대해 배웠다. 따라서 6장에서 배운 것을 사용해 컴퓨터 기본 카메라의 비디오 피드에 색상맵을 적용하기 위해 다음과 같은 코드를 사용할 수 있다.

```
VideoCapture cam(0);
// 카메라가 제대로 열렸는지 확인
if(!cam.isOpened())
    return -1;
// 무한 루프
while(true)
{
    Mat frame;
    cam >> frame;
    if(frame.empty())
        break;

    applyColorMap(frame, frame, COLORMAP_JET);

    // 프레임을 표시
    imshow("Camera", frame);

    // 스페이스 바를 누르면 카메라 정지
```

```
    if(waitKey(10) == ' ')
        break;
}

cam.release();
```

2장, 'OpenCV 시작하기'에서 배웠듯이 VideoCapture 객체를 만들고 기본 카메라 (인덱스가 0 인)를 통해서 비디오 프레임을 읽는다. 앞의 예제에서는 추출된 비디오 프레임에 색상맵을 적용하는 코드를 한 줄 추가했다. 예제 코드를 살펴보면 4장, '그리기, 필터링 및 변환'에서 배운 것과 같이 카메라의 모든 프레임에 적용된 **COLORMAP_JET** 색상 맵을 사용하고 마지막으로 결과가 실시간으로 표시된다. **스페이스 바**를 누르면 비디오 처리가 중단된다.

마찬가지로 특정 키를 누른 상태에서 실시간으로 다양한 비디오 처리 알고리즘을 수행할 수 있다. 앞의 코드에서 for 루프만 바꾸면 J 또는 H 키를 누르지 않아도 원본 비디오가 표시된다.

```
int key = -1;
while(key != ' ')
{
    Mat frame;
    cam >> frame;
    if(frame.empty())
        break;
    switch (key)
    {
      case 'j': applyColorMap(frame, frame, COLORMAP_JET);
          break;
      case 'h': applyColorMap(frame, frame, COLORMAP_HOT);
          break;
    }
    imshow("Camera", frame);
    int k = waitKey(10);
```

```
    if(k > 0)
        key = k;
}
```

이전에 언급한 키를 안 누르면, 카메라의 원래 출력 비디오가 표시된다. J 키를 누르면 COLORMAP_JET가 트리거되고 H 키를 누르면 COLORMAP_HOT 색상표가 카메라 프레임에 적용된다. 위의 예와 마찬가지로 스페이스 바 키를 누르면 지금 진행하고 있는 프로세스가 중지된다. 또한 스페이스, J 또는 H 이외의 키를 누르면 원래 비디오가 표시된다.

 앞의 예제에서 applyColorMap 함수는 동영상 실시간 처리 기술을 설명하기 위해 사용된 무작위 알고리즘이다. 이 책에서 배운 알고리즘 중 하나를 사용해 단일 이미지에 적용할 수 있다. 예를 들어, 비디오에서 평활화 필터를 수행하는 프로그램이나 푸리에 변환 또는 색조 채널 히스토그램을 실시간으로 표시하는 프로그램을 작성할 수 있다. 활용 사례는 무한하지만 여기서 사용된 방법은 개별 이미지에 대해 단일 전체 작업을 포함하는 모든 알고리즘에 있어서 동일하게 적용될 수 있다.

개별 비디오 프레임에 대해 작업을 수행하는 것 외에, 임의 수의 연속 프레임에 대한 작업을 할 수도 있다. 이 작업은 매우 간단하지만 매우 중요한 유스 케이스(활용 사례)를 사용해 어떻게 수행되는지를 살펴본다.

주어진 순간에 카메라에서 읽은 마지막 60 프레임의 평균 밝기를 찾고 싶다고 가정해 보자. 이러한 값은 프레임의 내용이 매우 어둡거나 밝을 때 자동으로 비디오의 밝기를 조정하려는 경우에 매우 유용하다. 사실, 대부분의 디지털 카메라와 스마트폰이 가지고 있는 내부 프로세서에서도 이와 비슷한 동작이 일반적으로 수행된다. 스마트폰에서 카메라를 켜고 빛, 태양 또는 매우 어두운 환경으로 향하도록 해서 밝기 조절 동작이 이뤄지도록 시도해 볼 수 있다. 다음 코드는 지난 60 프레임의 밝기 평균을 계산해 비디오 화면 구석에 표시해주는 방법을 나타낸다.

```
VideoCapture cam(0);
if(!cam.isOpened())
    return -1;
vector<Scalar> avgs;
int key = -1;
while(key != ' ')
{
    Mat frame;
    cam >> frame;
    if(frame.empty())
        break;
    if(avgs.size() > 60) // 60 프레임이 넘어가면 첫 번째는 삭제
        avgs.erase(avgs.begin());
    Mat frameGray;
    cvtColor(frame, frameGray, CV_BGR2GRAY);
    avgs.push_back(mean(frameGray));
    Scalar allAvg = mean(avgs);
    putText(frame,
            to_string(allAvg[0]),
            Point(0,frame.rows-1),
            FONT_HERSHEY_PLAIN,
            1.0,
            Scalar(0,255,0));
    imshow("Camera", frame);
    int k = waitKey(10);
    if(k > 0)
        key = k;
}
cam.release();
```

대부분의 예제 코드는 6장의 앞부분에서 본 예제와 매우 유사하다. 주된 차이점은 OpenCV 평균 함수를 사용해 계산된 마지막 60 프레임의 평균을 스칼라 객체의 벡터에 저장한 후 모든 평균의 평균을 계산한다는 것이다. 계산된 값은 putText 함수를 사용해 입력 프레임 내에 그려진다. 다음 그림은 앞의 예제 코드가 실행될 때 표시되는 단일 프레임을 보여준다.

그림의 왼쪽 하단에 표시되는 값을 확인해보자. 이 값은 비디오 프레임의 내용이 어두워질수록 줄어들고 밝아지면 증가한다. 이 결과에 따라 밝기 값을 변경하거나 애플리케이션의 사용자에게 내용이 너무 어둡거나 밝음을 경고하는 등의 작업을 할 수 있다.

6장의 첫 번째 절에 있는 예제는 앞에서 배운 알고리즘을 사용해 개별 프레임을 처리하는 아이디어와 연속 프레임을 기반으로 값을 계산하는 데 사용되는 몇 가지 간단한 프로그래밍 방법을 가르치기 위한 것이다. 6장의 다음 절에서는 가장 중요한 비디오 처리 알고리즘인 객체 검출 및 추적 알고리즘에 대해 배우게 된다. 객체 검출 및 추적 알고리즘은 5장의 내용과 이 절에서 배운 개념과 기술을 토대로 한다.

▌ Mean Shift 알고리즘의 이해

Mean Shift 알고리즘은 밀도 함수의 최댓값을 찾는 데 사용할 수 있는 반복 알고리즘이다. 컴퓨터 비전 용어로 앞 문장을 변환하면 다음과 같은 의미가 된다. Mean Shift 알고리즘은 역 투영 이미지를 사용해 이미지에서 대상을 찾는 데 사용할 수 있다. 실제로는 객체를 어떻게 찾을까? 객체를 찾는 단계를 단계별로 살펴보자. 다음은 Mean Shift 알고리즘을 사용해 객체를 찾기 위해 수행되는 개별 작업들을 나타냈다.

1. 이미지 역 투영 결과는 수정된 히스토그램 방법을 사용해 관심 객체를 포함할 가능성이 가장 높은 픽셀을 찾기 위해 생성된다(원하지 않는 잡음을 없애기 위해 역 투영 이미지를 필터링하는 것도 일반적이지만 결과의 정확도를 향상시키기 위해 선택적으로 필요한 작업이다).

2. 초기 검색 창이 필요하다. 이 탐색 창은 반복 후에 관심 대상 객체를 포함한다. 다음 단계에서는 각 반복 후에 검색 창의 내용은 알고리즘에 의해 업데이트된다. 검색 창의 업데이트는 역 투영 이미지에서 검색 창의 질량 중심을 계산한 후 검색 창의 현재 중심점을 창 중심으로 이동해 수행된다. 다음 그림은 검색 창에서 질량 중심의 개념과 이동이 어떻게 발생하는지 보여준다.

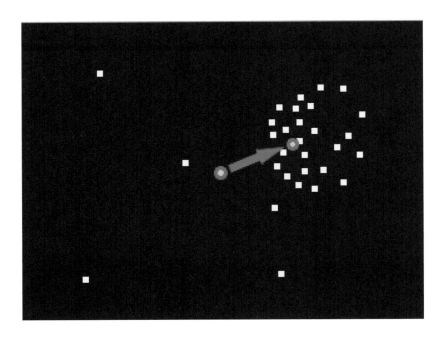

앞의 그림에서 화살표의 두 끝부분에 있는 두 포인트들은 검색 창 중심과 매스 중심을 의미한다.

3. 반복 알고리즘과 마찬가지로 결과가 예상대로 나왔거나 허용된 결과에 빠르게 도달하지 못할 경우에는 알고리즘을 중지하기 위해 Mean Shift 알고리즘에 의한 종료 조건이 필요하다. 반복 횟수와 엡실론(epsilon) 값이 종료 기준으로 사용된다. 알고리즘의 반복 횟수에 도달하거나 주어진 엡실론 값(수렴)보다 작은 이동 거리를 발견하면 알고리즘의 동작은 중지된다.

이제 OpenCV 라이브러리를 사용해 실제로 이 알고리즘을 사용하는 방법에 대한 실습 예제를 살펴보자. OpenCV의 `meanShift` 함수는 이전 단계에서 설명한 것과 거의 동일하게 Mean Shift 알고리즘을 제공한다. 이 함수에는 역 투영 이미지, 검색 창 및 종료 기준이 필요하며 다음 예제와 같이 사용된다.

```
Rect srchWnd(0, 0, 100, 100);
TermCriteria 기준(TermCriteria::MAX_ITER
                  + TermCriteria::EPS,
                  20, // 반복 횟수
                  1.0 // 엡실론 값
                  );
// 역 투영 이미지를 계산한다.
meanShift (backProject,
           srchWnd,
           criteria);
```

`srchWnd`는 `meanShift` 함수에 의해 사용되고 사용된 초기 값을 포함해야 하는 `Rect` 객체다. `backprojection`에는 5장, '역 투영 및 히스토그램'에서 배운 방법으로 계산된 적합한 역 투영 이미지가 포함돼야 한다. `TermCriteria` 클래스는 비슷한 종료 조건이 필요한 반복 알고리즘에 사용되는 OpenCV 클래스다. 첫 번째 매개변수는 `MAX_ITER`(`COUNT`와 동일), `EPS` 또는 두 가지 모두인 종료 기준 유형을 정의한다. 앞의 예제에서 20회 반복의 종료 기준과 1.0의 엡실론 값을 사용했다. 물론 이것은 환경

과 애플리케이션에 따라 변경될 수 있다. 여기에서 주목해야 할 가장 중요한 점은 반복 수와 엡실론 수가 높을수록 더 정확한 결과를 얻을 수 있지만 성능이 저하될수 있으며 그 반대도 마찬가지다.

앞의 예제는 meanShift 함수가 호출되는 방법을 보여준다. 이제 실시간 객체 추적 알고리즘을 배우기 위한 실습 예제를 살펴보자.

1. 추적 예제의 구조는 이전 예제와 매우 유사하다. VideoCapture 클래스를 사용하며 컴퓨터에서 비디오와 카메라를 열고 프레임을 읽어온다.

```cpp
VideoCapture cam(0);
if(!cam.isOpened())
    return -1;
int key = -1;
while(key != ' ')
{
    Mat frame;
    cam >> frame;
    if(frame.empty())
        break;
    int k = waitKey(10);
    if(k > 0)
        key = k;
}

cam.release();
```

다시 **스페이스 바** 키를 누르면 waitKey 함수를 사용해 루프를 중지한다.

2. 지금은 관심 대상은 녹색이라고 가정한다. 여기서는 녹색 색상만 포함하는 색조 히스토그램을 만든다.

```cpp
int bins = 360;
int grnHue = 120; // 녹색 색조 값
int hueOffset = 50; // 허용 임계 값
```

```
Mat histogram(bins, 1, CV_32FC1);
for(int i=0; i<bins; i++)
{
    histogram.at<float>(i, 0) =
            (i > grnHue - hueOffset)
            &&
            (i < grnHue + hueOffset)
            ?
                255.0 : 0.0;
}
```

히스토그램은 전체 프로세스 내에서 계속해서 사용되므로, 프로세스 루프에 들어가기 전에 이 작업을 반드시 해야 한다.

3. 실제 프로세스 루프 및 추적 코드를 입력할 때 해야 할 마지막 사항은 종료 기준 조건이며 전체 프로세스에서 일정한 값을 사용한다. 필요한 종료 기준 값을 설정하는 방법은 다음과 같다.

```
Rect srchWnd (0,0, 100, 100);
TermCriteria criteria (TermCriteria::MAX_ITER
                        + TermCriteria::EPS,
                        20,
                        1.0);
```

Mean Shift 알고리즘을 사용해 객체를 추적할 때 검색 창의 초기 값은 매우 중요하다. Mean Shift 알고리즘은 추적 객체의 초기 위치를 항상 가정하기 때문에 객체를 추적하는 데 매우 중요하다. 초기 위치를 가정한다는 것은 Mean Shift 알고리즘의 단점이며, 6장에서 CAM Shift 알고리즘과 OpenCV 라이브러리를 사용한 구현 방법에 대해 논의할 때 이 단점에 대해서 다시 다루도록 한다.

4. 추적 코드에 사용하는 while 루프에서 각 프레임을 읽은 후 녹색 색조 히스토그램을 사용해 입력 프레임의 역 투영 이미지를 계산한다. 다음과 같은 방법을 사용한다.

```
Mat frmHsv, hue;
vector<Mat> hsvChannels;
cvtColor(frame, frmHsv, COLOR_BGR2HSV);
split(frmHsv, hsvChannels);
hue = hsvChannels[0];

int nimages = 1;
int channels[] = {0};
Mat backProject;
float rangeHue[] = {0, 180};
const float* ranges[] = {rangeHue};
double scale = 1.0;
bool uniform = true;
calcBackProject(&hue,
                nimages,
                channels,
                histogram,
                backProject,
                ranges,
                scale,
                uniform);
```

역 투영 이미지 계산에 대한 자세한 방법은 5장, '역 투영 및 히스토그램'을 참조한다.

5. 다음과 같이 meanShift 함수를 호출하고 역 투영 이미지와 종료 조건을 사용해 검색 창을 업데이트한다.

```
meanShift (backProject,
           srchWnd,
           criteria);
```

6. 검색 창, 즉 추적된 객체를 시각화하려면 입력 프레임에 검색 창 사각형을 그려야 한다. 다음은 직사각형 함수를 사용한 작업 수행 방법이다.

```
rectangle(frame,
          srchWnd, // 검색 창 사각형
          Scalar (0,0,255), // 붉은색
          2 // 두께
);
```

역 투영 이미지 결과에도 동일하게 앞의 작업을 수행할 수 있지만, 우선 역 투영 이미지를 BGR 색 공간으로 변환해야 한다. 역 투영 이미지의 결과에는 입력 이미지와 동일한 깊이의 단일 채널 이미지가 포함돼 있다. 다음은 역 투영 이미지의 searchwindow 위치에 빨간색 직사각형을 그리는 방법이다.

```
cvtColor(backProject, backProject, COLOR_GRAY2BGR);
rectangle(backProject,
          srchWnd,
          Scalar(0,0,255),
          2);
```

7. B 및 V 키를 사용해 역 투영 및 원본 비디오 프레임간 전환 방법을 추가한다. 다음과 같은 방법을 사용한다.

```
switch(key)
{
    case 'b': imshow("Camera", backProject);
        break;
    case 'v': default: imshow("Camera", frame);
        break;
}
```

이제 지금의 프로그램을 실행해, 통제 환경하의 실행 동작이 어떻게 이뤄지는지를 보도록 한다. 다음 그림은 원본 프레임 보기와 역 투영 보기에서 검색 창과 녹색 관심 객체의 초기 위치를 보여준다.

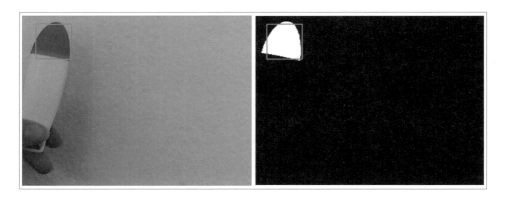

객체 이동이 발생하면 meanShift 함수가 검색 창을 업데이트하고 객체를 추적한다. 다음 그림은 보기의 오른쪽 하단에서 추적된 객체를 나타낸다.

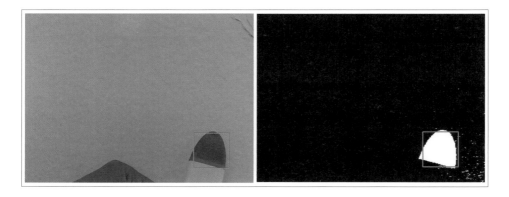

위 그림의 모서리 부분에서 약간의 잡음이 발생한 것을 확인할 수 있다. 매스 중심은 영향을 받지 않으므로 meanShift 함수를 사용해 처리할 수 있다.

그러나 이전에 언급한 바와 같이 역 투영 이미지에서 필터링을 수행해 잡음을 없애야 한다 .예를 들어, 역 투영 이미지에서와 유사한 잡음이 있는 경우 역 투영 이미지에서 원하지 않는 픽셀을 없애기 위해 GaussianBlur 함수 또는 erode 함수(더 나은 결과를 얻을 수 있음)를 사용할 수 있다. 필터링 기능을 사용하는 방법에 대한 자세한 내용은 4장, '그리기, 필터링 및 변환'을 참조한다.

이러한 추적 애플리케이션에서 특정 시점 이전과 원하는 시간 동안 관심 객체가 취한 경로를 관찰, 기록해 처리해야 한다. 다음 예제에서는 검색 창의 중심점을 사용해 간단히 처리할 수 있다.

```
Point p(srchWnd.x + srchWnd.width/2,
        srchWnd.y + srchWnd.height/2);
route.push_back(p);
if(route.size() > 60) // 마지막 60 프레임
    route.erase(route.begin()); // 첫 번째 요소를 제거
```

여기서 route는 Point 객체의 vector를 의미한다. route는 meanShift 함수 호출 후에 업데이트돼야 하며, polylines 함수에 대해서 다음과 같이 호출해 원본 비디오 프레임 위에 route를 그린다.

```
polylines(frame,
        route, // Point 객체의 벡터
        false, // 폐 폴리라인
        Scalar(0,255,0), // 녹색
        2 // 두께
        );
```

다음 그림은 카메라에서 읽은 비디오 프레임에 (지난 60 프레임의) 추적 경로를 표시한 결과를 보여준다.

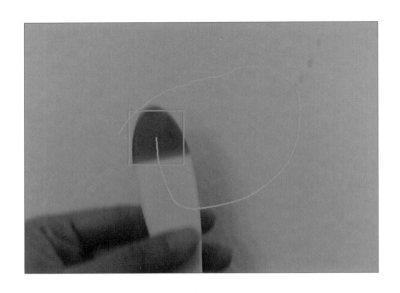

이제 meanShift 함수를 사용할 때 관찰한 몇 가지 문제점들을 해결해 보자. 우선, 색조 히스토그램을 수동으로 만드는 것은 좋은 방법이 아니다. 프로그램이 유연하다는 것은 사용자가 추적하고자 하는 대상을 선택하거나 적어도 관심있는 대상의 색상을 사용자가 편리하게 선택할 수 있다는 것을 의미한다. 검색 창 크기와 초기 위치에 대해서도 마찬가지다. 이러한 문제를 다루기 위해서는 여러 가지 방법을 사용할 수 있으며 다음의 실제 사례를 통해서 문제를 살펴본다.

OpenCV 라이브러리를 사용할 때 setMouseCallback 함수를 사용해 출력 창에서 마우스 클릭의 동작을 사용자 정의할 수 있다. 이것은 사용자가 사용하기 쉬운 객체 선택을 모방할 수 있는 bitwise_not과 같은 몇 가지 간단한 방법을 조합해 사용할 수 있다. setMouseCallback은 이름에서 추측하듯이 지정된 창(윈도우)에서 마우스 클릭을 처리하는 콜백 함수를 설정한다.

다음 콜백 함수는 여기에 정의된 변수와 함께 편리한 객체 선택기를 만드는 데 사용할 수 있다.

```
bool selecting = false;
Rect selection;
```

```cpp
Point spo; // 원점 선택

void onMouse(int event, int x, int y, int flags, void*)
{
    switch(event)
    {
    case EVENT_LBUTTONDOWN:
    {
        spo.x = x;
        spo.y = y;
        selection.x = spo.x;
        selection.y = spo.y;
        selection.width = 0;
        selection.height = 0;
        selecting = true;

    } break;
    case EVENT_LBUTTONUP:
    {
        selecting = false;
    } break;
    default:
    {
        selection.x = min(x, spo.x);
        selection.y = min(y, spo.y);
        selection.width = abs(x - spo.x);
        selection.height = abs(y - spo.y);
    } break;
    }
}
```

이 event는 MouseEventTypes 열거형 항목을 사용하며 마우스의 버튼을 눌렀거나 놓았는지 여부를 알 수 있다. 이러한 간단한 이벤트를 기반으로 사용자가 화면에서 볼 수 있는 객체를 실제로 선택하는 시점을 결정할 수 있다. 이것은 다음과 같이 사용할 수 있다.

```
if(selecting)
{
    Mat sel(frame, selection);
    bitwise_not(sel, sel); // 선택한 영역을 뒤집는다.

    srchWnd = selection; // 검색 창을 설정한다.
    // 선택 영역의 색조를 사용해 히스토그램을 만든다.
}
```

따라서 이벤트 기반의 방법은 애플리케이션에 많은 유연성을 부여할 수 있으며 코드는 모든 색상의 객체를 사용할 수 있도록 만들 수 있다. 6장의 지금까지 모든 주제를 사용한 예제 프로젝트 코드는 온라인 Git 저장소 내 6장의 예제 코드를 통해 확인할 수 있다.

OpenCV 라이브러리에서 selectROI 및 selectROIs 함수를 사용해 이미지에서 객체 또는 영역을 선택할 수 있다. 이러한 기능을 통해 사용자는 간단한 마우스 클릭 및 드래그를 사용해 이미지에서 직사각형(또는 여러 개의 직사각형)을 선택할 수 있다. selectROI 및 selectROIs 함수는 콜백 함수를 사용해 마우스 클릭을 처리하는 것보다 사용하기 쉽지만 동일한 성능, 유연성 및 사용자 정의 방법들을 제공하진 않는다.

다음 절로 넘어가기 전에 meanShift는 추적중인 객체 크기가 증가하거나 감소하지 않으며 객체 방향을 처리하지 않는다는 것을 기억해야 한다. 이러한 내용은 아마 Mean Shift 알고리즘보다 더 나은 버전을 만들도록 한 주요 이슈다. 이것은 다음 절에서 배울 예정이다.

▌CAM Shift 알고리즘 사용하기

Mean Shift 알고리즘의 한계를 극복하기 위해 CAM^{Continuously Adaptive Mea, 연속 적응 평균} Shift 알고리즘이라고 하는 향상된 버전을 사용할 수 있다. OpenCV에는 camShift라는 함수에서 CAM Shift 알고리즘에 대한 구현이 포함돼 있다. 이 함수는 meanShift 함수와 거의 동일한 방식으로 사용된다.

CamShift 함수의 입력 매개변수는 역 투영 이미지를 사용해 주어진 종료 조건 세트를 사용해 검색 창을 업데이트하기 때문에 meanShift와 동일하다. 또한 CamShift는 검색 창과 각도를 모두 포함하는 RotatedRect 객체도 반환한다.

반환되는 RotatedRect 객체를 사용하지 않고서도 meanShift 함수에 대한 호출을 CamShift로 대체할 수 있다. 유일한 차이점은 결과가 크기(스케일) 불변이라는 점이다. 즉, 객체가 더 가까울수록 검색 창은 더 커질 것이다. 그 반대도 마찬가지다. 예를 들어, Mean Shift 알고리즘에 대한 앞의 예제 코드에서 meanShift 함수에 대한 호출을 다음과 같이 바꿀 수 있다.

```
CamShift(backProject,
        srchWnd,
        criteria);
```

다음 그림은 앞 절의 예제에서 meanShift 함수를 CamShift로 대체한 결과를 보여준다.

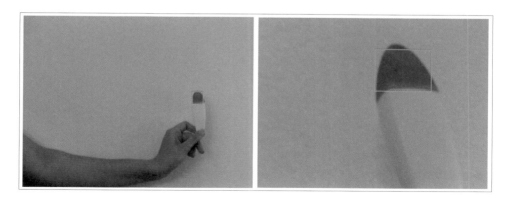

여기서 언급한 함수를 대체했다는 것을 제외하고는 아무것도 변경되지 않았으며, 결

과의 크기(스케일)도 변경되지 않는다. 객체가 카메라에서 멀리 떨어지거나 작아지면 같은 Mean Shift 알고리즘을 사용해 위치를 계산해야 했지만, 이번에는 객체의 정확한 크기에 맞게 검색 창의 크기가 조정되고 회전이 계산된다. 객체의 회전 값을 사용하려면 먼저 다음 예제에서와 같이 CamShift 함수의 결과를 RotatedRect 객체에 저장해야 한다.

```
RotatedRect rotRect = CamShift(backProject,
                               srchWnd,
                               criteria);
```

RotatedRect 객체 또는 회전된 사각형을 그리려면 RotatedRect의 points 메서드를 사용해 회전된 사각형의 4개의 포인트들을 추출한 후 다음 예제와 같이 line 함수를 사용해 그린다.

```
Point2f rps[4];
rotRect.points(rps);
for(int i=0; i<4; i++)
    line(frame,
        rps[i],
        rps[(i+1)%4],
        Scalar(255,0,0),// blue color
        2);
```

RotatedRect 객체를 사용해 회전된 사각형으로 덮힌 회전된 타원을 다음과 같이 그릴 수 있다.

```
ellipse(frame,
        rotRect,
        Scalar(255,0,0),
        2);
```

다음 그림은 RotatedRect 객체를 사용해 추적 객체 위에 동시에 회전된 사각형과 타원을 그리고 결과를 표시한다.

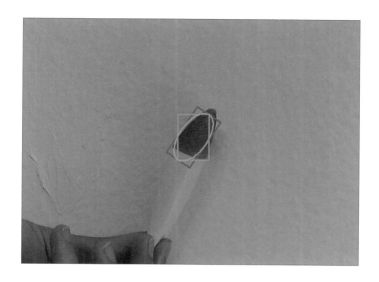

앞의 이미지에서 빨간색 사각형은 검색 창이고, 파란색 사각형은 회전된 사각형이며, 녹색 타원은 회전된 사각형을 사용해 그려진다.

요약하면 CamShift는 meanShift보다 다양한 크기와 회전의 객체를 다루는 데 훨씬 더 적합하지만 CamShift 알고리즘은 몇 가지 향상된 기능을 사용할 수 있다. 먼저, 초기 창 크기를 설정해야 할 때 CamShift는 크기 변경을 할 수 있으므로 초기 창 크기를 전체 이미지 크기와 동일하게 설정할 수 있다. 이렇게 하면 검색 창의 초기 위치와 크기를 처리하지 않아도 된다. 이전에 디스크에 저장한 파일을 가지고 있고 이와 유사한 방법을 사용해 관심 객체의 히스토그램을 만들 수 있다면 적어도 관심 객체가 있는 모든 경우에 대해 상자외의 범위에서 작동할 수 있는 객체 검출기와 추적기를 갖게 된다. 관심 객체는 주위 환경과 시각적으로 다른 색을 가지게 된다.

이러한 색상 기반 탐지 및 추적 알고리즘에 있어서의 개선점은 히스토그램을 계산하는 데 사용하는 HSV 이미지의 S 및 V 채널에 inRange 함수를 사용해 임계 값을 적용할 수 있다는 점이다. 그 이유는 예제에서는 단순히 색조(또는 H 또는 첫 번째) 채널을 사용했기 때문에 관심 객체와 동일한 색조를 가지더라도 매우 어둡거나 밝은 픽셀을 가질 가능성이 높다는 것을 고려하지 않았다. 추적할 객체의 히스토그램을 계산할 때 다음 코드를 사용해 수행할 수 있다.

```
int lbHue = 00 , hbHue = 180;
int lbSat = 30 , hbSat = 256;
int lbVal = 30 , hbVal = 230;
Mat mask;
inRange(objImgHsv,
        Scalar(lbHue, lbSat, lbVal),
        Scalar(hbHue, hbSat, hbVal),
        mask);

calcHist(&objImgHue,
         nimages,
         channels,
         mask,
         histogram,
         dims,
         histSize,
         ranges,
         uniform);
```

앞의 예제 코드에서 lb 및 hb로 시작하는 변수는 inRange 함수에서 사용하는 값의 하한 및 상한을 나타낸다.

objImgHsv 값은 관심 객체를 포함하는 Mat 객체이거나 관심 객체를 포함하는 ROI를 나타낸다. objImgHue는 split 함수에 대한 이전 호출을 사용해 추출되는 objImgHsv의 첫 번째 채널이다. 나머지 매개변수들은 새로운 것은 없으며, 이 예제에서 사용된 이전 함수 호출에서 이미 사용됐다.

이 절에서 설명하는 모든 알고리즘과 기술을 결합하면 실시간으로 놀라운 속도로 동작할 수 있는 얼굴 검출기 및 추적기를 만들 수 있다. 그러나 특히 색상 기반 또는 히스토그램 기반 추적기의 특성으로 인해 추적이 이뤄지는 동안에 피하기 어려운 간섭 유발 잡음을 고려해야 한다. 이러한 문제를 해결하기 위해 가장 널리 사용되는 솔루션 중 하나는 다음 절의 주제로 제공된다.

▍ 추적 및 잡음 감소를 위한 칼만 필터 사용

칼만 필터는 이전 절에서 사용한 추적 알고리즘 결과와 같이 신호의 잡음을 줄이기 위해 널리 사용되는 알고리즘이다. 정확하게 말하자면, 칼만 필터는 이전 관측을 기반으로 신호의 다음 상태를 예측하는 데 사용되는 추정 알고리즘이다. 칼만 필터의 정의와 세부 사항을 깊이 파고 들기 위해서는 별도의 장이 필요하지만 여기서는 간단하고 강력한 이 알고리즘을 몇 가지 실습 예제를 통해 살펴볼 것이다.

첫 번째 예제에서는 마우스 커서가 캔버스 또는 OpenCV 창에서 움직이는 동안 마우스 커서를 추적하는 프로그램을 만든다. 칼만^{Kalman} 필터는 OpenCV의 KalmanFilter 클래스를 사용해 구현되며 이 클래스에는 이번 절에서 다루는 칼만 필터 구현 세부 정보가 모두 포함된다.

우선, KalmanFilter는 칼만 필터 자체에서 사용되는 기본 데이터의 유형 외에도 많은 동적 매개변수, 측정 매개변수 및 제어 매개변수로 초기화돼야 한다. 제어 매개변수는 예제의 범위를 벗어나므로 일단은 무시할 것이므로 간단히 0으로 설정한다. 데이터 타입에 관해서는 디폴트 32비트 float 또는 OpenCV 타입의 관점으로 CV_32F로 갈 것이다. 이번 예제의 경우에 2D 이동에서의 동적 매개변수는 다음과 같다.

- X 또는 x 방향의 위치
- Y 또는 y 방향의 위치
- X′ 또는 x 방향의 속도
- Y′ 또는 y 방향의 속도

더 높은 차원의 매개변수를 사용할 수도 있다. 그러면 앞의 목록에 X″(x 방향의 가속) 등을 더 추가할 수 있다.

측정 매개변수에 대해 첫 번째 예제에서는 마우스 위치에 해당하는 X와 Y만 사용한다. 동적 매개변수와 측정 매개변수에 대해 언급했던 사항들을 다시 생각하며, 다음과 같이 2D 공간에서 포인트를 추적하는 데 적합한 KalmanFilter 클래스 인스턴스(객체)를 초기화한다.

```
KalmanFilter kalman (4, // 동적 매개변수: X, Y, X ', Y'
                     2  // 측정 매개변수: X, Y
                     );
```

이 예제에서 제어 매개변수와 형식 매개변수는 무시되고 기본값으로 설정된다. 그렇지 않으면 다음과 같은 동일 코드를 작성할 수 있다.

```
KalmanFilter kalman (4, 2, 0, CV_32F);
```

KalmanFilter 클래스에서는 전이행렬transition matrix이 사용되기 전에 설정돼야만 한다. 전이행렬은 매개변수의 추정 또는 다음 상태를 계산(및 업데이트)하는 데 사용된다. 앞 예제에서 마우스 위치 추적을 위해선 다음과 같은 전이행렬을 사용한다.

```
Mat_<float> tm (4, 4); // 전이행렬
tm << 1,0,1,0, // x = 1X + 0Y + 1X '+ 0Y'
      0,1,0,1, // y = 0X + 1Y + 0X '+ 1Y'
      0,0,1,0, // x '= 0X + 0Y + 1X'+ 0Y
      0,0,0,1; // y '= 0X + 0Y + 0X'+ 1Y '
kalman.transitionMatrix = tm;
```

이번 예제에서 필요했었던 단계들을 완료한 후에는 다시 이 코드로 돌아와 전이행렬의 값을 업데이트하고 Kalman 필터의 동작을 확인하는 것이 좋다. 예를 들어, 추정된[estimated] Y(어노테이션에서 다음 y로 표시됨)에 해당하는 행렬 행을 업데이트하면 추적된[tracked] 위치 Y값도 영향을 받는다. 그 효과를 더 잘 이해하려면 전이행렬의 모든 값을 시험해보면 된다.

전이행렬 외에도 동적 매개변수의 상태 및 측정 값 초기화에 대한 처리가 필요하다. 초기화 값은 예제내의 초기 마우스 위치를 의미한다.

여기에서 언급된 값들을 초기화하는 방법은 다음과 같다.

```
Mat_<float> pos (2,1);
pos.at<float> (0) = 0;
pos.at<float> (1) = 0;

kalman.statePre.at<float> (0) = 0; // x 초기화
kalman.statePre.at<float> (1) = 0; // y 초기화
kalman.statePre.at<float> (2) = 0; // x' 초기화
kalman.statePre.at<float> (3) = 0; // y' 초기화
```

나중에 알게 되겠지만, KalmanFilter 클래스는 더 높은 차원[higher dimensionalities]에서도 작동하도록 설계됐으므로 Point 객체 대신 벡터가 필요하다. 이러한 이유로 계산을 수행하기 전에 이전 코드의 pos 벡터를 마지막 마우스 위치로 업데이트한다. 방금 언급한 초기화 과정 이외에도 칼만 필터의 측정 행렬을 초기화해야 한다. 이 초기화는 다음과 같이 수행한다.

```
setIdentity (kalman.measurementMatrix);
```

OpenCV의 setIdentity 함수는 확장된 단위 행렬을 사용해 행렬을 초기화하는 데 사용된다. 단일 행렬만 setIdentity 함수에 대한 매개변수로 제공되면 항등 행렬

identity matrix로 설정될 수 있지만, 두 번째 Scalar 값이 추가로 제공된 경우 항등 행렬의 모든 요소는 주어진 Scalar 값을 사용해 곱해야만 한다.

마지막 초기화 작업은 프로세스 잡음 공분산process noise covariance이다. 매번 추적할 때 약간의 오버 슛이 있지만 자연스러운 움직임으로 추적할 수 있도록 매우 작은 값을 사용한다. 다음은 프로세스 잡음 공분산 행렬을 초기화하는 방법이다.

```
setIdentity(kalman.processNoiseCov,
            Scalar::all(0.000001));
```

KalmanFilter 클래스를 사용하기 전에 일반적으로 다음 행렬을 초기화한다.

- controlMatrix(제어 매개변수 개수가 0인 경우 사용되지 않음)
- errorCovPost
- errorCovPre
- gain
- measurementNoiseCov

앞의 목록에서 언급한 모든 행렬을 사용하면 사용자 맞춤이 이뤄진 KalmanFilter 클래스가 제공될 수 있지만 필요로 하는 잡음 필터링/추적 유형과 구현될 필터 사용 환경에 대한 많은 지식이 필요하다. 이 행렬과 그 사용법은 제어 이론과 제어 과학에 뿌리를 두고 있다. 이러한 내용들은 또 다른 책의 주제가 될 수 있다. 이번 예제에서는 언급된 행렬의 기본값만을 사용하기 때문에 일단은 모두 무시됐다.

칼만 필터를 사용한 추적 예제에서 다음으로 필요한 것은 마우스 움직임을 추적할 수 있는 창을 설정하는 것이다. 창에서 마우스의 위치는 탐지되고 추적된 객체 위치라고 볼 수 있다. KalmanFilter 객체를 사용해 이러한 탐지를 예측하고 소음을 제거하거나 칼만 필터 알고리즘 용어를 사용해 이 측정 방식을 수정하고자 한다. namedWindow 함수로 OpenCV를 사용해 창을 만들 수 있으며, setMouseCallback

함수로 특정 윈도우와의 마우스 상호 작용을 위한 콜백 함수를 할당한다. 사용 방법은 다음과 같다.

```
string window = "Canvas";
namedWindow(window);
setMouseCallback(window, onMouse);
```

창에 Canvas라는 단어를 사용했지만 원한다면 다른 이름을 사용할 수 있다. onMouse는 윈도우에서 마우스를 사용할 때 반응하는 콜백 함수다. 다음과 같이 정의될 수 있다.

```
void onMouse(int, int x, int y, int, void *)
{
    objectPos.x = x;
    objectPos.y = y;
}
```

위 코드내의 objectPos는 마우스의 마지막 위치를 창에 저장하는 데 사용되는 Point 객체다. 사용할 주요 함수 모두에서 onMouse와 KalmanFilter 클래스를 액세스할 수 있으려면 전역적 정의를 해야 한다. 전역적 정의 방법은 다음과 같다.

```
Point objectPos;
```

이제 실제 추적을 하거나 더 정확한 용어를 사용하고 잡음이 포함된 측정 값을 수정하려면 다음 코드를 사용해야 한다. 코드 다음에서는 코드 내부의 각 동작에 대한 설명을 포함하고 있다.

```
vector<Point> trackRoute;
```

```
while(waitKey(10) < 0)
{
    // 빈 캔버스
    Mat canvas(500, 1000, CV_8UC3, Scalar(255, 255, 255));

    pos (0) = objectPos.x;
    pos (1) = objectPos.y;
    Mat estimation = kalman.correct (pos);

    Point estPt (estimate.at<float> (0),
        estimation.at<float>(1));
    trackRoute.push_back (estPt);
    if (trackRoute.size ()> 100)
        trackRoute.erase (trackRoute.begin ());

    polylines(canvas,
            trackRoute,
            false,
            Scalar(0,0,255),
            5);

    imshow(window, canvas);

    kalman.predict();
}
```

앞의 코드에서는 trackRoute 벡터를 사용해 마지막 100개 프레임에 대한 추정치를
기록한다. 아무 키나 누르면 while 루프로 들어와 프로그램 결과를 보여준다. 루프
내에서 실제로 KalmanFilter 클래스를 사용하는 경우에는 다음 작업을 순서대로 수
행해야 한다.

1. 그릴 캔버스와 추적할 창의 내용에 사용할 빈 Mat 객체를 만든다.
2. objectPos를 읽는다. objectPos는 창에서 마우스의 마지막 위치를 포함하
   고 KalmanFilter 클래스에서 사용할 수 있는 pos 벡터에 저장한다.

3. KalmanFilter 클래스를 사용해 예상치를 읽는다.

4. 예상된 결과를 다시 그리기 위해 사용 가능한 Point 객체로 변환한다.

5. 예상 지점(또는 추적 지점)을 trackRoute 벡터에 저장하고, trackRoute 벡터 항목 수가 예상 지점에서 유지하고자 하는 프레임 수이기 때문에 100을 초과하지 않도록 한다.

6. polylines 함수를 사용해 Point 객체를 trackRoute에 저장하고 경로를 그린다.

7. imshow 함수를 사용해 결과를 표시한다.

8. predict 함수를 사용해 KalmanFilter 클래스의 내부 행렬을 업데이트한다.

추적 프로그램을 실행하고 표시된 창 주위로 마우스 커서를 이동해본다. 다음 스크린 샷에서는 두꺼운 빨간색 선을 사용해 추적 결과가 부드럽게 표시된다.

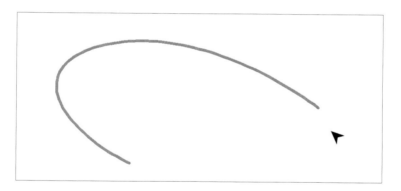

마우스 커서의 위치는 추적 동작보다 앞서 움직이고, 마우스 움직임에 대한 잡음은 거의 완전히 제거된다. KalmanFilter 결과와 실제 측정 값을 더 잘 비교하기 위해선 마우스 움직임을 시각화해야 한다. 앞의 코드에서 trackRoute가 그려진 지점 다음에 루프에 다음 코드를 추가한다.

```
mouseRoute.push_back(objectPos);
if(mouseRoute.size() > 100)
    mouseRoute.erase(mouseRoute.begin());
```

```
polylines(canvas,
          mouseRoute,
          false,
          Scalar(0,0,0),
          2);
```

그리고 while 루프 전에 mouseRoute 벡터를 정의해야 한다.

```
vector<Point> mouseRoute;
```

동일한 애플리케이션에 이 업데이트를 반영한 이후에 결과가 서로 어떻게 다른지 비교해 본다. 동일한 창에 그려진 실제 마우스 움직임 및 수정된 움직임(또는 용어에 따라 추적되거나 필터링된 결과)을 나타낸 또 다른 스크린 샷을 확인해 보자.

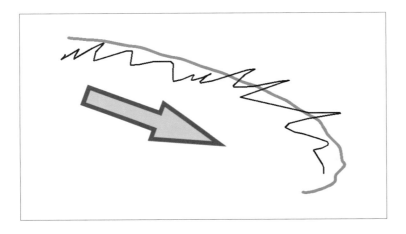

위의 결과에서 화살표는 매우 잡음이 많은 측정(애플리케이션에 따른 마우스 움직임 또는 검출된 객체 위치)에서의 전체적인 방향을 나타내는 데 사용되며 얇은 검은색을 사용해 그려진다. 칼만 필터 알고리즘을 사용해 수정된 결과는 이미지 내에서 두꺼운 빨간색 선으로 그려진다. 마우스를 움직여 보고 그 결과를 시각적으로 비교해 보자. KalmanFilter 내부 행렬에 대해 언급한 내용과 유스 케이스 및 애플리케이션에 따라 값을 설정하는 방법을 다시 기억해 보자. 예를 들어, 프로세스 잡음 공분산이 커지면 잡음 제거가 적어져서 결과적으로 필터링이 덜 적용된다. 이전의 0.000001 값 대신 프로세스 잡음 공분산 값을 **0.001**로 설정하고 같은 프로그램을 다시 한 번 사용해보고 결과를 비교해 보자. 다음은 프로세스 잡음 공분산을 설정하는 방법이다.

```
setIdentity(kalman.processNoiseCov,
            Scalar::all(0.001));
```

이제 프로그램을 다시 한 번 실행해 보자. 그러면 마우스 커서를 창 주위로 움직일 때 잡음 제거가 덜 발생함을 쉽게 알 수 있다.

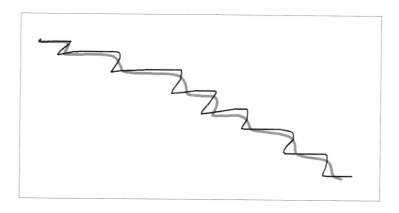

지금까지 프로세스 잡음 공분산에 매우 높은 값을 설정한 결과는 전혀 필터를 사용하지 않은 것과 거의 같을 것이라고 추측할 수 있었다. 따라서, 칼만 필터 알고리즘에 대한 올바른 값을 설정하는 것이 매우 중요하며 애플리케이션별로 다르게 설정해야 하는 이유를 알 수 있었다. 그러나 대부분의 매개변수를 프로그래밍 방식으로 설정하는 방법과 최상의 결과를 얻기 위해 추적이 수행되는 동안 동적으로 설정하는 방법이 있다. 예를 들어, 주어진 순간에 가능한 잡음 양을 결정할 수 있는 함수를 사용해, 측정 잡음을 감소시키기 위해 프로세스 잡음 공분산을 높은 값 또는 낮은 값으로 동적으로 설정할 수 있다.

이젠 KalmanFilter를 사용해 마우스를 움직이는 대신에 CamShift 기능을 사용해 객체에 대한 실제 추적 보정을 수행해 보자. 여기서 사용한 방법은 양쪽이 정확히 동일하다는 것에 유의하자. KalmanFilter 객체를 초기화하고 잡음 양에 따라 매개변수를 설정한다. 간단히 앞 예제에서 마우스 커서를 추적하기 위해 설정한 것과 동일한 매개변수 세트로 시작한 다음에 조정할 수 있다. 여기선 이전 절에서 작성한 것과 동일한 추적 프로그램을 작성해야 한다. 그러나 CamShift(또는 meanShift 함수)를 호출해 검색 창을 업데이트한 직후에 결과를 표시하는 대신, KalmanFilter 클래스를 사용해 결과에 대한 잡음을 제거한다. 다음은 앞의 설명과 비슷한 예제 코드다.

```
CamShift(backProject,
        srchWnd,
        criteria);

Point objectPos(srchWnd.x + srchWnd.width/2,
                srchWnd.y + srchWnd.height/2);

pos(0) = objectPos.x;
pos(1) = objectPos.y;

Mat estimation = kalman.correct(pos);

Point estPt(estimation.at<float>(0),
            estimation.at<float>(1));

drawMarker(frame,
           estPt,
           Scalar(0,255,0),
           MARKER_CROSS,
           30,
           2);

kalman.predict();
```

6장에 대한 온라인 소스 코드 저장소의 코드를 살펴보면 앞 코드를 포함하는 전체 예제 프로젝트를 볼 수 있다. 이 프로젝트의 코드는 KalmanFilter는 탐지/추적된 객체 위치를 보정하기 위해 사용되는 것을 제외하고는 이전 절에서 본 내용과 거의 동일하다. 이전에 마우스 이동 위치에서 읽은 objectPos가 이제 검색 창의 중심점으로 설정된다. 그런 다음 사용하고자 하는 함수를 호출해 예상동작(추정)을 수행하고 보정된 추적 결과에 대해 녹색 십자 기호를 그려 결과를 표시한다. 칼만 필터 알고리즘을 사용하는 것은 검출 및 추적 결과에서 잡음을 제거하는 데 유용하다는 주요 이점 외에도 탐지가 일시적으로 손실되거나 불가능한 경우에 도움이 될 수 있다. 기술적으로는 탐지를 놓치는 것은 극단적으로 잡음으로 볼 수 있으며, 컴퓨터 비전 측면에서의 차이점을 확인해 보고자 한다.

몇 가지 예제를 살펴보고, 칼만 필터가 도움이 될 수 있는 프로젝트를 실험해보고 다른 매개변수 세트를 적용함으로서 측정 수정을 위한 실용적인 알고리즘(예: 잡음이 포함된)이 필요함을 알 수 있다. 이 절에서 학습한 것은 칼만 필터가 사용된 방법(이번 유스 케이스로도 충분)에 대한 아주 간단한 경우였지만 동일한 알고리즘을 사용해 복잡하고 고차원적인 잡음을 제거할 수 있다.

▌ 배경 및 전경 추출 방법

이미지에서 배경 및 전경 콘텐츠의 세분화는 가장 중요한 비디오 및 동작 분석 주제 중 하나이며, 배경과 전경 추출을 위한 매우 실용적이고 사용하기 쉬운 알고리즘을 제공하기 위해 많은 연구가 이뤄졌다. 연구 내용에 대해서는 6장의 마지막 절에서 확인할 수 있다. OpenCV의 최신 버전에는 두 가지 배경 세그멘테이션 알고리즘 구현이 포함된다.

OpenCV 함수 및 클래스와 호환될 수 있고, 더 간단하고, 명확하며, 잘 어울리는 용어를 사용하기 위해 배경/전경 추출과 배경/전경 분할을 배경 세그멘테이션이라고 할 수 있다.

OpenCV에서는 배경 분류에 사용할 수 있는 기본적인 두 알고리즘을 다음과 같이 제공한다.

- BackgroundSubtractorKNN
- BackgroundSubtractorMOG2

위의 두 클래스는 BackgroundSubtractor의 하위 클래스로, 적절한 배경 세그멘테이션 알고리즘을 제공할 수 있는 모든 필요 인터페이스를 포함한다. 배경 세그멘테이션 알고리즘에 대해서는 나중에 자세히 설명하도록 한다. 동일한 결과를 만들 수 있는 알고리즘들 간의 전환이 가능한 다형성^{polymorphism}을 제공하고, 전환이 가능하기 때문에 거의 동일한 방법으로 사용될 수 있다. BackgroundSubtractorKNN 클래스는 낮은 전경 픽셀 수를 가지는 경우에 사용되는 K- 최근접 이웃 세분화 알고리즘을 제공한다. 또한, BackgroundSubtractorMOG2는 가우스 혼합 기반 배경 세그멘테이션 알고리즘을 제공한다. 이러한 알고리즘의 내부 동작 및 구현에 대한 자세한 내용은 OpenCV 온라인 문서를 참조한다. 특히 두 가지 알고리즘에 대한 여러 가지 관련 기사를 살펴보는 것도 좋은 생각이 될 수 있다. 특히 사용자 정의 배경 세그멘테이션 알고리즘을 찾고 있는 경우에 특히 유용하다.

 이미 언급한 알고리즘 외에도 OpenCV의 추가 모듈 bgsegm에는 배경 세그멘테이션에 사용할 수 있는 알고리즘이 많이 존재한다. 이 알고리즘의 사용법은 이번 절에서 설명한 알고리즘과 매우 유사하며 기본 OpenCV에 존재하지 않기 때문에 생략한다.

배경 세그멘테이션의 예

BackgroundSubtractorKNN 클래스와 백그라운드 예제를 사용해 배경 세그멘테이션 알고리즘이 어떻게 사용되는지 살펴본다.

reateBackgroundSubtractorKNN 함수를 사용해 BackgroundSubtractorKNN 유형의 객체를 만들 수 있다. 방법은 다음과 같다.

```
int history = 500;
double dist2Threshold = 400.0;
bool detectShadows = true;
Ptr<BackgroundSubtractorKNN> bgs =
        createBackgroundSubtractorKNN(history,
                                      dist2Threshold,
                                      detectShadows);
```

BackgroundSubtractorKNN 클래스에서 사용되는 매개변수를 이해하려면 먼저 이 알고리즘이 픽셀 히스토리에 대해 샘플링 기술을 사용해 샘플된 배경 이미지를 만드는 것이 중요하다. 즉, history 매개변수는 배경 이미지 샘플링에 사용된 이전 프레임 수를 정의하는 데 사용되며 dist2Threshold 매개변수는 픽셀의 현재 값과 샘플된 배경 이미지에서 해당 픽셀 값 사이의 자승 거리의 임계 값이다. detectShadows는 배경 세그멘테이션에서 그림자가 검출되는지 여부를 결정하는 데 사용되는 자체 설명 매개변수self-explanatory parameter다.

이제 bgs를 사용해 비디오에서 전경 마스크를 추출하고, 이를 사용해 장면에 들어오는 움직임이나 객체를 검출할 수 있다. 이와 관련된 방법은 다음과 같다.

```
VideoCapture cam(0);
if(!cam.isOpened())
    return -1;
```

```
while(true)
{
    Mat frame;
    cam >> frame;
    if(frame.empty())
        break;

    Mat fgMask; // 전경(foreground) 마스크
    bgs->apply(frame,
                fgMask);

    Mat fg; // 전경 이미지
    bitwise_and(frame, frame, fg, fgMask);

    Mat bg; // 배경 이미지
    bgs->getBackgroundImage(bg);

    imshow("Input Image", frame);
    imshow("Background Image", bg);
    imshow("Foreground Mask", fgMask);
    imshow("Foreground Image", fg);

    int key = waitKey(10);
    if(key == 27) // 이스케이프 키
        break;
}

cam.release();
```

이번 코드에서 새롭거나 명백하지 않은 부분들을 빠르게 살펴보자. 먼저 BackgroundSubtractorKNN 클래스의 apply 함수를 사용해 배경/전경 분할 작업을 수행한다. 또한 이 함수는 샘플된 내부 배경 이미지를 업데이트한다. 그런 다음 전경 마스크의 bitwise_and 함수를 사용해 전경 이미지의 내용을 추출한다. 샘플된 배경 이미지 자체를 검색하려면 getBackgroundImage 함수를 사용하면 된다. 마지막 단계

에서는 모든 결과를 표시한다. 다음 그림들은 여러 가지 예제 결과를 나타내며, 예제로 사용되는 기본 장면(왼쪽 위), 추출된 배경 이미지(오른쪽 위), 전경 마스크(왼쪽 아래) 및 전경 이미지(오른쪽 아래)를 보여준다.

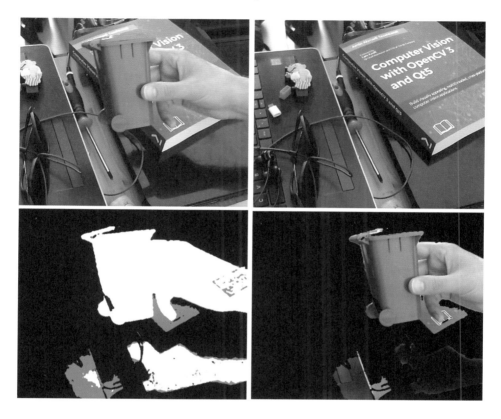

위의 그림에서 장면 내부로 이동한 손의 그림자도 배경 세그멘테이션 알고리즘에 의해 캡처될 수 있다. 이 예제에서는 apply 함수를 사용할 때 learningRate 매개변수는 생략됐다. 이 매개변수는 학습된 배경 모델이 업데이트되는 속도를 설정하는 데 사용할 수 있다. 값이 0이면 모델이 전혀 업데이트되지 않는다는 것을 의미한다. 배경이 일정 기간 동안 동일하게 유지된다고 확신되는 경우엔 매우 유용하게 사용될 수 있다. 값 1.0은 모델이 매우 빠르게 업데이트됨을 의미한다.

예제의 경우와 마찬가지로 이 매개변수에 대한 설정을 건너뛰었으므로 -1.0을 사용하게 되며 알고리즘 자체가 학습 속도를 결정한다. 주목해야 할 또 하나의 중요한 점은 적용 함수apply function를 사용한 결과로 잡음이 많이 존재하는 마스크를 만들 수 있다는 것이다. 이 마스크는 medianBlur와 같은 간단한 블러blur 기능을 사용해 부드럽게 만들 수 있다.

```
medianBlur(fgMask, fgMask, 3);
```

BackgroundSubtractorMOG2 클래스 사용은 BackgroundSubtractorKNN과 매우 유사하다. 다음과 같이 사용하면 된다.

```
int history = 500;
double varThreshold = 16.0;
bool detectShadows = true;
Ptr <BackgroundSubtractorMOG2> bgs =
        createBackgroundSubtractorMOG2(history,
                                        varThreshold,
                                        detectShadows);
```

createBackgroundSubtractorMOG2 함수는 BackgroundSubtractorMOG2 클래스의 인스턴스를 만들기 위해 이전에 본 것과 매우 비슷하게 사용된다. 여기에서 다른 유일한 매개변수는 픽셀 값과 배경 모델을 매칭시키는 데 사용되는 분산 임계 값에 해당하는 varThreshold다. apply 및 getBackgroundImage 함수를 사용하는 것은 두 가지 배경 세그멘테이션 클래스 모두에서 동일하다. 두 알고리즘에서 임계 값을 수정해 매개변수를 통한 시각적 효과가 어떻게 변경되는지 알아보자.

배경 세그멘테이션 알고리즘은 비디오 편집 소프트웨어 또는 배경이 많이 변하지 않는 환경 내에서 객체를 탐지하고 추적하고자 할 때 활용될 수 있다. 6장에서 이전에 학습한 알고리즘과 함께 사용해 향상된 결과를 얻을 수 있는 추적 알고리즘을 만들 수 있다.

▌ 요약

OpenCV의 비디오 분석 모듈에서는 6장에서 학습한 강력한 알고리즘, 함수 및 클래스 모음을 가지고 있다. 연속적인 비디오 프레임 내용을 기반으로 하는 비디오 처리 및 간단한 계산에 대한 아이디어에서 시작해 Mean Shift 알고리즘 및 역 투영 이미지를 사용해 알려진 색상 및 사양을 가진 객체를 추적하는 방법에 대해 알아봤다. Mean Shift 알고리즘의 보다 정교한 버전 내용에 대해서도 알 수 있었으며, 이 알고리즘은 바로 CAM^{Continuously Adaptive Mean Shift} Shift 알고리즘이다. 이 알고리즘을 사용하면 다른 크기의 객체를 처리하고 방향을 결정할 수 있다. 추적 알고리즘에 대해서 살펴보면서 강력한 칼만^{Kalman} 필터와 추적 결과를 노이즈 제거 및 수정하는 데 어떻게 활용할 수 있는지도 배웠고, 칼만 필터를 사용해 마우스 움직임을 추적하고 Mean Shift 및 CAM Shift 알고리즘의 추적 결과를 수정할 수 있었다. 마지막으로는 배경 세그멘테이션 알고리즘을 구현하는 OpenCV 클래스에 대해서도 배웠다. 배경 세그멘테이션 알고리즘을 사용하고 계산된 배경 및 전경 이미지를 출력하는 간단한 프로그램을 작성했다. 지금까지 객체를 실시간으로 탐지하고 추적할 수 있는 가장 널리 사용되는 컴퓨터 비전 알고리즘을 살펴봄으로서 이 알고리즘에 대해서 많이 익숙해졌다.

7장에서는 많은 특징 추출 알고리즘, 함수/클래스 및 특징를 사용해 객체를 검출하거나 키 포인트 및 기술자를 기반으로 이미지에서 유용한 정보를 추출하는 방법을 배울 것이다.

▌ 질문 사항

1. 6장의 카메라를 다루는 모든 예제에서는 하나의 프레임이 손상되거나 프레임이 손상되면 빈 프레임이 검출돼 반환된다. 프로세스가 중지되기 전에 사

전 정의된 횟수만큼 재시도를 하려면 어떤 유형의 수정이 필요한가?

2. `meanShift` 함수를 호출해 Mean Shift 알고리즘을 10회 반복하고 엡실론 값을 0.5로 수행하려면 어떻게 해야 할까?

3. 추적된 객체의 색조 히스토그램을 어떻게 시각화할 수 있을까? `CamShift` 알고리즘이 추적에 사용된다고 가정한다.

4. 필터링된 값과 측정된 값이 겹치도록 `KalmanFilter` 클래스에서 프로세스 잡음 공분산을 설정한다. `KalmanFilter` 클래스의 행동 제어를 위한 모든 행렬 중에 공정 잡음 공분산만 설정한다고 가정한다.

5. 창에서 마우스의 Y 위치가 창의 왼쪽 상단에서 시작해 창 너비와 동일한 크기를 갖는 (채워진) 사각형의 높이를 나타내는 데 사용된다고 가정해 보자. 사각형의 높이(단일 값)를 수정하고 채워진 사각형의 크기 조정을 부드럽게 해주는 마우스 움직임의 노이즈를 제거할 수 있는 칼만 필터를 만들어 보자.

6. 그림자가 변경되는 것을 피하면서 전경 이미지 내용을 추출하기 위해 `BackgroundSubtractorMOG2` 객체를 만든다.

7. 배경 세그멘테이션 알고리즘을 사용해 현재(샘플링된 것과 반대) 배경 이미지를 표시하는 프로그램을 작성해보자.

07

객체 검출
- 특징과 기술자

6장에서는 카메라 또는 비디오 파일에서 읽은 프레임을 처리하는 모든 작업 및 알고리즘을 수행하는 방법, 비디오 처리 방법에 대해 알아봤다. 각 비디오 프레임을 개별이미지로 처리할 수 있으므로 이미지와 거의 동일한 방식으로 비디오에 필터링과 같은 알고리즘을 쉽게 사용할 수 있다. 하나의 개별 프레임에서 작동하는 알고리즘을사용해 비디오를 처리하는 방법을 학습한 후에 객체 검출, 추적 등을 수행하기 위해연속 비디오 프레임을 사용하는 비디오 처리 알고리즘에 대해 알아봤다. 칼만 필터라는 마법을 사용해 객체 추적 결과의 정확도를 향상시키는 방법에 대해 배웠고 배경 및 전경 추출에 대해 학습했다.

6장에서 배웠던 객체 탐지(및 추적) 알고리즘은 객체의 색상에 크게 의존하며, 특히작업에 사용되는 객체와 환경이 조명에 의해서 달라진다면 이 방법은 신뢰도가 낮게된다. 햇빛과 달빛 아래에서 대상의 밝기와 색상은 쉽게 (때로는 극단적으로) 바뀔 수 있으며, 빨간색 신호등과 같이 다른 색상의 빛이 객체 근처에 있는 경우에도 변경될 수 있다. 이러한 탐지의 어려움을 생각해 보면 객체 탐지 방법이 객체 검출 알고리즘에서 기본 방법으로 사용되는 경우에 물리적 형상과 특징을 사용하는 것이 더욱 더 신뢰할 수 있는 이유다. 확실히 이미지의 형상은 색상과는 독립적이다. 원형 객체는 낮이나 밤에도 원형으로 형상이 유지되므로 그러한 객체의 형상을 추출할 수 있는 알고리즘은 해당 객체를 탐지하는 데 더 높은 신뢰도를 가질 수 있다.

7장에서는 이미지의 특징들을 사용해 객체를 검출하고 인식하는 데 사용될 수 있는 컴퓨터 비전 알고리즘, 기능 및 클래스에 대해 학습한다. 형상^{shape} 추출 및 분석에 사용할 수 있는 여러 가지 알고리즘에 대해 알아보고 키 포인트 검출 및 기술자 추출 알고리즘에 대해 배운다. 또한 두 이미지의 기술자를 매칭시켜 이미지에서 알려진 도형의 객체를 검출하는 방법을 학습한다. 이러한 내용 외에도 7장에는 키 포인트와 매칭 결과를 적절하게 시각화하는 데 필요한 기능이 포함된다.

7장에서는 다음 내용에 대해 학습한다.

- 객체 검출을 위한 템플릿 매칭
- 윤곽선 검출 및 형상 분석에 사용
- 윤곽선 계산 및 분석
- 허프^{Hough} 변환을 사용해 선과 원 추출
- 특징 검출, 설명 및 매칭

▌ 기술적 요구 사항

- C++ 또는 파이썬 애플리케이션을 개발하는 IDE
- OpenCV 라이브러리

238

개인용 컴퓨터에서 셋업하는 방법, OpenCV 라이브러리를 사용한 컴퓨터 비전 애플리케이션의 개발 준비 방법에 대한 자세한 내용은 2장, 'OpenCV 시작하기'를 참조한다.

다음 URL을 사용해 7장의 소스 코드와 예제를 다운로드할 수 있다.

https://github.com/PacktPublishing/Hands-On-Algorithms-for-Computer-Vision/tree/master/Chapter07.

객체 검출을 위한 템플릿 매칭

형상 분석 및 특징 분석 알고리즘을 시작하기 전에 사용하기 쉽고 매우 강력한 객체 매칭 탐지 방법인 템플릿 매칭에 대해 배운다. 템플릿 매칭 알고리즘은 객체 형상에 대한 내용을 사용하는 알고리즘의 카테고리에는 속하지 않지만 이전에 얻은 객체의 템플릿 이미지를 사용해 템플릿 매칭 결과와 객체의 알려진 형상, 크기 및 방향을 추출하는 데 사용할 수 있다. OpenCV의 matchTemplate 함수를 사용해 템플릿 매칭 연산을 수행할 수 있다. 다음은 matchTemplate 함수의 전체 사용법을 보여주는 예제다.

```cpp
Mat object = imread("Object.png");
Mat objectGr;
cvtColor(object, objectGr, COLOR_BGR2GRAY);
Mat scene = imread("Scene.png");
Mat sceneGr;
cvtColor(scene, sceneGr, COLOR_BGR2GRAY);

TemplateMatchModes method = TM_CCOEFF_NORMED;

Mat result;
matchTemplate(sceneGr, objectGr, result, method);
```

method는 TemplateMatchModes 열거형의 항목이어야 하며 다음 값 중 하나일 수 있다.

- TM_SQDIFF
- TM_SQDIFF_NORMED
- TM_CCORR
- TM_CCORR_NORMED
- TM_CCOEFF
- TM_CCOEFF_NORMED

각 템플릿 매칭 방법에 대한 자세한 내용은 OpenCV 문서를 참조한다. 이번 절에서는 실제 예제를 통해서 matchTemplate 함수를 실제로는 어떻게 사용하는지를 배울 수 있고 각 메소드가 다른 유형의 결과를 만들고 결과에 대해서는 다르게 해석해야 함을 알아둬야 한다. 앞 예제에서는 객체 이미지와 장면 이미지를 사용해 장면내의 객체를 검출한다. 다음 이미지들은 사용할 대상(왼쪽)과 장면(오른쪽)이라고 가정한다.

템플릿 매칭의 가장 단순한 개념은 왼쪽 이미지를 포함할 가능성이 가장 높은 오른쪽 이미지, 즉 템플릿 이미지를 찾는 것이다. matchTemplate 함수는 확률 분포 값을

제공하며, 매칭 방법에 따라서 달라질 수 있다. 이 개념을 더 잘 이해하기 위해서는 matchTemplate 함수의 결과를 시각화해야 한다. 주목해야 할 또 다른 중요한 점은 _NORMED로 끝나는 메서드 중 하나를 사용하면 matchTemplate 함수의 결과를 제대로 시각화할 수 있다는 것이다. 즉, 정규화된 결과를 포함한다는 의미이며, 그렇지 않으면 정규화된 메서드를 사용해 OpenCV imshow 함수의 표시 가능한 범위 내의 값을 포함하는 결과를 생성해야 한다. 이를 위해서는 다음과 같이 수행할 수 있다.

```
normalize(result, result, 0.0, 1.0, NORM_MINMAX, -1);
```

이 함수를 사용해 result의 모든 값을 0.0과 1.0의 범위로 변환한 다음에 올바르게 표시할 수 있다. imshow 함수를 사용해 결과 이미지를 표시하는 방법은 다음과 같다.

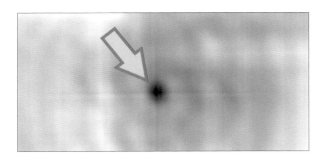

앞서 언급했듯이 matchTemplate 함수의 사용 결과와 해석 방법은 사용된 템플릿 매칭 방법에 따라 달라진다. 템플릿 매칭을 위해 TM_SQDIFF 또는 TM_SQDIFF_NORMED 메서드를 사용하는 경우 템플릿 이미지를 포함할 가능성이 가장 높은 결과의 전역 최소 지점을 찾아야 한다(앞의 이미지에서 화살표를 사용해 표시됨).

다음은 템플릿 매칭 결과에서 전역 최솟값(전역 최댓값 등과 함께)을 찾는 방법이다.

```
double minVal, maxVal;
point minLoc, maxLoc;
minMaxLoc(result, & minVal, & maxVal, & minLoc, & maxLoc);
```

템플릿 매칭 알고리즘은 크기와 방향이 고정된 객체에서만 동작하므로, 왼쪽 위 포인트는 minLoc 포인트와 같고 객체의 경계를 나타내는 사각형으로는 크기가 템플릿 이미지와 동일한 사각형이 가장 좋다. 다음의 샘플 코드를 사용해 나은 비교를 위해 장면 이미지에 결과를 그릴 수 있다.

```
Rect rect(minLoc.x,
          minLoc.y,
          object.cols,
          object.rows);

Scalar color(0, 0, 255);
int thickness = 2;
rectangle(scene,
          rect,
          color,
          thickness);
```

다음 그림은 matchTemplate 함수를 사용해 수행된 객체 검출 작업의 결과를 보여준다.

TM_CCORR, TM_CCOEFF 또는 정규화된 버전을 사용하는 경우에 전역 최대 포인트를 템플릿 이미지가 포함될 가능성이 가장 높은 지점으로 사용해야 한다.

다음 그림은 matchTemplate 함수와 함께 사용되는 TM_CCOEFF_NORMED 메소드의 사용 결과를 보여준다.

결과 이미지에서의 가장 밝은 포인트는 장면 이미지내 템플릿 이미지의 왼쪽 위 포인트에 해당한다.

템플릿 매칭 학습을 끝내기 전에 결과 이미지를 매칭시키는 템플릿의 너비와 높이가 장면 이미지보다 작다는 점을 유의해야 한다. 이는 템플릿 매칭 결과 이미지가 템플릿 이미지의 왼쪽 위 포인트만 포함할 수 있기 때문에, 장면 이미지의 너비와 높이에서 템플릿 이미지의 너비와 높이를 뺀 결과를 통해서 템플릿 매칭 결과 이미지의 너비와 높이를 얻을 수 있다.

▌ 모서리와 에지 검출하기

이미지를 픽셀 단위로 비교하는 것과 이미지에 객체가 있는지 여부를 판단하는 것, 객체가 예상된 형상인지 아닌지를 결정하는 것이 항상 가능하지는 않다. 그리고 여기서 나열하기 어려운 훨씬 더 많은 시나리오를 처리하는 것도 항상 가능하지 않다.

따라서 이미지의 내용을 해석하는 똑똑한 방법으로 이미지 내의 의미 있는 특징을 찾고 그 특징에 대한 해석 근거로 삼는 것이 바로 그 이유다. 컴퓨터 비전에서 특징이라는 용어는 키포인트와 동의어이므로 이 책에서 이 2개를 서로 바꿔 사용하더라도 놀라지 않기 바란다. 사실 이미지에서 가장 보편적으로 사용되는 특징이라는 단어는 일반적으로 이미지내 객체와 형상의 모서리/에지에서 발생할 수 있는 색상 강도의 갑작스런 변화가 있는 이미지의 핵심 포인트를 의미한다. 하지만, 키포인트라는 단어가 개념을 설명하는 데 더 적합하다.

이 절에서는 가장 중요하고 널리 사용되는 키포인트 검출 알고리즘이며 거의 모든 특징 기반 객체 검출 알고리즘의 기초가 되는 모서리 및 에지 검출 알고리즘에 대해 학습한다.

해리스 모서리 탐지 알고리즘 학습

가장 잘 알려진 모서리 및 에지 검출 알고리즘 중 하나는 OpenCV의 cornerHarris 기능에 구현된 해리스^{Harris} 모서리 검출 알고리즘이다.

이 함수의 사용법은 다음과 같다.

```
Mat image = imread("Test.png");
cvtColor(image, image, COLOR_BGR2GRAY);

Mat result;
int blockSize = 2;
int ksize = 3;
double k = 1.0;
cornerHarris(image,
             result,
             blockSize,
             ksize,
             k);
```

blockSize는 해리스 모서리 검출 알고리즘이 2 × 2 그레디언트 공분산 행렬을 계산할 때 사용할 정사각형 블록의 너비와 높이를 결정한다. ksize는 해리스 알고리즘에 의해 내부적으로 사용되는 Sobel 연산자의 커널 크기다. 앞의 예제는 해리스 알고리즘 매개변수 중 가장 일반적으로 사용되는 집합 중 하나를 보여준다. 그렇지만, 해리스 모서리 탐색 알고리즘 및 내부의 수학과 관련된 자세한 내용들에 대해서는 OpenCV 문서를 참조한다. 앞의 예제 코드에서 result 객체가 다음 예제 코드를 사용해 정규화되지 않는 한 표시할 수 없음을 유의해야 한다.

```
normalize(result, result, 0.0, 1.0, NORM_MINMAX, -1);
```

다음은 OpenCV imshow 함수를 사용해 정규화되고 표시될 때 앞의 예제에서 해리스 모서리 검출 알고리즘을 적용한 결과를 보여준다.

OpenCV 라이브러리에는 GFTT^Good Features to Track라는 또 다른 유명한 모서리 검출 알고리즘이 포함돼 있다. GFTT 알고리즘을 사용하기 위해 OpenCV의 goodFeaturesToTrack 함수를 이용해 다음 예제와 같이 모서리를 검출할 수 있다.

```
Mat image = imread("Test.png");
Mat imgGray;
cvtColor(image, imgGray, COLOR_BGR2GRAY);

vector<Point2f> corners;
```

```
int maxCorners = 500;
double qualityLevel = 0.01;
double minDistance = 10;
Mat mask;
int blockSize = 3;
int gradientSize = 3;
bool useHarrisDetector = false;
double k = 0.04;
goodFeaturesToTrack(imgGray,
                    corners,
                    maxCorners,
                    qualityLevel,
                    minDistance,
                    mask,
                    blockSize,
                    gradientSize,
                    useHarrisDetector,
                    k);
```

이 함수는 단일 채널 이미지를 필요로 하므로 다른 작업을 하기 전에 BGR 이미지를
그레이 스케일로 변환했다. 또한 이 함수는 maxCorners 값을 사용해 탐지된 모서리
의 수를 제한하고 maxCorners를 음수 또는 0으로 설정해 검출된 모든 모서리가 반
환되도록 한다. 이미지의 가장 좋은 부분을 찾고 있으므로 사용 환경에 따라 적당한
값을 설정해야 한다. qualityLevel은 검출된 모서리에 적용하는 내부 임계 값이다.
minDistance는 반환된 모서리 사이에 허용되는 최소 거리다. 이것은 알고리즘이 사
용될 환경에 완전히 의존하는 또 다른 매개변수다. 다른 매개변수들은 6장과 7장에
서 살펴본 다른 알고리즘에서 살펴봤다. 이 함수는 해리스 모서리 검출 알고리즘을
통합하므로 useHarrisDetector를 true로 설정하면 결과 특징이 해리스 모서리 검
출 알고리즘을 사용해 계산된다.

goodFeaturesToTrack 함수는 Mat 객체 대신 Point 객체(Point2f가 정확) 집합을 반
환한다는 사실을 이미 알고 있을 것이다. 반환된 모서리 벡터에는 GFTT 알고리즘을

사용해 이미지에서 검출할 수 있는 최고로 좋은 모서리가 포함돼 있으므로 다음 예제와 같이 drawMarker 함수를 사용해 결과를 시각화할 수 있다.

```
Scalar color(0, 0, 255);
MarkerTypes markerType = MARKER_TILTED_CROSS;
int markerSize = 8;
int thickness = 2;
for(int i=0; i<corners.size(); i++)
{
    drawMarker(image,
               corners[i],
               color,
               markerType,
               markerSize,
               thickness);
}
```

다음은 앞의 예제와 goodFeaturesToTrack 함수를 사용해 모서리를 검출한 결과다.

GFTTDetector 클래스를 사용해 goodFeaturesToTrack 함수와 비슷한 방식으로 모

서리를 검출할 수도 있다. 차이점은 반환된 유형이 KeyPoint 객체의 벡터라는 점이다. 많은 OpenCV 함수와 클래스는 키포인트의 위치에 해당하는 Point 객체 대신 **KeyPoint** 클래스를 사용해 검출된 키포인트의 다양한 속성을 반환한다. 다음 코드가 무엇을 의미하는지 살펴보자.

```
Ptr<GFTTDetector> detector =
  GFTTDetector::create(maxCorners,
                       qualityLevel,
                       minDistance,
                       blockSize,
                       gradientSize,
                       useHarrisDetector,
                       k);

vector<KeyPoint> keypoints;
detector->detect(image, keypoints);
```

GFTTDetector::create 함수에 전달된 매개변수는 goodFeaturesToTrack 함수에서 사용한 매개변수와 동일하다. 주어진 매개변수를 모두 생략하고 다음을 작성해 모든 매개변수에 대한 기본 및 최적 값을 사용할 수도 있다.

```
Ptr<GFTTDetector> detector = GFTTDetector::create();
```

이전 예제에서의 KeyPoint 클래스와 detect 함수를 사용한 결과로 돌아가 보자. 탐지된 모든 포인트에 루프를 사용해 이미지 위에 그릴 수 있다. 그렇지만, **GFTTDetector** 클래스를 사용하면 drawKeypoints라는 기존 OpenCV 함수를 사용해 검출된 모든 키포인트를 제대로 시각화할 수 있으므로 일일이 넣는 작업은 불필요하다. 이 함수를 사용하는 방법은 다음과 같다.

```
Mat outImg;
drawKeypoints(image,
              keypoints,
              outImg);
```

drawKeypoints 함수는 KeyPoints 벡터의 모든 KeyPoint 객체를 사용해 이미지에 추가(임의의) 색상으로 표현하고 결과를 outImg 객체에 저장한다. 객체는 imshow 함수를 호출해 표시할 수 있다. 다음 그림은 앞의 예제 코드를 사용해 호출된 drawKeypoints 함수의 결과다.

drawKeypoints 함수는 임의 색상 대신 특정 색상을 사용하려는 경우에 추가(임의의) 색상 매개변수와 함께 제공될 수 있다. 또한 탐지된 키포인트의 시각화된 결과 정확도를 향상시키는 데 사용할 수 있는 플래그 매개변수를 제공할 수도 있다. 예를 들어 플래그가 DRAW_RICH_KEYPOINTS로 설정된 경우 drawKeypoints 함수는 키포인트의 추가 속성을 시각화하기 위해 검출된 각 키포인트의 크기 및 방향 값을 사용한다.

각 KeyPoint 객체에는 계산에 사용된 알고리즘에 따라 다음 속성이 포함될 수 있다.

- pt: 키포인트의 좌표를 포함하는 Point2f 객체다.
- size: 의미를 가지는 키포인트 직경값이다.
- angle: 키 포인트의 방향(도 단위)을 나타내며 적용할 수 없는 경우에는 −1을 나타낸다.
- response: 알고리즘에 의해 결정된 키포인트의 강도(strength)다.
- octave: 키포인트가 추출된 옥타브(octave) 또는 피라미드(pyramid) 레이어다. 옥타브를 사용하면 동일한 이미지에서 다른 스케일로 검출된 키포인트를 처리할 수 있다. 이 값을 설정하는 알고리즘에서는 일반적으로 입력 옥타브 매개변수를 사용한다. 이 매개변수는 키포인트를 추출하는 데 사용되는 이미지의 옥타브(또는 크기) 값을 정의하는 데 사용된다.
- class_id: 이 정수형 매개변수는 키포인트를 그룹화하는 데 사용할 수 있다. 예를 들어 키포인트가 단일 객체에 속한 경우 동일한 class_id 값을 선택적으로 가질 수 있다.

해리스 및 GFTT 알고리즘 외에도 FastFeatureDetector 클래스를 사용하는 FAST 모서리 검출 알고리즘과 GFTTDetector 클래스 사용법과 유사한 AgastFeatureDetector 클래스를 사용하는 AGAST 모서리 검출 알고리즘(가속 세그먼트 테스트를 기반으로 하는 적응 및 일반 모서리 검출 알고리즘)을 사용할 수 있다. 이 모든 클래스는 OpenCV 라이브러리의 features2d 모듈에 속하며 Feature2D 클래스의 모든 하위 클래스이므로 해당 클래스의 인스턴스를 만드는 정적 생성 함수와 이미지에서 키포인트를 추출하는 데 사용할 수 있다.

다음은 모든 기본 매개변수를 사용한 FastFeatureDetector의 활용 예제다.

```
int threshold = 10;
bool nonmaxSuppr = true;
int type = FastFeatureDetector::TYPE_9_16;
Ptr<FastFeatureDetector> fast =
        FastFeatureDetector::create(threshold,
                                    nonmaxSuppr,
                                    type);
vector<KeyPoint> keypoints;
fast->detect(image, keypoints);
```

너무 많은 모서리가 검출되면 임계 값을 높이면 된다. 또한 FastFeatureDetector 클래스에서 사용되는 type 매개변수에 대한 자세한 내용은 OpenCV 문서를 참조한다. 앞서 언급했듯이 앞의 예제 코드에서 모든 매개변수를 생략하면 모든 매개변수의 기본값을 사용하게 된다.

AgastFeatureDetector 클래스 사용은 FastFeatureDetector 사용과 매우 유사하다. 다음과 같이 사용할 수 있다.

```cpp
int threshold = 10;
bool nonmaxSuppr = true;
int type = AgastFeatureDetector::OAST_9_16;
Ptr<AgastFeatureDetector> agast =
        AgastFeatureDetector::create(threshold,
                                      nonmaxSuppr,
                                      type);
vector<KeyPoint> keypoints;
agast->detect(image, keypoints);
```

에지 검출 알고리즘을 살펴보기 전에 OpenCV은 AGAST 및 FAST 함수를 지원한다는 것을 알아야 한다. 이 함수들은 해당 알고리즘을 직접적으로 사용할 수 있도록 지원하며, 인스턴스를 통해서 해당 알고리즘을 사용하지 않아도 되도록 지원한다.

그러나 이러한 알고리즘을 구현한 클래스를 사용하면 다형성을 사용하는 알고리즘 간에 전환이 가능하다는 이점을 가지게 된다. 다음은 다형성을 사용해 모서리 검출 알고리즘의 클래스 구현 이점을 활용하는 방법을 보여주는 간단한 예제다.

```cpp
Ptr<Feature2D> detector;
switch (algorithm)
{

  case 1:
      detector = GFTTDetector::create();
```

```
            break;

        case 2:
            detector = FastFeatureDetector::create();
            break;

        case 3:
            detector = AgastFeatureDetector::create();
            break;

        default:
            cout << "Wrong algorithm!" << endl;
            return 0;

    }

    vector<KeyPoint> keypoints;
    detector->detect(image, keypoints);
```

앞의 예제에서 algorithm은 런타임에 설정할 수 있는 정숫값이며 Feature2D 유형을
사용하는 detector 객체에 할당된 모서리 검출 알고리즘 또는 모든 모서리 검출 알
고리즘들의 기본 클래스를 변경한다.

에지 검출 알고리즘

지금까지 다양한 모서리 검출 알고리즘들을 살펴봤으며, 이제 컴퓨터 비전에서 형상
분석을 할 때 중요하게 사용할 수 있는 에지 검출 알고리즘을 살펴볼 것이다.

OpenCV는 이미지에서 에지를 추출하는 데 사용할 수 있는 많은 알고리즘을 가지
고 있다. 여기서 배우고자 하는 첫 번째 에지 검출 알고리즘은 라인 세그먼트 검출
알고리즘이라고 하며, 다음 예제와 같이 LineSegmentDetector 클래스를 사용해 수
행할 수 있다.

```
Mat image = imread("Test.png");
Mat imgGray;
cvtColor(image, imgGray, COLOR_BGR2GRAY);

Ptr<LineSegmentDetector> detector = createLineSegmentDetector();

vector<Vec4f> lines;
detector->detect(imgGray,
                 lines);
```

여기서 LineSegmentDetector 클래스는 단일 채널 이미지를 입력으로 사용하고 선들로 이뤄진 vector를 생성한다. 결과의 각 행은 Vec4f 또는 $x1$, $y1$, $x2$ 및 $y2$ 값을 나타내는 네 개의 부동 소수점 값, 즉 각 선을 형성하는 두 포인트들의 좌표다. 다음 예제와 같이 drawSegments 함수를 사용해 LineSegmentDetector 클래스의 detect 함수 결과를 시각화할 수 있다.

```
Mat result(image.size(),
           CV_8UC3,
           Scalar(0, 0, 0));

detector->drawSegments(result,
                       lines);
```

결과 값으로 얻은 선들을 시각화하는 방법에서 좀 더 세밀히 제어하려면, 다음 예제와 같이 선 벡터를 수동으로 그린다.

```
Mat result(image.size(),
           CV_8UC3,
           Scalar(0, 0, 0));

Scalar color(0,0,255);
int thickness = 2;
```

```
for(int i=0; i<lines.size(); i++)
{
    line(result,
        Point(lines.at(i)[0],
            lines.at(i)[1]),
        Point(lines.at(i)[2],
            lines.at(i)[3]),
        color,
        thickness);
}
```

다음 그림은 앞의 예제 코드에서 사용된 선분 검출^{line-segment-detection} 알고리즘의 결과를 보여준다.

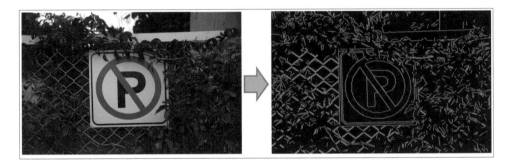

LineSegmentDetector 클래스 동작을 사용자 정의하기 위한 방법에 대한 자세한 내용은 createLineSegmentDetector 및 해당 매개변수에 대한 문서를 참조한다. 이 예제에서는 모든 입력 매개변수를 생략하고 LineSegmentDetector 클래스의 매개변수에 설정된 기본값을 사용한다.

LineSegmentDetector 클래스의 또 다른 기능은 라인 두 세트를 비교해 겹치지 않는 픽셀 수를 찾고, 시각적 비교를 위해 비교 결과를 출력 이미지에 그려 보는 것이다. 이 동작은 다음과 같이 사용할 수 있다.

```
vector<Vec4f> lines1, lines2;
```

```
detector->detect(imgGray1,
                  lines1);

detector->detect(imgGray2,
                  lines2);

Mat resultImg(imageSize, CV_8UC3, Scalar::all(0));
int result = detector->compareSegments(imageSize,
                                       lines1,
                                       lines2,
                                       resultImg);
```

앞의 코드에서 imageSize는 선을 추출한 입력 이미지의 크기가 포함된 Size 객체다.
결과 값은 비교 함수 또는 compareSegments 함수의 결과이며 정숫값이다. 픽셀이 완
전히 겹치는 경우에는 값은 0이 된다.

다음 에지 검출 알고리즘은 OpenCV에서 동일한 이름의 함수이며 컴퓨터 비전에서
가장 널리 사용되는 Canny 알고리즘이라는 에지 검출 알고리즘 중 하나다. Canny 함
수의 가장 큰 장점은 입력 매개변수가 단순하다는 점이다. 먼저 사용 방법에 대한 예
를 살펴본 다음에 세부 정보를 살펴본다.

```
Mat image = imread("Test.png");

double threshold1 = 100.0;
double threshold2 = 200.0;
int apertureSize = 3;
bool L2gradient = false;
Mat edges;
Canny(image,
      edges,
      threshold1,
      threshold2,
      apertureSize,
```

```
L2gradient);
```

임계 값(threshold1, threshold2)은 입력 이미지를 임계 값 처리하기 위한 하위 및 상위 바운드 값이다. apertureSize는 내부 Sobel 연산자의 어퍼츄어^apertuer 크기를 나타내며, L2gradient는 그라디언트^gradient 이미지를 계산할 때 정확한 L2 놈^Norm 활성화/비활성화를 위해 사용한다. Canny 함수를 사용한 결과는 그레이 스케일 이미지이며, 에지가 검출되는 흰색 픽셀과 나머지 픽셀에 대한 검정색 픽셀을 포함한다. 이러한 방법을 통해서 Canny 함수의 결과는 마스크가 필요한 곳에서 적합한 마스크로 사용되거나, 윤곽선^contour을 추출하기 위한 적절한 포인트 집합으로 만들어진다.

다음 그림은 앞의 예제에서 사용된 Canny 함수의 결과를 보여준다.

앞서 언급했듯이 Canny 함수의 결과는 이진 이미지를 필요로 하는 알고리즘이며, 검정 및 흰색 픽셀 값만 포함하는 그레이 스케일 이미지를 입력으로 사용한다. 다음 학습할 알고리즘은 이전의 Canny 함수의 결과가 입력으로 사용돼야 하며 이를 허프^Hough 변환이라고 한다. 허프 변환은 이미지에서 선을 추출하는 데 사용할 수 있으며 OpenCV 라이브러리의 HoughLines 함수에서 구현됐다.

1. 다음과 같이 Canny 함수를 호출해 입력 이미지의 에지를 검출한다.

```
Mat image = imread("Test.png");
```

```
double threshold1 = 100.0;
double threshold2 = 200.0;
int apertureSize = 3;
bool L2gradient = false;
Mat edges;
Canny(image,
      edges,
      threshold1,
      threshold2,
      apertureSize,
      L2gradient);
```

2. 탐지된 에지에서 선을 추출하려면 HoughLines 함수를 사용한다.

```
vector<Vec2f> lines;
double rho = 1.0; // 1 픽셀, r 해상도
double theta = CV_PI / 180.0; // 1도, 세타 분해능
int threshold = 100; // 선 "탐지" 교차점의 최소 수
HoughLines(edges,
           lines,
           rho,
           theta,
           threshold);
```

3. 다음 코드를 사용해 표준 좌표계에서 포인트를 추출하고 입력 이미지 위에
   포인트를 그린다.

```
Scalar color(0,0,255);
int thickness = 2;
for(int i=0; i<lines.size(); i++)
{
    float rho = lines.at(i)[0];
    float theta = lines.at(i)[1];
    Point pt1, pt2;
```

```
        double a = cos(theta);
        double b = sin(theta);
        double x0 = a*rho;
        double y0 = b*rho;
        pt1.x = int(x0 + 1000*(-b));
        pt1.y = int(y0 + 1000*(a));
        pt2.x = int(x0 - 1000*(-b));
        pt2.y = int(y0 - 1000*(a));
        line( image, pt1, pt2, color, thickness);
    }
```

다음 그림은 이전 예제의 결과를 왼쪽에서 오른쪽으로 나타냈으며, 원래 이미지를
보여주고 Canny 함수를 사용해 검출된 에지, HoughLines 함수를 사용해 검출된 선과
마지막으로 출력된 이미지를 나타냈다.

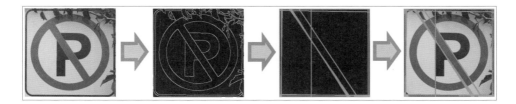

좌표계 변경을 처리하지 않으려면 HoughLinesP 함수를 사용해 각 검출된 선을 형성
하는 포인트들을 직접 추출하면 된다. 다음과 같이 사용한다.

```
vector<Vec4f> lines;
double rho = 1.0; // 1 픽셀, r 해상도
double theta = CV_PI / 180.0; // 1도, 세타 분해능
int threshold = 100; // 선을 "검출"하는 최소 교차점 수
HoughLinesP(edges,
            lines,
            rho,
            theta,
            threshold);
```

```
Scalar color(0, 0, 255);
int thickness = 2;
for(int i=0; i<lines.size(); i++)
{
    line(image,
        Point(lines.at(i)[0],
            lines.at(i)[1]),
        Point(lines.at(i)[2],
            lines.at(i)[3]),
        color,
        thickness);
}
```

허프 변환은 매우 강력하며, OpenCV는 OpenCV 문서와 온라인 리소스를 사용했을 때 발견할 수 있는 허프 변환 알고리즘의 다양한 변형을 지원한다. Canny 알고리즘을 사용하는 것은 허프 변환의 전제 조건이며, 다음 절에서 볼 수 있듯이 이미지의 객체 형상을 다루는 많은 알고리즘의 전제 조건이다.

▌윤곽선 계산 및 분석

이미지 형상shape과 객체의 윤곽선은 그 객체를 설명하고 분석하는 데 사용할 수 있는 중요한 시각적 속성이다. 컴퓨터 비전에서도 윤곽선은 필요한 요소이므로, 이미지의 객체 윤곽을 계산하거나 영역을 계산하는 데 윤곽선을 사용할 수 있는 알고리즘이 컴퓨터 비전에 상당히 많이 존재한다.

다음 그림은 두 3D 객체에서 추출된 두 윤곽선을 보여준다.

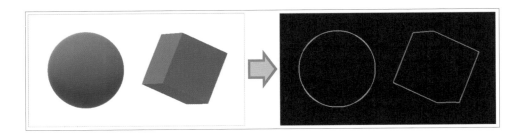

OpenCV는 이미지에서 윤곽선을 추출하는 데 사용할 수 있는 findContours라는 함수를 포함한다. 이 함수는 윤곽선을 나타내기에 가장 적합한 후보 픽셀을 포함하는 적절한 이진 이미지를 제공한다. 예를 들어, Canny 함수의 결과는 적합하다. 다음 예제에서는 이미지의 윤곽선을 계산하는 데 필요한 단계들을 보여준다.

1. 다음과 같이 Canny 함수를 사용해 모서리를 찾는다.

```
Mat image = imread("Test.png");
Mat imgGray;
cvtColor(image, imgGray, COLOR_BGR2GRAY);

double threshold1 = 100.0;
double threshold2 = 200.0;
int apertureSize = 3;
bool L2gradient = false;
Mat edges;
Canny(image,
      edges,
      threshold1,
      threshold2,
      apertureSize,
      L2gradient);
```

2. findContours 함수로 검출된 모서리를 사용해 윤곽선을 계산한다. 각 윤곽선은 Point 객체의 vector이므로 모든 윤곽선은 Point 객체 vector의

vector다.

```
vector<vector<Point> > contours;
int mode = CV_RETR_TREE;
int method = CV_CHAIN_APPROX_TC89_KCOS;
findContours(edges,
             contours,
             mode,
             method);
```

앞의 예제에서 윤곽 검색 모드는 **CV_RETR_TREE**로 설정하고 윤곽 근사 메소드 값은 **CV_CHAIN_APPROX_TC89_KCOS**로 설정한다.

가능한 모드와 메서드 목록을 직접 살펴보고 결과를 비교해 사용하고자 하는 사례에 가장 적합한 매개변수를 사용해야 한다.

3. 탐지된 윤곽을 시각화하는 일반적인 방법은 RNG 클래스 또는 난수 생성기 클래스를 사용해 검출된 각 윤곽에 대해 임의의 색상을 생성하는 것이다. 다음 예제에서는 drawContours 함수와 함께 RNG 클래스를 사용해 findContours 함수의 결과를 시각화하는 방법을 살펴본다.

```
RNG rng (12345); // 임의의 숫자

Mat result(edges.size(), CV_8UC3, Scalar(0));
int thickness = 2;
for( int i = 0; i< contours.size(); i++ )
{
    Scalar color = Scalar(rng.uniform(0, 255),
                          rng.uniform(0,255),
                          rng.uniform(0,255) );
    drawContours(result,
                 contours,
                 i,
                 color,
```

```
                thickness);
}
```

다음 그림에서는 Canny 및 findContours 함수의 결과를 보여준다.

오른쪽 이미지의 다른 색상은 findContours 함수를 사용해 검출된 전체 윤곽을 의미한다.

윤곽선을 계산한 후 윤곽선 분석 기능을 사용해 이미지 객체의 형상을 추가로 수정하거나 분석할 수 있다. 주어진 윤곽선의 면적을 계산하는 데 사용할 수 있는 contourArea 함수부터 시작해 보자. 이 함수의 사용법은 다음과 같다.

```
double area = contourArea(contour);
```

검출됐지만 특정 기준을 통과하지 못하는 윤곽선에 대해서는 임계 값을 사용해 무시할 수 있다. 예를 들어, drawContours 함수를 사용했던 앞의 예제 코드에서, 사전 정의된 임계 값보다 작은 영역을 가지는 윤곽선은 제거 가능하다. 이와 관련해서는 다음과 같이 사용할 수 있다.

```
for(int i = 0; i< contours.size(); i++)
{
    if(contourArea(contours[i]) > thresholdArea)
    {
```

```
        drawContours(result,
                     contours,
                     i,
                     color,
                     thickness);
    }
}
```

contourArea 함수의 두 번째 매개변수(부울 매개변수)를 true로 설정하면 윤곽 영역에서 방향이 고려되므로 윤곽선의 방향에 따라 영역의 양수 또는 음수 값을 얻을 수 있다.

아주 편리하게 사용할 수 있는 또 다른 윤곽 분석 기능은 pointPolygonTest 함수다. 이름에서 추측할 수 있듯이 이 함수는 폴리곤 내 포인트[point-in-polygon] 테스트 또는 윤곽선 내 포인트[point-in-contour] 테스트를 수행하는 데 사용된다. 이 함수의 사용법은 다음과 같다.

```
Point pt(x, y);
double result = pointPolygonTest(contours[i], Point(x,y), true);
```

결과가 0이면 테스트 포인트가 윤곽선의 에지에 있음을 의미한다. 음의 결과 값은 테스트 포인트가 바깥에 있음을 의미하고 양의 결과값은 테스트 포인트가 윤곽 안에 있음을 의미한다. 값 자체는 테스트 포인트와 가장 가까운 형상 모서리 사이의 거리다.

윤곽선이 볼록인지 아닌지를 확인하려면 다음 예제와 같이 isContourConvex 함수를 사용한다.

```
bool isIt = isContourConvex(contour);
```

두 개의 윤곽을 서로 비교할 수 있다면 아마도 윤곽 및 형상 분석 처리 시 가장 필요한 알고리즘으로 사용될 수 있다. OpenCV의 matchShapes 함수를 사용해 두 개의 윤곽선을 비교하고 매칭시킬 수 있다. 이 함수의 사용법은 다음과 같다.

```
ShapeMatchModes method = CONTOURS_MATCH_I1;
double result = matchShapes(cntr1, cntr2, method, 0);
```

메서드는 다음 값 중 하나를 사용할 수 있지만 마지막 매개변수는 사용된 메서드에 의해 지정되지 않는 한 항상 0으로 설정해야 한다.

- CONTOURS_MATCH_I1
- CONTOURS_MATCH_I2
- CONTOURS_MATCH_I3

위의 윤곽선 매칭 메소드 목록 간의 수학적 측면의 차이점에 대한 자세한 내용은 OpenCV 문서를 참조한다.

윤곽선의 경계를 찾을 수 있다는 것은 정확하게 위치를 알 수 있다는 의미이며 예를 들어 다른 컴퓨터 비전 알고리즘을 사용해 추적하거나 수행할 때 사용될 수 있는 영역을 찾을 수 있다. findContours 함수를 사용해 다음 이미지와 그 단일 윤곽을 검출했다고 가정해 본다.

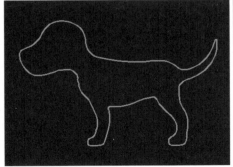

이 윤곽을 가지고, 지금까지 학습한 윤곽 및 형상 분석 알고리즘을 수행할 수 있다. 또한 OpenCV 함수를 사용해 추출된 윤곽의 위치를 파악할 수 있다. 주어진 포인트 집합이나 윤곽선을 포함하는 최소한의 직사각형(Rect 객체)을 찾는 데 사용되는 boundingRect 함수부터 살펴보자. 이 함수를 사용하는 방법은 다음과 같다.

```
Rect br = boundingRect(contour);
```

다음 결과는 앞선 샘플 코드에서 boundingRect를 사용해 획득한 직립 사각형을 그린 것이다.

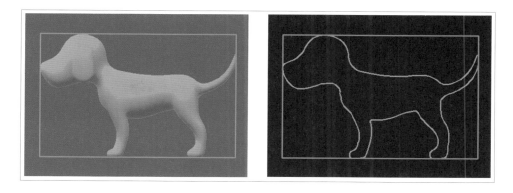

마찬가지로 minAreaRect 함수를 사용해 주어진 포인트 집합 또는 윤곽선이 포함된 최소 회전 사각형을 찾을 수 있다. 다음과 같이 사용한다.

```
RotatedRect br = minAreaRect(contour);
```

다음 코드를 사용해 직사각형을 회전하고 시각화할 수 있다.

```
Point2f points[4];
br.points(points);
for(int i=0; i<4; i++)
```

```
line(image,
    points[i],
    points[(i+1)%4],
    Scalar(0,0,255),
    2);
```

타원 함수를 사용해 타원을 그리거나 회전 직사각형을 포함한 두 가지 작업을 모두 수행할 수 있다. 그러면 다음과 비슷한 결과를 얻을 수 있다.

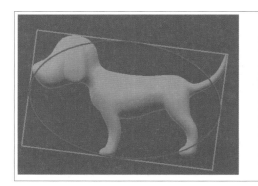
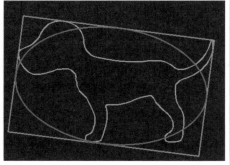

윤곽선의 최소 직립^{upright} 및 회전 경계 사각형을 찾는 알고리즘 외에도 minEnclosing Circle 및 minEnclosingTriangle 함수를 사용해 주어진 포인트 집합 또는 윤곽선을 가지는 최소 경계 원과 사각형을 찾을 수 있다. 다음은 이러한 함수를 사용하는 방법에 대한 예를 보여준다.

```
// 최소 경계 원을 검출한다.
Point2f center;
float radius;
minEnclosingCircle(contour, center, radius);

// 최소 경계 삼각형을 검출한다.
vector<Point2f> triangle;
minEnclosingTriangle(contour, triangle);
```

윤곽선을 사용하는 유스 케이스 목록은 매우 많지만 다음 절로 넘어가기 전에 몇 가지에 대해서는 간단히 살펴본다. 예를 들어 임계 알고리즘 또는 역 투영 이미지를 가지고 윤곽 검출 및 형상 분석 알고리즘을 사용해 추적 알고리즘이 픽셀의 색상 및 강도 값 외에도 형상 정보를 사용하는지 확인할 수 있다. 배경과 시각적인 측면을 중시하는 환경을 잘 제어해야 하는 생산 라인에서 윤곽선을 사용해 객체의 형상을 계산하고 분석할 수 있다.

7장의 마지막 부분에서는 알려진 대상을 탐지하기 위해 스케일 및 원근감 불변성을 가지고 특징 검출, 기술자 추출 및 기술자 매칭 알고리즘을 사용하는 방법을 살펴본다.

▌검출, 설명 및 매칭 특징

7장의 앞부분에서 설명한 것처럼 다양한 특징 추출(탐지) 알고리즘을 사용해 이미지에서 특징 또는 키포인트를 추출할 수 있으며, 대부분은 모서리와 같이 강도가 크게 변하는 포인트를 검출한다. 올바른 키포인트를 검출해야만 이미지의 어느 부분이 이미지를 식별하는 데 도움이 되는지 정확하게 판단할 수 있다. 그러나 단지 키포인트, 즉 이미지의 키포인트 위치는 그 자체만으로는 유용하지 않다. 이미지내의 키포인트들의 위치가 충분하긴 하지만, 완전히 다른 형상을 가진 다른 객체가 우연히 이미지의 정확히 동일한 위치에서 그 키포인트를 가질 수도 있기 때문이다.

여기서 특징 기술자 또는 간단히 기술자가 필요하다. 이름에서 추측할 수 있는 것처럼 기술자는 예를 들어 주변 픽셀 값, 그레디언트 등을 사용해 특징을 설명하는 알고리즘의 종속적 방법이다. 여러 장점과 단점을 지닌 다양한 기술자 추출 알고리즘이 존재하며, 이 모든 것을 여기서 다루진 않는다. 대부분의 기술자 추출 알고리즘은 키포인트 목록을 생성하고 기술자의 벡터를 생성한다. 키포인트 집합에서 기술자 집합을 추출한 후 기술자 매칭 알고리즘을 사용해 객체의 이미지와 해당 객체가 있는 장면과 같은 두 개의 서로 다른 이미지에서 매칭하는 특징를 찾을 수 있다.

OpenCV는 많은 수의 특징 검출기, 기술자 추출기 및 기술자 매칭기를 포함한다. OpenCV의 모든 특징 검출기 및 기술자 추출 알고리즘은 Feature2D 클래스의 하위 클래스이며 OpenCV 패키지에 기본적으로 포함돼 있는 **features2d** 모듈이나 **xfeatures2d**(추가 모듈) 모듈에 존재한다. 이러한 알고리즘은 주의 깊게 사용해야 하며 OpenCV의 일부는 실제로 특허를 받았으며 상용 프로젝트에서 사용하기 위해서는 소유자 허가를 받아야 하므로 항상 OpenCV 문서의 주의사항들을 참조해야 한다. 다음은 기본적으로 OpenCV에 포함돼 있는 몇 가지 주요 특징 검출기 및 기술자 추출 알고리즘의 목록이다.

- BRISK(이진 강건 불변 확장형 키포인트)
- KAZE
- AKAZE(가속 KAZE)
- ORB 또는 Oriented BRIEF^{Binary Robust Independent Elementary Features}

이러한 모든 알고리즘은 OpenCV에서 정확히 동일한 제목의 클래스로 구현돼 있으며 Feature2D 클래스의 모든 하위 클래스로 존재한다. 매개변수를 수정하지 않고서도 매우 사용하기 쉽다. 이 모든 경우에 정적 생성 메소드를 사용해 인스턴스를 생성하고, 탐지 메소드를 호출해 키포인트를 탐지하며, 마지막으로 컴퓨터를 호출해 탐지된 키포인트의 기술자를 추출할 수 있다.

OpenCV의 기술자-매처^{descriptor-matcher} 알고리즘에서는 기본적으로 다음과 같은 매칭 알고리즘을 포함한다.

- FLANNBASED
- BRUTEFORCE
- BRUTEFORCE_L1
- BRUTEFORCE_HAMMING
- BRUTEFORCE_HAMMINGLUT

- BRUTEFORCE_SL2

DescriptorMatcher 클래스 또는 그 하위 클래스인 BFMatcher 및 FlannBasedMatcher 를 사용해 다양한 매칭 알고리즘을 수행할 수 있다. 이 클래스의 정적 create 메소드 를 사용해 인스턴스를 생성한 후 match 메소드를 사용해 두 세트의 기술자를 매칭시 킨다.

이 절에서 설명한 모든 내용들을 예제와 함께 살펴보도록 한다. 기능 검출, 기술자 추출 및 매칭을 분리하는 것이 불가능하고, 특징을 사용해 장면 내 객체를 검출하기 위한 프로세스 체인에 모두 포함돼 있다.

1. 다음 코드를 사용해 객체의 이미지와 객체를 검색할 장면을 읽는다.

```
Mat object = imread("object.png");
Mat scene = imread("Scene.png");
```

다음 그림에서 왼쪽의 이미지가 찾고자 하는 객체이고, 오른쪽의 이미지가 객체를 포함하고 있는 장면이라고 가정해 보자.

2. object와 scene에 저장돼 있는 두 이미지의 키포인트를 추출한다. 앞서 언급한 알고리즘을 특징 탐지에 사용할 수도 있지만 여기서는 KAZE를 사용한 다고 가정해 본다.

```
Ptr<KAZE> detector = KAZE::create();
vector<KeyPoint> objKPs, scnKPs;
detector->detect(object, objKPs);
detector->detect(scene, scnKPs);
```

3. 이제 대상 이미지와 장면 이미지의 키포인트를 가지고 있다. 7장에서 이전에 배웠던 것처럼 drawKeypoints 함수를 사용해 키포인트들을 볼 수 있다. drawKeypoints 함수를 직접 사용해 보고 동일한 KAZE 클래스로 키포인트에서 기술자를 추출한다. 방법은 다음과 같다.

```
Mat objDesc, scnDesc;
detector->compute(object, objKPs, objDesc);
detector->compute(scene, scnKPs, scnDesc);
```

4. objDesc와 scnDesc는 객체 및 장면 이미지에서 추출된 키포인트의 기술자에 해당한다. 앞에서 언급한 것처럼 기술자는 알고리즘에 따라 다르며 정확한 값을 해석하려면 알고리즘을 추출하는 데 사용된 특정 알고리즘에 대한 세부 지식이 필요하다. 알고리즘에 대한 자세한 내용은 OpenCV 문서를 참조한다. 그러나, 지금 이 단계에서는 무차별 대입 알고리즘을 사용해 두 이미지에서 추출한 기술자를 매칭시킨다. 방법은 다음과 같다.

```
Ptr<BFMatcher> matcher = BFMatcher::create();
vector<DMatch> matches;
matcher->match(objDesc, scnDesc, matches);
```

BFMatcher 클래스는 DescriptorMatcher 클래스의 서브 클래스이며, 무차별 대입[brute-force] 매칭 알고리즘을 지원한다. 기술자 매칭 결과는 DMatch 객체의 벡터에 저장된다. 각 DMatch 객체에는 객체 기술자부터 장면 기술자까지 모든 매칭된 기능에 필요한 정보가 들어 있다.

5. 이제 다음과 같이 drawMatches 함수를 사용해 매칭 결과를 시각화할 수 있다.

```
Mat result;
drawMatches(object,
            objKPs,
            scene,
            scnKPs,
            matches,
            result,
            Scalar(0, 255, 0), // 매칭된 녹색
            Scalar::all(-1), // 매칭되지 않는 색상(사용되지 않음)
            vector<char>(), // 빈 마스크
            DrawMatchesFlags::NOT_DRAW_SINGLE_POINTS);
```

다음 그림에서 보듯이, 매칭된 특징 중 일부는 틀린 값을 가진다. 일부는 장면 이미지의 상단에, 일부는 하단에서 볼 수 있다.

6. DMatch 객체의 거리 값에 대한 임계 값을 사용해 잘못된 매칭 결과는 필터링할 수 있다. 임계 값은 알고리즘 및 이미지 내용의 유형에 따라 다르지만, 이 예제에서는 KAZE 알고리즘을 사용하기 때문에 0.1 값으로도 충분한다. 다음 코드는 모든 매칭 결과 중에서 좋은 매칭 결과를 얻고자 할 때 임계 값을 사용하는 방식을 나타낸다.

```
vector<DMatch> goodMatches;
double thresh = 0.1;
for(int i=0; i<objDesc.rows; i++)
{
    if(matches[i].distance < thresh)
        goodMatches.push_back(matches[i]);
}

if(goodMatches.size() > 0)
{
    cout << "Found " << goodMatches.size() << " good matches.";
}
else
{
    cout << "Didn't find a single good match. Quitting!";
    return -1;
}
```

다음 그림은 goodMatches 벡터에서 drawMatches 함수의 결과를 보여준다.

7. 분명히 필터링된 매칭 결과가 훨씬 좋은 것을 알 수 있다. findHomography
   함수를 사용하면 객체 이미지에서 장면 이미지까지 매칭하는 키포인트 간의
   변형을 찾을 수 있다. 방법은 다음과 같다.

```
vector <Point2f> goodP1, goodP2;
for(int i=0; i<goodMatches.size(); i++)
{
    goodP1.push_back(objKPs[goodMatches[i].queryIdx].pt);
    goodP2.push_back(scnKPs[goodMatches[i].trainIdx].pt);
}
Mat homoChange = findHomography(goodP1, goodP2);
```

8. 앞장에서 이미 살펴본 것처럼 findHomography 함수의 결과를 사용해 포인
   트 집합을 변형할 수 있다. 이 사실을 악용해 객체 이미지의 네 모서리를 사
   용해 네 개의 포인트를 만든 후에 perspectiveTransform 함수로 해당 포인
   트를 변형해 장면 이미지에서 해당 포인터의 위치를 가져올 수 있다. 다음과
   같이 사용할 수 있다.

```
vector<Point2f> corners1(4), corners2(4);
corners1[0] = Point2f(0,0);
corners1[1] = Point2f(object.cols-1, 0);
corners1[2] = Point2f(object.cols-1, object.rows-1);
corners1[3] = Point2f(0, object.rows-1);
perspectiveTransform(corners1, corners2, homoChange);
```

9. 변환된 포인트를 사용해 다음과 같이 장면 이미지에서 검출된 객체 위치를
   파악할 수 있는 4개의 줄을 그릴 수 있다.

```
line (result, corners2[0], corners2[1], Scalar::all (255), 2);
line (result, corners2[1], corners2[2], Scalar::all (255), 2);
line (result, corners2[2], corners2[3], Scalar::all (255), 2);
line (result, corners2[3], corners2[0], Scalar::all (255), 2);
```

drawMatches 이미지 결과 위에 객체 위치를 나타내기 위한 4개의 줄을 그리려면 객
체의 너비를 고려해 결과 지점의 x 값을 변경하는 것이 중요하다. 다음과 같이 사용
하면 된다.

```
for (int i=0; i <4; i++)
    corners2 [i].x + = object.cols;
```

다음 그림에서는 검출 작업의 최종 결과를 보여준다.

나머지 기능 검출, 기술자 추출 및 매칭 알고리즘을 직접 해보고 그 결과를 비교해 보자. 또한 각각에 대한 계산 시간을 측정해 보자. 예를 들어, AKAZE가 KAZE보다 훨씬 빠르거나 BRISK가 일부 이미지에 더 적합하다는 것을 알 수 있다. KAZE 또는 ORB는 다른 알고리즘보다 더 좋은 결과를 얻을 수 있다. 앞서 언급했듯이 특징 기반 검출 방법은 규모, 회전 및 원근감 변경이 있더라도 훨씬 더 안정적인 결과를 얻을 수 있다. 동일한 객체에 대해서 다양한 관점을 적용해 프로젝트 및 유스 케이스에 가장 적합한 매개변수와 알고리즘을 찾아서 사용해야 한다.

예를 들어, 다음은 AKAZE 알고리즘과 무차별 대입$^{\text{brute-force matching}}$ 알고리즘의 회전 및 스케일에 대한 불변성을 보여주는 예다.

앞서 나타낸 출력을 만드는 데 사용한 소스 코드는 이 절 내에서 사용한 것과 동일한 명령어들을 사용해 만들어졌다.

▌ 요약

7장을 시작할 때부터 템플릿 매칭 알고리즘과 객체 인식 알고리즘에 대해 배웠다. 해당 알고리즘은 인기 있지만 스케일 및 회전 불변과 같은 객체 검출 알고리즘의 가장 필수적인 요소들이 부족하며, 그 알고리즘들은 순수 픽셀 기반 객체 검출 알고리즘이다. 템플릿 매칭 결과를 해석하기 위해 전역 최대 및 최소 검출 알고리즘을 어떻게 사용해야 하는지를 배웠다. 그리고, 모서리 및 에지 검출 알고리즘, 즉 이미지에서 중요도와 특정 영역을 검출하는 알고리즘에 대해 학습했다. 검출된 결과를 시각화하는 법을 배웠고 윤곽 검출 및 형상 분석 알고리즘에 대해서도 알아봤다. 7장의 마지막 절에서는 이미지에서 키포인트를 검출하고, 해당 키 포인트에서 기술자를 추출하고, 매처 알고리즘을 사용해 장면의 객체를 검출하는 방법에 대해 파악했다. 이제는 픽셀 색상 및 강도 값뿐만 아니라 내용과 기존 키포인트를 기반으로 이미지를 분석하는 데 사용할 수 있는 방대한 알고리즘 세트에 대해 잘 알게 됐다.

8장에서는 OpenCV의 컴퓨터 비전 및 머신 러닝 알고리즘과 이전에 사용한 이미지들을 사용해 객체를 탐지하는 방법과 다른 많은 흥미로운 인공 지능 관련 주제를 다룰 것이다.

▌ 질문 사항

1. 템플릿 매칭 알고리즘은 스케일 및 회전 불변적이지 않다. a) 템플릿 이미지의 배율을 두 배로 하고 b) 템플릿 이미지의 90도를 회전했을 때 어떻게 매칭되도록 만들 수 있을까?

2. GFTTDetector 클래스를 사용해 Harris 모서리 검출 알고리즘으로 키포인트를 검출한다. 모서리 검출 알고리즘에서의 값을 설정해보자.

3. 허프 변환은 HoughCircles 함수를 사용해 이미지의 원을 검출하는 데에도 사용할 수 있다. OpenCV 문서에서 검색해 이미지에서 원을 검출하는 프로그램을 작성해보자.

4. 이미지에서 볼록한 윤곽을 검출하고 그려보자.

5. ORB 클래스를 사용해 두 이미지의 키포인트를 검출하고 기술자를 추출한 후 매칭해 보자.

6. 어떤 특징-기술자-매칭feature-descriptor-matching 알고리즘이 ORB 알고리즘과 호환이 안되면 그 이유는 무엇일까?

7. 다음 OpenCV 함수와 주어진 샘플을 사용해 임의의 코드를 실행하는 데 필요한 시간을 계산할 수 있다. 컴퓨터에서 매칭하는 데 사용하는 알고리즘의 수행 시 걸리는 시간을 계산할 때 사용한다.

```
double freq = getTickFrequency();
```

```
double countBefore = getTickCount( );

// 사용자 코드 위치

double countAfter = getTickCount( );
cout << "Duration :"<<
        (countAfter - countBefore) / freq << "seconds";
```

08

컴퓨터 비전에 머신 러닝 적용하기

7장에서 객체 검출 및 추적을 위한 많은 알고리즘을 배웠다. Mean Shift 및 CAM Shift와 같은 색상 기반 알고리즘을 히스토그램 및 역 투영 이미지와 함께 사용해 놀라운 속도로 이미지에서 객체를 찾는 방법을 알아봤다. 또한 템플릿 매칭과 이미지에서 알려진 픽셀 템플릿을 사용해 객체를 찾는 방법을 배웠다.

이러한 모든 알고리즘은 밝기 또는 색상과 같은 환경의 조명 변화로 인해 쉽게 영향을 받는 이미지 속성에 의존한다. 이 사실을 바탕으로 키포인트[keypoints] 또는 특징[feature]이라 불리는 이미지의 중요한 영역에 대한 지식을 기반으로 하는 알고리즘에 대해서 계속 학습했다.

또한 많은 에지 및 키포인트 탐지 알고리즘과 그 키포인트에 대한 기술자를 추출하는 방법에 대해 배웠다. 기술자 매처, 관심 객체의 이미지와 그 객체를 찾는 장면에서 추출한 기술자와 매칭됨을 사용해 이미지에서 객체를 탐지하는 방법에 대해서도 알아봤다.

8장에서는 앞으로 한 걸음 더 나아가 많은 객체 이미지에서 모델을 추출하고 나중에 해당 모델을 사용해 이미지의 객체를 검출하거나 이미지를 분류하기 위해 간단한 알고리즘을 학습하는 방법을 배운다. 이러한 알고리즘에서는 머신 러닝 알고리즘과 컴퓨터 비전 알고리즘이 만난다. 인공 지능과 머신 러닝 알고리즘에 익숙한 사람은 8장에서 나타낸 정확한 알고리즘과 예제에 능숙하지 않더라도 간단하게 학습할 수 있을 것이다. 그러나 이러한 개념을 완전히 처음 접하는 사람들은 SVM^{support vector machines}, ANN^{artificial neural networks}, 캐스케이딩 분류 및 딥러닝과 같은 알고리즘을 학습하기 위해서는 머신 러닝과 관련된 다른 책을 준비해야 할 것이다. 8장에서도 간단하게 다룰 예정이다.

8장에서는 다음 내용들을 살펴본다.

- 분류를 위해 SVM을 훈련하고 사용하는 방법
- 이미지 분류에 HOG 및 SVM 사용
- 예측을 위해 ANN을 훈련하고 사용하는 방법
- 실시간 객체 검출을 위해 Haar 또는 LBP 캐스케이드 분류기를 훈련하고 사용하는 방법
- 써드파티 딥러닝 프레임워크에서 사전 훈련된 모델을 사용하는 방법

▌ 기술적 요구 사항

- C++ 또는 파이썬 애플리케이션을 개발하는 IDE
- OpenCV 라이브러리

개인 컴퓨터에 OpenCV를 설치하고 OpenCV 라이브러리를 사용해 컴퓨터 비전 애플리케이션을 개발할 준비를 하는 방법에 대한 자세한 내용은 2장, 'OpenCV 시작

하기'를 참조한다.

다음의 URL을 사용해 8장의 소스 코드와 예제를 다운로드할 수 있다.

https://github.com/PacktPublishing/Hands-On-lgorithms-for-Computer-Vision/tree/master/Chapter08.

▌ SVM

SVM^{support vector machines}은 가능한 간단히 사용할 수 있도록 새로운 샘플의 레이블을 예측 시에 사용 가능한 레이블이 지정된 훈련 샘플에서 모델을 만드는 데 사용된다. 예를 들어 두 개의 다른 그룹에 속한 샘플 데이터들이 있다고 가정한다. 훈련 데이터 세트의 각 샘플들은 2D 또는 3D 공간의 단순한 포인트에 대응될 수 있는 부동 소수점 숫자를 포함하는 벡터이며 각 샘플은 1, 2 또는 3과 같은 숫자가 표시된다. 이러한 데이터를 사용해 새 2D 또는 3D 포인트의 레이블을 예측하는 데 사용할 수 있는 SVM 모델을 학습할 수 있다. 그러면, 다른 문제에 대해서도 생각해 보자. 전 세계 각 대륙내의 도시에서 365일 동안 측정한 온도 데이터를 가지고 있다고 가정하고, 365일 동안의 온도 값 벡터는 아시아 대륙의 경우 1, 유럽 대륙의 경우 2, 아프리카 대륙의 경우 3으로 표시한다. 이 데이터를 사용해 새로운 대륙이 가지는 새로운 온도 값(365일) 벡터를 예측하고 레이블과 연관시키기 위해 SVM 모델을 학습할 수 있다. 이 예제는 실제로 유용하지 않을 수 있지만, 이를 통해서 SVM의 개념을 설명할 수 있다.

OpenCV의 SVM 클래스를 사용해 SVM 모델을 학습하고 사용할 수 있다. 완전한 예제를 통해 SVM 클래스의 사용법을 자세히 살펴보자.

1. OpenCV의 머신 러닝 알고리즘은 ml 네임스페이스^{namespace}에 포함돼 있으므로 다음 코드를 사용해 클래스에 쉽게 액세스할 수 있도록 하기 위해 해당

네임 스페이스를 코드에 포함한다.

```
using namespace cv;
using namespace ml;
```

2. 훈련 데이터 세트를 만든다. 이전에 언급했듯이 훈련 데이터 세트는 부동 소수점 숫자의 벡터(샘플) 집합이며 각 벡터는 해당 벡터의 클래스 ID 또는 카테고리로 레이블이 지정된다. 먼저 샘플을 사용하는 방법을 살펴보자.

```
const int SAMPLE_COUNT = 8;
float samplesA[SAMPLE_COUNT][2]
        = { {250, 50},
            {125, 100},
            {50, 50},
            {150, 150},
            {100, 250},
            {250, 250},
            {150, 50},
            {50, 250} };
Mat samples(SAMPLE_COUNT, 2, CV_32F, samplesA);
```

이 예제에서 샘플 8개 데이터 세트에 있는 각 값들은 x값과 y값으로 구성되는 이미지의 포인트를 사용해 나타낸 두 개의 부동 소수점 값이 들어 있다.

3. 또한 레이블(또는 응답) 데이터를 만들어야 하는데, 샘플과 동일한 길이를 가져야 한다.

```
int responsesA [SAMPLE_COUNT]
        = {2, 2, 2, 2, 1, 2, 2, 1};
Mat responses (SAMPLE_COUNT, 1, CV_32S, responsesA);
```

여기서는 보시다시피, 샘플에 값 1과 2로 레이블이 붙어 있다. 따라서 주어진 두 샘플 그룹 사이에서 새로운 샘플 구별이 가능하다.

4. OpenCV는 TrainData 클래스를 사용해 훈련 데이터 세트의 준비와 사용을 단순화시킬 수 있다. 사용 방법은 다음과 같다.

```
Ptr<TrainData> data;
SampleTypes layout = ROW_SAMPLE;
data = TrainData::create(samples,
                         layout,
                         responses);
```

데이터 세트의 각 행에 하나의 샘플이 포함돼 있으므로 위 코드의 layout은 ROW_SAMPLE로 설정된다. 데이터 집합의 레이아웃이 수직vertical인 경우 즉, 데이터 집합의 각 샘플이 samples 행렬의 열인 경우 layout을 COL_SAMPLE로 설정해야 한다.

5. 실제 SVM 클래스 인스턴스를 만든다. OpenCV에서 이 클래스는 다양한 유형의 SVM 분류 알고리즘을 구현하며 올바른 매개변수를 설정해 사용해야 한다. 이 예제에서는 SVM 클래스에 가장 기본적인 (그리고 공통적인) 매개변수 집합을 사용하겠지만 이 알고리즘의 모든 가능한 기능을 사용하려면 OpenCV SVM 클래스 문서 페이지를 반드시 읽어야 한다. 다음은 SVM을 사용해 선형 n 클래스 분류를 수행하는 방법을 보여주는 예다.

```
Ptr <SVM> svm = SVM::create();
svm-> setType(SVM::C_SVC);
svm-> setKernel(SVM::LINEAR);
svm-> setTermCriteria(
          TermCriteria(TermCriteria::MAX_ITER +
                       TermCriteria::EPS,
                       100,
                       1e-6));
```

6. 다음과 같이 train (또는 **trainAuto**) 메서드를 사용해 SVM 모델을 학습할
   수 있다.

```
if(!svm->train(data))
{
    cout << "training failed" << endl;
    return -1;
}
```

훈련 샘플 데이터 세트의 데이터양을 사용할 경우에는 훈련 과정 시에 어느
정도 시간이 걸릴 수 있다. 하지만 여기서는 모델을 훈련시키기 위해 샘플
몇 개만 사용하기 때문에 충분히 빠르게 수행할 수 있다.

7. SVM 모델을 사용해 실제로 새 샘플의 레이블을 예측할 수 있다.
   훈련 세트의 각 샘플은 이미지 내 2D 포인트였다. 이미지의 너비와 높이가
   각각 300픽셀인 경우에 각 2D 포인트의 레이블을 찾고 예측 레이블이 1인
   지 2인지에 따라 각 픽셀을 녹색 또는 파란색으로 색칠할 수 있다. 이 방법
   은 다음과 같다.

```
Mat image = Mat::zeros(300,
                       300,
                       CV_8UC3);
Vec3b blue(255,0,0), green(0,255,0);
for(int i=0; i<image.rows; ++i)
{
    for(int j=0; j<image.cols; ++j)
    {
        Mat_<float> sampleMat(1,2);
        sampleMat<< j, i;
        float response = svm->predict(sampleMat);

        if(response == 1)
            image.at<Vec3b>(i, j) = green;
```

```
        else if (response == 2)
            image.at<Vec3b>(i, j) = blue;
    }
}
```

8. 계속해서 예측 결과를 표시할 수 있지만 SVM 알고리즘의 분류 결과를 완벽하게 시각화해 나타내려면 SVM 모델을 만드는 데 사용한 훈련 샘플을 그리는 것이 좋다. 다음 코드를 사용해 그릴 수 있다.

```
Vec3b black(0,0,0), white(255,255,255), color;
for(int i=0; i<SAMPLE_COUNT; i++)
{
    Point p(samplesA[i][0],
            samplesA[i][1]);
    if (responsesA[i] == 1)
        color = black;
    else if (responsesA[i] == 2)
        color = white;
    circle(image,
            p,
            5,
            color,
            CV_FILLED);
}
```

두 가지 유형의 샘플(1과 2)은 결과 이미지 위에 흑백 원으로 그려진다. 다음 다이어그램은 방금 수행한 전체 SVM 분류의 결과를 보여준다.

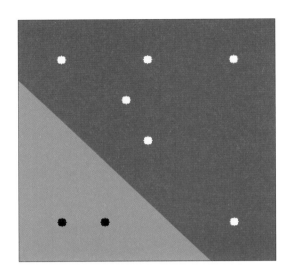

이 결과는 매우 간단하지만, 실제로 SVM은 훨씬 더 복잡한 분류 문제에 사용할 수 있다. 그렇지만, SVM은 동일한 레이블을 가지는 여러 데이터 그룹을 분리하며, 이는 문자 그대로 SVM의 가장 중요한 특성이다. 앞의 이미지에서 볼 수 있듯이 파란색 영역과 녹색 영역을 구분하는 선은 이미지에서 검은 포인트와 흰 포인트를 가장 효율적으로 분리할 수 있다.

레이블을 업데이트하거나 다음 예에서처럼 이전 예제의 응답을 업데이트해 이러한 현상을 시험해 볼 수 있다.

```
int responsesA [SAMPLE_COUNT]
        = {2, 2, 2, 2, 1, 1, 2, 1};
```

이제 결과를 시각화하려면 다음처럼 두 가지 포인트 그룹을 구분하는 가장 효율적인 선을 나타내 주는 결과를 볼 수 있다.

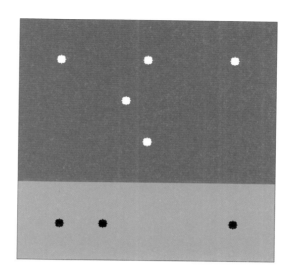

데이터에 더 많은 클래스를 쉽게 추가할 수 있다. 즉, 훈련 샘플 세트에 더 많은 레이블을 추가할 수 있다. 다음과 같이 사용하면 된다.

```
int responsesA [SAMPLE_COUNT]
        = {2, 2, 3, 2, 1, 1, 2, 1};
```

예를 들면 세 번째 클래스 영역에 노란색 색상을 추가하고 해당 클래스에 속하는 훈련 샘플에 회색 포인트를 추가해 결과를 다시 시각화할 수 있다. 다음은 두 개의 클래스가 아닌 세 개의 클래스를 적용한 동일 SVM 예제의 결과다.

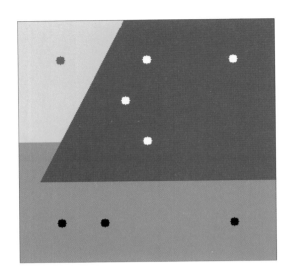

이전의 365일 예제를 다시 기억해보면, 클래스뿐만 아니라 SVM 모델에 더 많은 차원을 추가할 수 있다. 그렇지만, 이전 예제에서는 SVM 모델과 같은 간단한 이미지로 결과를 시각적으로 표시할 수는 없다.

실제 객체 탐지 및 이미지 분류를 위해 SVM 알고리즘을 계속 사용하기 전에, 다른 머신 러닝 알고리즘과 마찬가지로 데이터 세트에 더 많은 샘플을 가지고 있으면 훨씬 더 우수한 분류와 더 높은 정확도를 얻게 될 것이다. 또한 모델을 훈련하는 데 더 많은 시간이 필요하다.

SVM 및 HOG를 사용해 이미지 분류하기

HOG^Histogram of Oriented Gradients의 히스토그램은 해당 이미지에서 추출한 지향성 그라디언트 값에 해당하는 부동 소수점 기술자 벡터를 사용해 이미지를 설명하는 데 사용할 수 있는 알고리즘이다. HOG 알고리즘은 매우 인기가 있으며 OpenCV에서 어떻게 구현되는지 이해하기 위해 자세히 읽어야 할 필요가 있다. 이 책에서 전달하고자 하는 내용이며 특히 이번 절에서 다루고자 하는 것은 부동 소수점 기술자의 개수는 동일한 HOG 매개변수로 정확하게 동일한 크기의 이미지에서 추출할 때 항상 동일한 값을 가진다는 점이다. 이를 더 잘 이해하기 위해 앞장에서 배웠던 특징 탐지 알고리즘을 사용해 이미지에서 추출한 기술자가 다른 개수의 요소들을 가질 수 있다는 점을 기억해야 한다. HOG 알고리즘에서는 매개변수가 동일한 크기의 이미지 세트에서 변경되지 않으면 항상 동일한 길이의 벡터를 만든다.

이와 같은 내용들은 HOG 알고리즘을 SVM과 함께 사용해 이미지를 분류하기 위한 모델을 학습하는 데 좋다. 예제를 통해 어떻게 완성되는지 살펴본다. 한 폴더 내에 교통 표지 이미지가 들어있는 이미지 집합과 다른 폴더에는 특정 교통 표지 이미지가 포함된 이미지 세트가 있다고 가정해보자. 다음 그림은 샘플 데이터 세트의 이미지를 검정색 선으로 구분해 보여준다.

이전 샘플과 유사한 이미지를 사용해 SVM 모델을 학습한 후에 이미지가 찾고 있는 교통 표지인지 여부를 검출한다.

1. HOGDescriptor 객체를 만든다. HOGDescriptor 또는 HOG 알고리즘은 주어진 창 크기, 블록 크기 및 기타 다양한 매개변수에 의존하는 특수 유형의 기술자 알고리즘이다. 간단히 하기 위해 창 크기를 제외한 다른 것들은 사용하

지 않는다. 이 예제에서 HOG 알고리즘의 창 크기는 128×128픽셀이며 다음과 같이 설정된다.

```
HOGDescriptor hog;
hog.winSize = Size(128, 128);
```

샘플 이미지는 창 크기와 같은 크기여야 한다. 그렇지 않으면 resize 함수를 사용해 나중에 크기 조절 창 크기로 조정해야 한다. 따라서, 이미지 크기가 동일하기 때문에 HOG 알고리즘을 사용할 때마다 동일한 기술자 크기를 가지게 된다.

2. 앞에서 언급했듯이 이미지 크기가 일정하면 HOGDescriptor를 사용해 추출한 기술자의 벡터 길이가 일정하며, 이미지의 크기가 winSize와 같다고 가정하면 다음 코드를 사용해 기술자 길이를 얻을 수 있다.

```
vector<float> tempDesc;
hog.compute(Mat(hog.winSize, CV_8UC3),
            tempDesc);
int descriptorSize = tempDesc.size();
```

나중에 샘플 이미지를 읽을 때 descriptorSize를 사용하면 된다.

3. 교통 표지 이미지가 pos[positive]라는 폴더 내부에 있고 나머지가 neg[negative]라는 폴더 안에 있다고 가정하면 glob 함수를 사용해 여기에 표시된 것처럼 해당 폴더의 이미지 파일 목록을 가져올 수 있다.

```
vector<String> posFiles;
glob("/pos", posFiles);

vector<String> negFiles;
glob("/neg", negFiles);
```

4. 네거티브 및 포지티브 샘플 이미지에 대한 HOG 기술자를 저장할 버퍼를 만든다(pos 및 neg 폴더에서). 다음 예제에서 볼 수 있듯이 레이블(또는 응답)에 대한 추가 버퍼가 필요하다.

```
int scount = posFiles.size() + negFiles.size();

Mat samples(scount,
            descriptorSize,
            CV_32F);

Mat responses(scount,
              1,
              CV_32S);
```

5. 다음과 같이 **HOGDescriptor** 클래스를 사용해 포지티브 이미지에서 HOG 기술자를 추출하고 샘플에 저장한다.

```
for(int i=0; i<posFiles.size(); i++)
{
    Mat image = imread(posFiles.at(i));
    if(image.empty())
        continue;
    vector<float> descriptors;
    if((image.cols != hog.winSize.width)
            ||
            (image.rows != hog.winSize.height))
    {
        resize(image, image, hog.winSize);
    }
    hog.compute(image, descriptors);
    Mat(1, descriptorSize, CV_32F, descriptors.data())
            .copyTo(samples.row(i));
    responses.at<int>(i) = +1; // 포지티브
}
```

여기서 포지티브 샘플의 레이블(응답)에 +1을 더했다. 네거티브 샘플에 레이블을 지정할 때는 -1과 같은 다른 숫자를 사용해야 한다.

6. 포지티브 샘플을 사용한 후, 네거티브 샘플과 그 응답을 지정된 버퍼에 추가한다.

```
for(int i=0; i<negFiles.size(); i++)
{
    Mat image = imread(negFiles.at(i));
    if(image.empty())
        continue;
    vector<float> descriptors;
    if((image.cols != hog.winSize.width)
            ||
            (image.rows != hog.winSize.height))
    {
        resize(image, image, hog.winSize);
    }
    hog.compute(image, descriptors);
    Mat(1, descriptorSize, CV_32F, descriptors.data())
            .copyTo(samples.row(i + posFiles.size()));
    responses.at<int>(i + posFiles.size()) = -1;
}
```

7. 이전 절에서의 예제와 마찬가지로 Train 함수에서 사용할 샘플 및 응답을 사용해 TrainData 객체를 만들어야 한다. 방법은 다음과 같다.

```
Ptr<TrainData> tdata = TrainData::create(samples,
                                ROW_SAMPLE,
                                responses);
```

8. 이제 다음 예제 코드에서 볼 수 있듯이 SVM 모델을 훈련해야 한다.

```
Ptr<SVM> svm = SVM::create ();
```

```
svm-> setType(SVM::C_SVC);
svm-> setKernel(SVM::LINEAR);
svm-> setTermCriteria(
            TermCriteria(TermCriteria::MAX_ITER +
                              TermCriteria::EPS,
                              10000,
                              1e-6));
svm-> train(tdata);
```

훈련이 완료된 후에 SVM 모델은 HOG 창 크기(이 경우, 128 × 128픽셀)와 동
일한 크기의 이미지를 SVM 클래스의 예측 방법을 사용해 분류할 준비가 됐
다. 다음과 같은 방법을 사용한다.

```
Mat image = imread("image.jpg");

if((image.cols != hog.winSize.width)
        ||
        (image.rows != hog.winSize.height))
{
    resize(image, image, hog.winSize);
}

vector<float> descs;
hog.compute(image, descs);
int result = svm->predict(descs);
if(result == +1)
{
    cout << "Image contains a traffic sign." << endl;
}
else if(result == -1)
{
    cout << "Image does not contain a traffic sign." << endl;
}
```

앞의 코드는 이미지를 읽고 호그 창 크기로 크기를 조정하는 작업을 수행한다. 그런 다음에 모델을 훈련할 때와 마찬가지로 `HOGDescriptor` 클래스의 `compute` 메소드를 사용한다. 이번에는 `predict` 메소드를 사용해 새로운 이미지의 레이블을 찾을 수 있다. 결과가 +1이며, 이는 SVM 모델을 훈련할 때 교통 표지 이미지에 할당한 레이블 인 경우, 이미지가 교통 표지임을 알게 된다. 결과가 그 값이 아니라면, 이미지는 다른 것이 된다.

결과의 정확성은 SVM 모델을 훈련하는 데 사용된 데이터의 양과 품질에 따라 달라 진다. 실제로 이렇게 다른 정확도는 각 머신 러닝 알고리즘에 따른다. 모델을 훈련할 수록 모델의 정확도는 더 높아진다.

 이 분류 방법에서는 입력 이미지가 훈련된 이미지와 동일한 특성을 가진다고 가정한다. 이미 지에 교통 표지가 포함돼 있고 모델을 훈련할 때 사용한 이미지에서도 교통 표지가 있는 경 우에는 훈련했을 때와 비슷하게 자른다. 예를 들어, 사용자가 찾고 있는 교통 표지가 포함된 이미지를 사용하지만 훨씬 더 많은 다른 이미지가 포함된 경우에는 결과가 정확하지 않을 수 있다.

훈련 세트의 데이터 양이 늘어나면 모델을 훈련하는 데 더 많은 시간이 걸린다. 따라 서 사용하고 싶을 때마다 모델 재훈련은 피하는 것이 중요하다. SVM 클래스를 사용 하면 save 및 load 메소드를 사용해 SVM 모델을 저장하고 로드할 수 있다. 나중에 사용하기 위해 훈련된 SVM 모델을 저장하고 재훈련을 피하는 방법은 다음과 같다.

```
svm-> save("trained_svm_model.xml");
```

파일은 제공된 파일 이름과 확장자(XML 또는 OpenCV에서 지원하는 다른 파일 형식)를 사용해 저장된다. 나중에 정적 load 함수를 사용해 정확한 매개변수와 훈련된 모델 이 포함된 SVM 객체를 만들 수 있다. 다음과 같이 수행한다.

```
Ptr<SVM> svm = SVM::load("trained_svm_model.xml");
```

HOGDescriptor와 함께 SVM 클래스를 사용해 다른 폴더에 저장된 다양한 객체의 이미지로 더 많은 유형을 탐지하고 분류할 수 있는 모델을 훈련한다.

▋ 인공 신경망을 이용한 훈련 모델

ANN은 일련의 샘플 입력 및 출력 벡터를 사용해 모델을 훈련하는 데 사용할 수 있다. ANN은 널리 사용되는 머신 러닝 알고리즘이며 분류 및 상관에 대한 모델을 학습하는 데 사용되는 많은 현대 인공 지능 알고리즘의 기초다.

특히 컴퓨터 비전에서 ANN 알고리즘은 다양한 특징 기술 알고리즘과 함께 사용돼 객체의 이미지 또는 다른 사람들의 얼굴에 대해 학습한 후 이미지 내에서 얼굴을 탐지하는 데 사용된다.

OpenCV에서 ANN_MLP 클래스(인공 신경망-다중 레이어 퍼셉트론)를 사용해 애플리케이션에서의 ANN을 구현할 수 있다. 이 클래스의 사용법은 SVM 클래스의 사용법과 매우 유사하므로 차이점을 확인하고 실제로 어떻게 사용되는지 간단한 예제를 통해 살펴본다. 그 외의 내용에 대해서는 사용자가 직접 찾아보기를 부탁한다.

훈련 샘플 데이터 세트를 생성하는 것은 OpenCV의 모든 머신 러닝 알고리즘 또는 정확히 말하면 StatsModel 클래스의 모든 하위 클래스에서 동일하다. ANN_MLP 클래스도 예외는 아니므로 SVM 클래스와 마찬가지로 먼저 여기에서와 같이 ANN 모델을 학습할 때 사용해야 하는 모든 샘플 및 응답 데이터가 들어있는 TrainData 객체를 만들어야 한다.

```
SampleTypes layout = ROW_SAMPLE;
data = TrainData::create(samples,
```

```
                layout,
                responses);
```

앞의 코드에서 samples 및 responses는 모두 데이터 세트에 있는 모든 훈련 데이터의 수와 동일한 행 수를 포함하는 Mat 객체다. ANN 알고리즘을 사용해 입출력 데이터의 벡터 사이의 관계를 학습할 수 있음을 기억해야 한다. 즉, 훈련 입력 데이터 또는 samples의 열 수는 훈련 출력 데이터 또는 responses의 열 수와 다를 수 있다. samples의 열^{column} 수는 특징의 개수를 의미하며, responses의 열 수는 클래스 수를 지칭한다. 간단히 말해서, 앞으로 훈련 데이터 세트를 사용해 클래스와 특징의 관계를 학습할 것이다.

훈련 데이터 세트를 처리한 후에는 다음 코드를 사용해 ANN_MLP 객체를 만들어야 한다.

```
Ptr<ANN_MLP> ann = ANN_MLP::create ();
```

모든 사용자 지정을 건너뛰고 기본 매개변수 집합을 사용했다. 완전히 사용자 정의된 ANN_MLP 객체를 사용해야 하는 경우 ANN_MLP 클래스에서 활성화 함수, 종료 조건 및 기타 다양한 매개변수를 설정해야 한다. 이에 대한 자세한 내용은 OpenCV 문서 및 인공 신경망에 대한 온라인 리소스를 참조한다.

ANN 알고리즘에서 올바른 레이어 크기를 설정하려면 경험이 필요하며 유스 케이스에 따라 다르지만 몇 번의 시행착오를 통해 설정할 수 있다. ANN 알고리즘에서 각 레이어의 수와 크기를 설정하고 ANN_MLP 클래스를 구체적으로 설정하는 방법은 다음과 같다.

```
Mat_<int> layers (4,1);
layers (0) = featureCount; // 입력 레이어
layers (1) = classCount * 4; // 숨겨진 레이어 1
```

```
layers (2) = classCount * 2; // 숨겨진 레이어 2
layers (3) = classCount; // 출력 레이어
ann -> setLayerSizes (레이어);
```

앞의 코드에서 레이어 객체의 행 수는 ANN에 포함할 레이어 수를 나타낸다. layers 객체의 첫 번째 요소에는 데이터 세트의 기능 수가 포함돼야 하고 layers 객체의 마지막 요소에는 클래스 수가 포함돼야 한다. 특징의 수는 samples의 열 수와 같으며 클래스 수는 responses의 열 수와 같다. layer 객체의 나머지 요소에는 숨겨진 레이어의 크기가 포함된다.

ANN 모델 훈련은 다음 예제에서처럼 train 메서드를 사용해 수행된다.

```
if(!ann->train(data))
{
    cout << "training failed" << endl;
    return -1;
}
```

훈련이 완료된 후에는 이전에 본 것과 똑같은 방식으로 save 및 load 메소드를 사용할 수 있다. 나중에 사용할 수 있도록 모델을 저장하거나 저장된 파일에서 다시 로드할 수 있다.

모델을 ANN_MLP 클래스와 함께 사용하면 SVM 클래스와 매우 유사하게 사용할 수 있다. 다음 예가 여기에 해당된다.

```
Mat_<float> input (1, featureCount);
Mat_<float> output (1, classCount);
// 입력 Mat을 채운다.
ann->predict(input, output);
```

각 문제에 적합한 머신 러닝 알고리즘을 선택하려면 프로젝트를 사용할 위치에 대한 경험과 지식이 필요하다. SVM은 매우 단순하고 데이터 분류 및 유사한 데이터 그룹의 세분화 작업이 필요한 경우에 적합하지만 ANN은 입력 벡터와 출력 벡터 집합 사이의 함수를 근사화하는 데(회귀) 쉽게 사용할 수 있다. 특정 알고리즘을 언제 어디서 사용해야 하는지 더 잘 이해하기 위해 다른 머신 러닝 문제를 살펴보자.

▌ 캐스케이딩 분류 알고리즘

캐스케이딩 분류는 여러(수백 또는 심지어 수천) 개의 포지티브(긍정) 및 네거티브(부정) 이미지 샘플에서 모델을 학습하는 데 사용할 수 있는 또 다른 머신 러닝 알고리즘이다. 이전에 설명했듯이 포지티브 이미지는 모델에서 배우고 나중에 분류하거나 검출하기를 원하는 관심 대상(예: 얼굴, 자동차 또는 교통 신호)을 포함하는 이미지를 나타낸다. 반면, 네거티브 이미지는 사용자의 관심 대상을 포함하지 않는 임의의 이미지에 해당한다. 이 알고리즘을 사용해 훈련된 모델을 캐스케이딩 분류기라고 한다.

캐스케이드 분류기의 가장 중요한 측면은 이름에서 추측할 수 있듯이 추출된 기능을 사용해 객체를 훈련하고 탐지하는 계단식 특성이다. 캐스케이딩 분류기에서 가장 널리 사용되는 기능, 결과적으로 캐스케이딩 분류기 유형은 Haar 및 LBP(로컬 바이너리 패턴)다. 이번 절에서는 기존 OpenCV Haar 및 LBP 캐스케이딩 분류기를 사용해 얼굴, 눈 등을 실시간으로 검출하는 방법을 배우고 다른 객체를 검출하기 위해 캐스케이딩 분류기를 훈련하는 방법을 배운다.

캐스케이딩 분류기를 사용한 객체 검출

OpenCV에서 이전에 훈련된 캐스케이딩 분류기를 사용하려면 CascadeClassifier 클래스와 파일에서 분류기를 로드하거나 이미지에서 스케일 불변 검출을 수행하기 위해 제공되는 간단한 메서드를 사용할 수 있다. OpenCV에는 얼굴, 눈 등을 실시간으로 검출할 수 있는 여러 가지 분류 기준이 포함돼 있다. OpenCV 설치(또는 빌드) 폴더를 탐색하면 일반적으로 다음과 같은 하위 폴더가 포함된 etc라는 폴더가 포함돼 있다.

- haarcascades
- lbpcascades

haarcascades는 사전 훈련된 Haar 캐스케이드 분류기를 포함한다. 그리고 lbp 캐스케이드는 사전 훈련된 LBP 캐스케이드 분류기를 포함한다. Haar 캐스케이드 분류기는 일반적으로 LBP 캐스케이드 분류기보다 느리지만 대부분의 경우 훨씬 더 정확하다. Haar 및 LBP 캐스케이드 분류에 대한 자세한 내용은 Haar 웨이블릿, Haar-유사 특징 및 로컬 바이너리 패턴에 대한 온라인 리소스뿐만 아니라 OpenCV 문서를 참조하면 된다. 다음 절에서 배우겠지만 LBP 캐스케이딩 분류기는 Haar 분류기보다 훨씬 빠르게 학습할 수 있다. 충분히 훈련 데이터 샘플을 사용하면 두 가지 분류기 유형 모두에 대해 비슷한 정확도를 얻을 수 있다.

방금 언급한 분류기 폴더 각각에서 일련의 캐스케이딩 분류기를 미리 찾을 수 있다. 다음 분류기를 로드하고 CascadeClassifier 클래스의 load 메서드를 사용해 실시간으로 객체 검출을 준비할 수 있다(다음 예 참조).

```cpp
CascadeClassifier detector;
if(!detector.load("classifier.xml"))
{
    cout << "Can't load the provided cascade classifier." << endl;
    return -1;
}
```

캐스케이딩 분류기가 성공적으로 로드된 후 detectMultiScale 메서드를 사용해 이미지의 객체를 검출하고 다음 예제와 같이 검출된 객체의 경계 사각형이 포함된 백터를 반환할 수 있다.

```
vector<Rect> objects;
detector.detectMultiScale(frame,
                          objects);

for(int i=0; i< objects.size(); i++)
{
    rectangle(frame,
              objects [i],
              color,
              thickness);
}
```

color와 thickness는 이전에 정의된 대로 각 검출된 객체에 대해 그려진 사각형에 영향을 줄 수 있다.

```
Scalar color = Scalar(0,0,255);
int thickness = 2;
```

OpenCV가 사전 설치된 haarcascade 폴더에 haarcascade_frontalface_default. xml 분류기를 로드해 앞의 예를 테스트해 보자. 얼굴이 포함된 이미지로 위의 코드를 실행하면 다음과 같은 결과를 얻을 수 있다.

캐스케이드 분류기의 정확도는 다른 머신 러닝 모델과 마찬가지로 훈련 샘플 데이터 세트의 품질과 수량에 따라 달라진다. 이전에 언급했듯이 캐스케이딩 분류기는 특히 실시간 객체 검출에 널리 사용된다. 모든 컴퓨터에서 캐스케이딩 분류기의 성능을 보기 위해서는 다음 코드를 사용하면 된다.

```
double t = (double) getTickCount();

detector.detectMultiScale(image,
                          objects);

t = ((double) getTickCount() - t) / getTickFrequency();
t *= 1000; // ms로 변환
```

앞의 코드에서 마지막 줄은 시간 측정 단위를 초에서 밀리 초로 변환하는 데 사용된다. 다음 코드를 사용해 출력 이미지 위에 결과를 출력할 수 있다(예: 왼쪽 하단 모서리).

```
Scalar green = Scalar(0,255,0);
int thickness = 2;
double scale = 0.75;
putText(frame,
        "Took " + to_string(int(t)) + "ms to detect",
        Point(0, frame.rows-1),
        FONT_HERSHEY_SIMPLEX,
        scale,
        green,
        thickness);
```

그러면 다음 예제와 비슷한 텍스트가 포함된 출력 이미지가 생성된다.

OpenCV에 포함된 다른 사전 훈련된 캐스케이딩 분류기를 사용해 성능을 확인해 보자. 하나 확실한 점은 LBP 캐스케이드 분류기의 탐지 속도가 현저히 빠르다는 것 이다.

이전 예제에서는 CascadeClassifier 클래스의 detectMultiScale 메서드에 필요한 기본 매개변수 집합만 사용해 동작을 수정하고 경우에 따라 성능을 크게 향상시키기 위해 다음 예제와 같이 몇 가지 매개변수를 사용해야 했다.

```
double scaleFactor = 1.1;
int minNeighbors = 3;
int flags = 0; // 미사용
Size minSize(50,50);
Size maxSize(500, 500);
```

```
vector<Rect> objects;
detector.detectMultiScale(image,
                          objects,
                          scaleFactor,
                          minNeighbors,
                          flags,
                          minSize,
                          maxSize);
```

scaleFactor 매개변수는 각 검출 후에 이미지의 크기를 지정할 때 사용된다. 즉, 이미지의 크기를 조정하고 내부적으로 검출을 수행한다. 이것은 실제로 다중 스케일 검출 알고리즘이 작동하는 방식이다. 객체에서 이미지를 검색하면 크기가 지정된 scaleFactor만큼 줄어들고 검색이 다시 수행된다. 크기 축소는 이미지 크기가 분류기 크기보다 작아질 때까지 반복적으로 수행된다.

그런 다음 모든 스케일에서의 탐지 결과가 반환된다. scaleFactor 매개변수에는 항상 1.0보다 큰 값이 포함돼야 한다(조건: 같지 않거나 낮은 값은 안 됨). 다중-스케일 검출에서 더 높은 감도를 위해 1.01 또는 1.05와 같은 값을 설정하면 훨씬 더 긴 검출 시간이 생길 수 있으며 반대의 경우도 마찬가지가 될 수 있다. minNeighbors 매개변수는 탐지된 object를 계속 유지하기 위해 서로 비슷하거나 유사한 탐지 그룹을 나타낸다.

flags 매개변수는 최근 OpenCV 버전에서는 무시된다. minSize 및 maxSize 매개변수는 이미지내 객체의 최소 및 최대 크기를 지정하는 데 사용된다. 지정된 크기 범위에 속하지 않는 검출 객체는 무시되고 크기 재조정은 minSize에 도달할 때까지 이뤄지기 때문에 detectMultiScale 함수를 사용할 때의 정확성과 속도는 크게 향상될 수 있다.

detectMultiScale에는 예제를 단순화하기 위해 다루지 않은 다른 두 가지 변형이 있으며 일반적으로 캐스케이드 분류기 및 다중 스케일 검출에 대한 자세한 내용은 직접 확인하도록 한다. 동료 컴퓨터 비전 개발자가 사전 분류해 놓은 분류기를 온라인에서 검색해서 필요한 애플리케이션은 사용해 보기 바란다.

▌ 캐스케이딩 분류기 훈련

이전에 언급했듯이 포지티브 및 네거티브 샘플 이미지를 충분히 사용할 수 있는 경우엔 다른 객체를 검출하기 위해 자체 캐스케이딩 분류기를 만들 수도 있다. OpenCV를 사용해 분류기를 훈련시키기 위해서는 여러 단계를 거쳐야 하고, 이번 절에서 다룰 특별한 OpenCV 애플리케이션을 사용한다.

샘플 만들기

먼저 해야 할 작업은 포지티브 이미지 샘플 세트를 준비하기 위해 `opencv_createsamples`라는 도구가 필요하다. 반대로 네거티브 이미지 샘플은 관심 객체를 포함하지 않는 임의 이미지를 포함한 폴더에서 훈련 도중에 자동으로 추출된다.

`opencv_createsamples` 애플리케이션은 OpenCV 설치의 `bin` 폴더 안에 있다. 관심 대상 객체의 단일 이미지를 사용하고 왜곡 및 변형을 적용하거나 관심 객체를 잘라내거나 어노테이션 수행된annotated 이미지를 사용해 포지티브 샘플 데이터 세트를 만드는 데 사용할 수 있다. 전자의 경우를 먼저 살펴본다.

다음과 같은 교통 기호(또는 그와 관련된 다른 객체) 이미지가 있다고 가정하고, 이를 사용해 포지티브 샘플 데이터 세트를 만들고 싶다고 가정하자.

또한, 네거티브 샘플 소스가 포함된 폴더도 있어야 한다.

이전에 언급했듯이, 관심 대상을 포함하지 않는 임의 이미지를 포함한 폴더가 필요하다. 네거티브 샘플을 생성하는 데 사용할 다음과 유사한 이미지가 있다고 가정해 보자.

네거티브 이미지에서 크기와 종횡비$^{aspect\ ration}$, 또는 올바른 용어^{terminology}, 배경^{background} 이미지를 사용하는 것은 모두 중요하지 않다. 그러나 적어도 최소 탐지 가능 객체(분류기 크기)만큼 커야 하며 관심 객체의 이미지를 절대로 포함해서는 안 된다.

캐스케이드 분류기를 제대로 훈련시키려면 여러 가지 방법으로 왜곡되는 수백 또는 수천 개의 샘플 이미지가 필요하며 이는 작성하기가 쉽지 않다. 사실, 훈련 데이터를 수집하는 것은 캐스케이딩 분류기를 만드는 데 있어 가장 시간이 많이 걸리는 단계 중 하나다. opencv_createsamples 애플리케이션은 분류기를 생성하는 객체의 이전 이미지를 가져와서 왜곡을 적용하고 배경 이미지를 사용해 포지티브 샘플 데이터 세트를 생성해 이 문제를 해결할 수 있다. 다음은 사용 방법의 예다.

```
opencv_createsamples -vec samples.vec -img sign.png -bg bg.txt
```

```
-num 250 -bgcolor 0 -bgthresh 10 -maxidev 50
-maxxangle 0.7 -maxyangle 0.7 -maxzangle 0.5
-w 32 -h 32
```

위의 명령에서 사용된 매개변수에 대한 설명은 다음과 같다.

- vec는 생성될 포지티브 샘플 파일을 지정하는 데 사용된다. 여기서는 samples.vec 파일이다.

- img는 샘플을 생성하는 데 사용될 입력 이미지를 지정하는 데 사용된다. 여기서는 sign.png을 사용한다.

- bg는 배경 기술 파일^{background's description file}을 지정하는 데 사용된다. 배경 기술 파일은 모든 배경 이미지에 대한 경로를 포함하는 간단한 텍스트 파일이다(배경 기술 파일의 각 행에는 배경 이미지의 경로가 포함되어 있음). 여기서는 bg.txt라는 파일을 생성해 bg 매개변수에 제공했다.

- num 매개변수는 주어진 입력 이미지 및 배경을 사용해 생성하려는 포지티브 샘플 수를 결정한다. 여기서는 250을 사용하며, 물론 필요한 훈련의 정확도와 기간에 따라 더 높거나 낮은 숫자를 사용할 수 있다.

- bgcolor는 그레이 스케일의 관점에서 배경색을 정의하는 데 사용할 수 있다. 입력 이미지(교통 표지 이미지)에서 볼 수 있듯이 배경색은 검정색이므로 이 매개변수의 값은 0이다.

- bgthresh 매개변수는 허용되는 bgcolor 매개변수의 임계 값을 지정한다. 일부 이미지 형식에 공통적으로 적용되는 압축 아티팩트의 경우 특히 유용하며 같은 색상의 픽셀 값이 약간 다를 수 있다. 배경 픽셀에 대해 약간의 허용 오차를 허용하기 위해 이 매개변수의 값으로 10을 사용했다.

- maxidev는 샘플을 생성하는 동안 전경^{foreground} 픽셀 값의 최대 강도 편차를 설정하는 데 사용할 수 있다. 50의 값은 전경 픽셀의 강도가 원래 값 +/- 50 사이에서 달라질 수 있음을 의미한다.

- maxxangle, maxyangle 및 maxzangle은 새 샘플을 만들 때 x, y 및 z 방향에서

허용되는 최대 회전 수에 해당한다. 이 값은 라디안 단위이며, 여기서는 0.7, 0.7 및 0.5를 사용했다.

- w 및 h 매개변수는 샘플의 너비와 높이를 정의한다. 사각형 형상에 맞는 분류기를 훈련시키기 위한 객체가 있으며 두 객체 모두에 32를 사용했다. 이러한 동일한 값은 나중에 분류기를 훈련시킬 때 사용된다. 또한 나중에 훈련된 분류기에서 검출할 수 있는 최소 크기는 32가 된다.

> ℹ️ opencv_createsamples 애플리케이션은 이전 목록에서 나타낸 매개변수 외에도 생성된 샘플을 표시하는 데 사용할 수 있는 show 매개변수, 샘플 색상을 반전하는 데 사용할 수 있는 inv 매개변수 및 샘플내 픽셀의 무작위 반전 설정에 사용할 수 있는 randinv 매개변수도 이용 가능하다.

위의 명령을 실행하면 전경 픽셀에 대한 회전 및 강도를 변경해 주어진 샘플 수를 생성한다. 결과 샘플 중 일부는 다음과 같다.

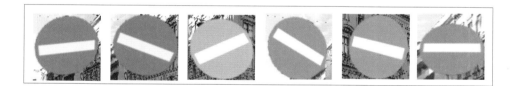

opencv_createsamples에 의해 생성된 포지티브 샘플 벡터 파일을 가지고, 배경 기술 파일(앞의 예제에서 bg.txt)과 함께 배경 이미지를 포함하는 폴더를 가지게 됐다. 이제 캐스케이드 분류기에 대한 훈련을 시작할 수 있지만 그 전에 포지티브 샘플을 만들 수 있는 두 번째 방법에 대해서도 알아보도록 한다.

두 번째 방법은 이미지에서 포지티브 샘플에 어노테이션을 달기 위해 사용되는 또 다른 공식 OpenCV 도구를 사용하는 것이다. 이는 opencv_annotation 도구이며, 포지티브 샘플 또는 캐스케이드 분류기를 훈련시키는 객체를 포함한 여러 이미지내 영역들을 쉽게 표시하기 위해 사용된다. opencv_annotation 도구는 opencv_ createsamples 도구와 더불어 다음 절에서 배울 OpenCV 캐스케이드 훈련 도구와 함께 사용할 포지티브 샘플 벡터를 생성 할 수 있는 어노테이션 텍스트 파일을 만든다(객체 어노테이션을 수동으로 작성).

다음과 비슷한 이미지가 포함된 폴더가 있다고 가정해 보자.

모든 이미지들은 찾고자 하는 여러 개의 교통 표지(관심 객체)를 포함하는 샘플 이미지들이며, 하나의 폴더에 모두 들어가 있다. opencv_annotation 도구를 사용하기 위해서는 다음의 명령어를 사용하면 되며, 샘플에 수동으로 어노테이션을 달 수 있다.

```
opencv_annotation --images=imgpath --annotations=anno.txt
```

위의 명령에서 imgpath는 이미지가 들어있는 폴더 경로(절대 경로와 슬래시로 표시)로 바꿔야 한다. anno.txt 또는 대신 제공된 다른 파일 이름은 어노테이션 결과로 채워지고 opencv_createsamples를 사용해 포지티브 샘플 벡터를 만든다. 앞의 명령을 실행하면 opencv_annotation 도구가 시작되고 도구 및 바로 가기 키를 사용하는 방법을 설명하는 다음 텍스트가 출력된다.

```
* mark rectangles with the left mouse button,
* press 'c' to accept a selection,
```

```
* press 'd' to delete the latest selection,
* press 'n' to proceed with next image,
* press 'esc' to stop.
```

앞의 출력이 나온 바로 후에 다음과 같은 창이 표시된다.

마우스의 왼쪽 버튼을 사용해 객체 강조 표시를 위한 빨간색 직사각형을 그릴 수 있다. C 키를 누르면 어노테이션이 완성되고 빨간색으로 표시된다. 동일한 이미지에서 나머지 샘플(있는 경우)에 대해 이 과정을 계속하고 N을 눌러서 다음 이미지로 넘어간다. 모든 이미지들에 대해서 어노테이션 작업을 수행한 이후에 ESC 키를 눌러서 애플리케이션을 끝마친다.

 -images 및 -annotations 매개변수 외에도 opencv_annotation 도구에는 -maxWindowHeight라는 선택적 매개변수가 포함돼 있으며 이 매개변수는 지정된 크기보다 큰 이미지의 크기를 조정하는 데 사용할 수 있다. 이 경우 resize 팩터는 -resizeFactor 라는 또 다른 선택적 매개변수로 지정할 수 있다.

opencv_annotation 도구로 작성된 어노테이션 파일은 다음과 같다.

```
signs01.jpg 2 145 439 105 125 1469 335 185 180
signs02.jpg 1 862 468 906 818
signs03.jpg 1 1450 680 530 626
signs04.jpg 1 426 326 302 298
signs05.jpg 0
signs06.jpg 1 1074 401 127 147
signs07.jpg 1 1190 540 182 194
signs08.jpg 1 794 460 470 488
```

어노테이션 파일의 각 라인은 이미지 경로와 그 이미지에서의 관심있는 객체 수, 그 객체에 대한 경계를 구성하는 사각형의 x, y, 너비, 높이를 포함한다. 어노테이션 텍스트 파일을 사용해 샘플 벡터를 생성하려면 다음 명령을 사용한다.

```
opencv_createsamples -info anno.txt -vec samples.vec -w 32 -h 32
```

이번에는 이미지와 임의의 배경에서 샘플을 생성하기 위해 opencv_createsamples 도구를 사용할 때는 없었던 -info 매개변수와 opencv_createsamples 도구를 같이 사용한다. 이젠 생성된 샘플에서의 교통 표지판을 검출할 수 있는 캐스케이딩 분류기를 훈련할 준비가 됐다.

분류기 생성

사용자가 배우려고 하는 마지막 도구는 opencv_traincascade다. 이 도구는 사용자 생각대로, 캐스케이딩 분류기를 훈련시키는 데 사용된다. 충분한 샘플과 배경 이미지를 가지고 이전 절에서 이미 설명한 샘플 벡터를 이미 처리했다면 opencv_traincascade 도구를 실행하고 훈련이 완료될 때까지 기다려야 한다. 이제 예제 훈련 명령을 확인하고, 매개변수에 대해서도 자세히 살펴보자.

```
opencv_traincascade -data classifier -vec samples.vec
   -bg bg.txt -numPos 200 -numNeg 200 -w 32 -h 32
```

이 명령어는 훈련 과정을 시작하는 가장 간단한 방법이며 필수 매개변수만 사용한다. 이 명령에 사용된 모든 매개변수들은 설명이 필요 없지만 -data 매개변수는 훈련 과정 중에 필요한 파일을 만드는 데 사용되는 기존 폴더여야 하며 최종 훈련 분류기(cascade.xml)가 이 폴더에 생성된다.

 numPos는 samples.vec 파일의 포지티브 샘플 수보다 높은 숫자를 포함할 수 없지만 numNeg는 훈련 과정 이후 기본적으로 임의의 숫자를 포함할 수 있으며 제공된 배경 이미지의 일부를 추출해 임의의 네거티브 샘플을 생성할 수 있다.

opencv_traincascade 도구는 -data 매개변수로 설정된 폴더에 여러 개의 XML 파일을 생성한다. 이 파일은 훈련 프로세스가 완료될 때까지 수정하면 안 된다. 다음은 각각에 대한 간단한 설명이다.

- params.xml 파일에는 분류기를 학습하는 데 사용되는 매개변수가 포함된다.
- stage#.xml 파일은 각 훈련 단계가 완료된 후 만들어지는 체크포인트다. 예기치 않은 이유로 훈련 과정이 종료된 경우 나중에 훈련을 재개하는 데 사용할 수 있다.
- cascade.xml 파일은 훈련된 분류기이며, 훈련된 학습 도구에 의해 생성된 마지막 파일이다. 이 파일을 복사해 trsign_classifier.xml 또는 이와 비슷한 이름으로 편리하게 이름을 바꿀 수 있으며, 이전 절에서 배웠던 CascadeClassifier 클래스와 함께 사용해 다중 스케일 객체 탐지를 수행할 수 있다.

opencv_traincascade는 매우 커스터마이징이 가능하고 유연한 툴이며 훈련된 분류기를 사용자의 필요에 맞출 많은 옵션 매개변수를 쉽게 수정할 수 있다.

다음은 가장 많이 사용되는 매개변수에 대한 설명이다.

- numStages는 캐스케이딩 분류기를 훈련하는 데 사용되는 단계 수를 설정할 때 사용할 수 있다. 기본적으로 numStages는 20이지만, 이 값을 줄이면 정확도를 희생시키면서 훈련 시간을 단축하거나 그 반대로 할 수 있다.
- precalcValBufSize와 precalcIdxBufSize 매개변수를 사용해 캐스케이딩 분류기를 훈련하는 동안 다양한 계산에 사용되는 메모리 양을 늘리거나 줄일 수 있다. 이러한 매개변수를 수정해 훈련 프로세스가 보다 효율적으로 수행되도록 할 수 있다.
- featureType은 훈련 도구의 가장 중요한 매개변수 중 하나이며 훈련된 분류 기준을 HAAR(무시된 경우 기본값) 또는 LBP로 설정하는 데 사용할 수 있다. 앞서 언급했듯이 LBP 분류기는 Haar 분류기보다 훨씬 빠르게 학습되며 탐지 속도도 훨씬 빠르지만 Haar 캐스케이드 분류기의 정확성은 부족하다. 적절한 양의 훈련 샘플을 사용하면 정확성 측면에서 Haar 분류기와 경쟁할 수 있는 LBP 분류기를 훈련할 수 있다.

매개변수 및 기술 내용에 대한 전체 목록을 보려면 OpenCV 문서를 참조한다.

딥러닝 모델 사용

최근에는 딥러닝 또는 심층 신경망^{DNN} 분야에서 큰 발전이 있었으며 실시간 객체 검출과 같은 컴퓨터 비전의 목적으로 사용될 딥러닝 알고리즘과 모델을 사용하는 라이브러리와 프레임워크가 점점 더 많이 도입되고 있다. 최신 버전의 OpenCV 라이브러리를 사용해 Caffe, Torch 및 TensorFlow와 같은 가장 많이 사용되는 DNN 프레임워크에 대한 사전 훈련된 모델을 사용하고, 객체 검색 및 예측 작업에도 사용할 수 있다.

OpenCV의 DNN 관련 알고리즘과 클래스는 모두 dnn 네임 스페이스에 존재하며 사용자가 사용하려면 코드에 다음을 포함해야 한다.

```
using namespace cv;
using namespace dnn;
```

실시간 객체 검출을 위해 OpenCV의 TensorFlow 라이브러리에서 미리 훈련된 모델을 로드하고 사용하는 방법을 살펴본다. 이 예제는 타사 라이브러리(이 경우 TensorFlow)에서 훈련한 심층 신경망 모델을 사용하는 기본 방법을 보여준다.

1. 객체 검색에 사용할 수 있는 미리 훈련된 TensorFlow 모델을 다운로드한다. 예를 들면, 검색을 통해 온라인으로 공식 TensorFlow 모델에 대한 ssd_mobilenet_v1_coco의 최신 버전을 다운로드한다.

   해당 버전의 링크는 앞으로 변경될 가능성이 있다(지금 당장 변경되는 것은 아니지만 지금 언급할만한 가치는 있다). 이런 경우에는 온라인으로 TensorFlow 모델 zoo를 검색해야 된다. TensorFlow 용어로는 zoo는 사전 훈련된 객체 탐지 모델을 포함한 것이다.

2. ssd_mobilenet_v1_coco 모델 패키지 파일을 다운로드한 후 원하는 폴더에 압축을 풀어야 한다. 모델 패키지를 압축 해제한 폴더에는 frozen_inference_graph.pb 파일과 몇 개의 파일이 추가된다. OpenCV에서 실시간 객체 검출에 사용하기 전에 이 모델 파일에서 텍스트 그래프 파일을 추출해야 한다.

   이 추출 작업은 기본적으로 OpenCV 설치에 포함돼 있는 Python 스크립트인 tf_text_graph_ssd.py라는 스크립트를 사용해 수행할 수 있으며 다음 경로에서 찾을 수 있다.

```
opencv-source-files/samples/dnntf_text_graph_ssd.py
```

다음 명령을 사용해 이 스크립트를 실행할 수 있다.

```
tf_text_graph_ssd.py --input frozen_inference_graph.pb
         --output frozen_inference_graph.pbtxt
```

> ℹ️ 이 스크립트의 올바른 실행은 컴퓨터에 올바른 TensorFlow 설치 여부에 따라 전적으로 달라진다.

3. frozen_inference_graph.pb 및 frozen_inference_graph.pbtxt 파일이 있어야 OpenCV에서 객체를 검출할 수 있다. 이러한 이유로 다음 예제에서와 같이 DNN **Network** 객체를 만들고 모델 파일을 객체로 읽어들여야 한다.

```
Net network = readNetFromTensorflow(
       "frozen_inference_graph.pb",
       "frozen_inference_graph.pbtxt");
if(network.empty())
   {
       cout << "Can't load TensorFlow model." << endl;
       return -1;
   }
```

4. 모델이 제대로 로드됐는지 확인한 후 다음 코드를 사용해 카메라, 이미지 또는 비디오 파일에서 읽어온 프레임에서 실시간 객체 검색을 수행할 수 있다.

```
const int inWidth = 300;
const int inHeight = 300;
```

```
const float meanVal = 127.5; // 255를 2로 나눈 값
const float inScaleFactor = 1.0f / meanVal;
bool swapRB = true;
bool crop = false;
Mat inputBlob = blobFromImage(frame,
                    inScaleFactor,
                    Size(inWidth, inHeight),
                    Scalar(meanVal, meanVal, meanVal),
                    swapRB,
                    crop);

network.setInput(inputBlob);
Mat result = network.forward();
```

blobFromImage 함수에 전달된 값은 모델에 완전히 의존한다는 점에 주목할 필요가 있다. 이 예제에서 같은 모델을 사용한다면 똑같은 값을 사용해야 한다. blobFromImage 함수는 딥 신경망$^{deep\ neural\ network}$의 예측 함수 또는 정확하게는 전달 함수와 함께 사용하기에 적합한 BLOB을 생성한다.

5. 탐지가 완료되면 다음 코드를 사용해 탐지된 객체와 그 경계 사각형을 단일 Mat 객체로 추출할 수 있다.

```
Mat detections(result.size[2],
            result.size[3],
            CV_32F,
            result.ptr<float>());
```

6. 검출 객체는 허용 가능한 검출 신뢰도를 갖는 개별 검출결과를 추출하고 그 결과를 입력 이미지 상에 그리기 위해 반복할 수 있다. 다음과 같이 사용한다.

```
const float confidenceThreshold = 0.5f;
for (int i=0; i<detections.rows; i++)
```

```
{
    float confidence = detections.at<float> (i, 2);
    if (confidence> confidenceThreshold)
    {
        // 신뢰 한계를 넘었다.
    }
}
```

탐지 객체의 각 행에서 세 번째 요소인 신뢰도는 더 정확한 결과를 얻기 위해 조정할 수 있지만, **0.5**는 대부분의 경우 그 정도면 사용 가능하며 시작 시에는 적어도 그 값이어야 한다.

7. 탐지가 신뢰 기준을 통과한 후에는 다음과 같이 탐지된 객체 ID와 경계 사각형을 추출해 입력 이미지에 그릴 수 있다.

```
int objectClass = (int) (detects.at<float> (i, 1)) - 1;
int left = static_cast<int> (
            detections.at<float> (i, 3) * frame.cols);
int top = static_cast<int> (
            detections.at<float> (i, 4) * frame.rows);
int right = static_cast<int> (
            detections.at<float> (i, 5) * frame.cols);
int bottom = static_cast<int> (
            detections.at<float> (i, 6) * frame.rows);
rectangle(frame, Point(left, top),
        Point(right, bottom), Scalar(0, 255, 0));

String label = "ID = " + to_string(objectClass);
if(objectClass < labels.size())
    label = labels[objectClass];
int baseLine = 0;
Size labelSize = getTextSize(label, FONT_HERSHEY_SIMPLEX,
                                0.5, 2, &baseLine);
top = max(top, labelSize.height);

rectangle(frame,
```

```
                Point(left, top - labelSize.height),
                Point(left + labelSize.width, top + baseLine),
                white, CV_FILLED);
        putText(frame, label, Point(left, top),
                FONT_HERSHEY_SIMPLEX, 0.5, red);
```

앞의 예제에서 objectClass는 탐지된 객체의 ID를 나타내며 이는 탐지 객체의 각 행에 있는 두 번째 요소다. 반면에 세 번째, 네 번째, 다섯 번째 및 여섯 번째 요소는 각 검출된 객체의 경계 사각형의 왼쪽, 위쪽, 오른쪽 및 아래쪽 값에 해당한다. 나머지 코드는 labels 객체는 그대로 두고 검출된 결과를 그린다. labels는 각 객체 ID의 사람이 읽을 수 있는 텍스트를 검색하는 데 사용할 수 있는 string 값의 vector다. 이 예제에서 사용된 나머지 매개변수와 마찬가지로 이 레이블은 모델에 따라 달라진다. 예를 들어, 이 예제의 경우 레이블은 다음 위치에서 찾을 수 있다.

https://github.com/tensorflow/models/blob/master/research/object_detection/data/mscoco_label_map.pbtxt

위의 레이블 벡터는 앞의 예제에서 사용한 다음 레이블 벡터로 변환했다.

```
const vector<string> labels = { "person", "bicycle" ...};
```

다음 그림은 OpenCV에서 사전 학습된 TensorFlow 모델을 사용해 객체를 검색한 결과를 보여준다.

딥러닝을 사용하면 특히 실시간으로 여러 객체를 학습하고 탐지해야 할 때 매우 효율적이다. 사전 훈련된 모델을 사용하는 방법 또는 이미 훈련된 모델이 없는 대상에 대해 DNN 모델을 훈련하거나 재훈련하는 방법에 대한 자세한 내용은 TensorFlow 및 OpenCV 문서를 참조하면 된다.

▌ 요약

8장에서는 SVM 모델에 대해 배우고 유사 데이터 그룹을 분류하도록 훈련시키는 방법에 대해서 다뤘다. SVM을 HOG 기술자와 함께 사용해 하나 이상의 특정 객체에 대해 학습한 후 새 이미지에서 탐지하고 분류하는 방법을 배웠다. SVM 모델에 대해 학습한 후에 ANN 모델을 사용해 훈련 샘플의 입력과 출력에 여러 개의 열^{column}이 있는 경우 강력한 기능을 제공할 수 있음을 알았다. 8장에는 Haar 및 LBP 캐스케이딩 분류기를 훈련하고 사용하는 방법에 대한 전체 안내 내용도 포함돼 있다. 이제 훈련용 데이터 세트를 처음부터 준비한 후 해당 데이터 세트를 사용해 캐스케이딩 분류기를 훈련하는 데 사용할 수 있는 공식 OpenCV 도구 사용법을 알게 됐다. 마지막으로 OpenCV에서 사전 학습된 딥러닝 객체 탐지 모델 사용법을 학습했다.

▌ 질문 사항

1. SVM 클래스의 train과 trainAuto의 차이점은 무엇인가?
2. 선형과 히스토그램 교차점의 차이점은 무엇인가?
3. HOG 창 크기가 128 × 96픽셀인 HOG 기술자 크기는 어떻게 계산할까(나머지 HOG 매개변수는 변경되지 않는다)?
4. 처음부터 훈련하는 대신 기존의 훈련된 ANN_MLP를 어떻게 업데이트할 수 있는가?
5. opencv_createsamples를 사용해 회사 단일 로고 이미지에서 포지티브 샘플 벡터를 만드는 명령어는 무엇인가? 너비가 24이고 높이가 32인 1,000개의 샘플을 만들고 회전 및 반전에 대한 기본 매개변수를 사용한다고 가정한다.
6. 이전 질문에서 회사 로고에 대한 LBP 캐스케이딩 분류기를 훈련하기 위해 필요한 명령은 무엇인가?
7. opencv_traincascade에서 캐스케이딩 분류기를 훈련하기 위한 기본 단계는 몇 단계인가? 어떻게 변경할 수 있을까? 기본값을 훨씬 넘어서서 단계 수를 늘리고 줄이고자 할 때 단점은 무엇일까?

부록

질문 사항

▌ 1장

1. 1장에서 언급한 것 외에 컴퓨터 비전의 이점을 크게 누릴 수 있는 두 가지 산업을 나열해보자.

   스포츠 산업은 컴퓨터 비전을 사용해 더 나은 매칭 분석을 할 수 있다.

   식품 산업은 제품의 품질 관리를 위해 컴퓨터 비전을 사용할 수 있다.

2. 보안 목적으로 사용되는 컴퓨터 비전 애플리케이션의 예는 무엇일까? (아직 살펴보지 못한 애플리케이션에 대한 아이디어를 생각해보자.)

   열차, 비행 등에 대한 표 확인을 위해 얼굴 인식을 사용하는 애플리케이션을 예로 들 수 있다.

3. 생산성 향상을 위해 사용되는 컴퓨터 비전 애플리케이션의 예가 무엇일까? (다시 생각해 보면, 그런 건 존재하지 않는다고 의심했던 애플리케이션에 대해서도 생각해 보자.)

시각 장애인을 돕기 위해 카메라를 사용하는 애플리케이션이 있다.

4. 4채널 및 32비트 깊이의 1920 × 1080 이미지를 저장하려면 얼마나 많은 용량(메가 바이트)이 필요할까?

약 31.64 메가 바이트

$$32400 \div 1024 =$$

$$31.640625$$

$$33177600 \div 1024 =$$

$$32,400$$

$$265420800 \div 8 =$$

$$33,177,600$$

$$1920 \times 1080 \times 4 \times 32 =$$

$$265,420,800$$

5. 최근에는 4K 또는 8K 이미지라고 하는 Ultra-HD 이미지가 많이 사용되는데 초고속 HD 이미지는 몇 메가 픽셀일까?

이것은 주로 종횡비에 따라 달라진다. 일반적인 16 : 9 종횡비의 경우 다음과 같다.

- 4K: 8.3메가 픽셀

- 8K: 33.2메가 픽셀

자세한 정보는 다음의 링크를 통해 확인한다.

https://en. wikipedia. org/wiki/Ultra- high- definition_ television

6. 1장에서 언급한 색상 공간 외에 일반적으로 사용되는 두 가지 색상 공간을 지정해보자.

YUV 및 LUV 색상 공간

https://en. wikipedia.org/wiki/List_ of_ color_ spaces_ and_ their_ uses

7. OpenCV 라이브러리를 MATLAB의 컴퓨터 비전 도구와 비교한다. 각 장단점은 무엇일까?

일반적으로 MATLAB은 컴퓨터 비전 애플리케이션을 시뮬레이션 및 프로토타이핑할 때 가장 적합하지만 OpenCV는 최종 제품에서 속도와 완벽한 제어가 필요한 실제 시나리오 및 애플리케이션에 필요하다.

▌2장

1. 3가지 추가 OpenCV 모듈의 용도와 이름을 나타내시오.

xfeatures2d 모듈을 사용해 추가 특징 검출 알고리즘을 사용할 수 있다.

face 모듈은 OpenCV에서 얼굴 분석 알고리즘을 포함하는 데 사용할 수 있다.

text 모듈은 OpenCV에 OCR 기능Tesseract OCR을 추가하는 데 사용할 수 있다.

2. BUILD_opencv_world 플래그를 켜고 OpenCV 3을 빌드하면 어떤 영향이 있을까?

BUILD_opencv_world 플래그로 OpenCV 3을 빌드하면 core, imcodecs 및 highgui와 같은 모든 바이너리 라이브러리 파일이 단일 월드 라이브러리로 결합

된다.

3. 1장에서 설명한 ROI 픽셀 액세스 방법을 사용하면, 중간 픽셀과 다른 이미지내의 모든 인접 픽셀(가운데 9픽셀)에 액세스할 수 있도록 하기 위해서 Mat 클래스를 어떻게 구성할 수 있을까?

다음에서는 이 목표를 달성할 수 있는 예제 코드를 나타냈다.

```
Mat image = imread("Test.png");
if(image.empty())
 {
 cout << "image empty";
 return 0;
 }
int centerRow = (image.rows / 2) - 1;
 int centerCol = (image.cols / 2) - 1;
 Mat roi(image, Rect(centerCol - 1, centerRow - 1, 3, 3));
roi = Scalar(0,0,255); // 픽셀을 변경한다(빨강으로 변경).
imshow("image", image);
 waitKey();
```

4. 2장에서 언급한 것 이외의 **Mat** 클래스의 다른 픽셀 액세스 메서드 이름을 나타내시오.

```
Mat::row는 단일 행에 액세스하는 데 사용할 수 있다.
 Mat::column은 단일 열에 액세스하는 데 사용할 수 있다.
```

5. **at** 메서드와 **for** 루프를 사용해 프로그램을 만든다. 이 메서드는 디스크에서 읽은 RGB 이미지에서 오직 하나의 채널만을 포함하는 세 개의 개별 색상 이미지를 만든다.

```
Mat image = imread("Test.png");
if(image.empty())
 {
 cout << "image empty";
 return 0;
 }
Mat red(image.rows, image.cols, CV_8UC3, Scalar::all(0));
 Mat green(image.rows, image.cols, CV_8UC3, Scalar::all(0));
 Mat blue(image.rows, image.cols, CV_8UC3, Scalar::all(0));
for(int i=0; i<image.rows; i++)
 {
 for(int j=0; j<image.cols; j++)
 {
 blue.at<Vec3b>(i, j)[0] = image.at<Vec3b>(i, j)[0];
 green.at<Vec3b>(i, j)[1] = image.at<Vec3b>(i, j)[1];
 red.at<Vec3b>(i, j)[2] = image.at<Vec3b>(i, j)[2];
 }
 }
imshow("Blue", blue);
 imshow("Green", green);
 imshow("Red", red);
waitKey();
```

6. STL-유사 반복기를 사용해 그레이 스케일 이미지의 평균 픽셀 값을 계산 한다.

```
Mat image = imread("Test.png", IMREAD_GRAYSCALE);
if(image.empty())
 {
 cout << "image empty";
 return 0;
 }
int sum = 0;
MatIterator_<uchar> it_begin = image.begin<uchar>();
 MatIterator_<uchar> it_end = image.end<uchar>();
 for( ; it_begin != it_end; it_begin++)
 {
 sum += (*it_begin);
 }
double average = sum / (image.cols * image.rows);
cout << "Pixel count is " << image.cols * image.rows << endl;
```

```
cout << "Average pixel value is " << average << endl;
```

7. Videocapture, waitKey 및 imwrite를 사용해 웹캠으로 표시하고 S키를 누르면 보이는 이미지를 저장하는 프로그램을 만들어 본다. 이 프로그램에서는 스페이스 바를 누르면 웹캠 녹화를 중지하고 종료된다.

```
VideoCapture cam(0);
if(!cam.isOpened())
 return -1;
while(true)
 {
 Mat frame;
 cam >> frame;
 if(frame.empty())
 break;
imshow("Camera", frame);
// 스페이스 키를 누르면 카메라 멈춤
char key = waitKey(10);
if(key == ' ')
 break;
if(key == 's')
 imwrite("d:/snapshot.png", frame);
 }
cam.release();
```

▌ 3장

1. 요소 단위 수학 연산과 비트 연산 중 어느 것이 정확한 결과를 제공할까?
   bitwise_xor 및 absdiff 함수는 동일한 결과를 생성한다.

2. OpenCV에서 gemm 함수의 목적은 무엇일까? gemm 함수를 사용해 A*B에 해

당하는 동작을 하려면 어떻게 해야 할까?

gemm 함수는 OpenCV에서 일반화된 곱셈 함수다. 다음은 두 개 행렬의 간단한 곱셈과 동일한 gemm 함수의 호출 방법이다.

```
gemm (image1, image2, 1.0, noArray(), 1.0, result);
```

3. borderInterpolate 함수를 사용해 경계 유형이 BORDER_REPLICATE인 지점 (-10, 50)에 존재하지 않는 픽셀의 값을 계산한다. 이러한 계산을 하기 위해 서 어떤 함수를 호출해야 할까?

```
Vec3b val = image.at<Vec3b>(borderInterpolate(50,
                                image.rows,
                                cv::BORDER_REFLECT_101),
                            borderInterpolate(-10,
                                image.cols,
                                cv::BORDER_WRAP));
```

4. 3장내의 단위 행렬 학습에 대한 절에서 사용했던 동일한 단위 행렬을 생 성해보자. 그렇지만, Mat::eye 함수 대신에 setIdentity 함수를 사용해야 한다.

```
Mat m(10, 10, CV_32F);
setIdentity(m, Scalar(0.25));
```

5. 그레이 스케일 및 색상이 존재하는(RGB) 이미지를 사용해, bitwise_not(반 전 색상)과 동일한 작업을 수행하는 LUT 함수(룩업 테이블 변환)를 이용한 프 로그램을 만들어보자.

```
Mat image = imread("Test.png");
```

```
Mat lut(1, 256, CV_8UC1);

for(int i=0; i<256; i++)
{
  lut.at<uchar>(0, i) = 255 - i;
}

Mat result;
LUT(image, lut, result);
```

6. 행렬의 값을 정규화하는 것 외에도 normalize 함수를 사용해 이미지를 밝게 하거나 어둡게 할 수 있다. normalize 함수를 사용해 그레이 스케일 이미지를 어둡게 하고 밝게 하는 데 필요한 함수 호출을 만들어보자.

```
normalize(image, result, 200, 255, CV_MINMAX); // 밝게
normalize(image, result, 0, 50, CV_MINMAX); // 어둡게
```

7. merge와 split 함수를 사용해 이미지(imread 함수를 사용해 만든 BGR 이미지)에서 파란색 채널(첫 번째 채널)을 제거해보자.

```
vector<Mat> channels;
split(image, channels);
channels[0] = Scalar::all(0);
merge(channels, result);
```

▌ 4장

1. 픽셀 3개의 두께와 붉은색을 사용해 전체 이미지에 십자 표시를 그려주는 프로그램을 작성한다.

```
line(image,
 Point(0,0),
 Point(image.cols-1,image.rows-1),
 Scalar(0,0,255),
 3);
line(image,
 Point(0,image.rows-1),
 Point(image.cols-1,0),
 Scalar(0,0,255),
 3);
```

2. 트랙 바를 사용해 medianBlur 함수의 ksize를 변경하는 기능이 포함된 윈도
   우를 만든다. kszise 값의 가능한 범위는 3에서 99 사이여야 한다.

```
Mat image;
 int ksize = 3;
 string window = "Image";
 string trackbar = "ksize";
void onChange(int ksize, void*)
 {
 if(ksize %2 == 1)
 {
 medianBlur(image,
 image,
 ksize);
 imshow(window, image);
 }
 }

int main()
 {
 image = imread("Test.png");
 namedWindow(window);
 createTrackbar(trackbar, window, &ksize, 99, onChange);
 setTrackbarMin(trackbar, window, 3);
```

```
setTrackbarMax(trackbar, window, 99);
onChange(3, NULL);
waitKey();
}
```

3. 직사각형 모폴로지 형태를 가지고 커널 크기 7을 가지도록 요소를 구성해 이미지에 그라디언트 모폴로지 연산을 수행한 결과를 나타낸다.

```
int ksize = 7;
morphologyEx(image,
result,
MORPH_GRADIENT,
getStructuringElement(MORPH_RECT,
Size(ksize,ksize)));
```

예제 결과는 다음과 같다.

4. cvtColor를 사용해 컬러 이미지를 그레이 스케일로 변환하고 threshold 함수에서 가장 어둡도록 음영 임계 값으로 100을 사용해 필터링한다. 결과 이미지에서 필터링된 픽셀이 흰색을 가지도록 설정하고 나머지 픽셀은 검정으로 설정돼야 한다.

```
Mat imageGray;
```

```
cvtColor(image,
imageGray,
COLOR_BGR2GRAY);
threshold(imageGray,
result,
100,
255,
THRESH_BINARY_INV);
```

예제 결과는 다음과 같다.

5. remap 함수를 사용해 이미지의 크기를 원본 너비와 높이의 절반으로 변경하
   지만 원본 이미지의 종횡비는 보존해야 한다. 외삽을 적용하기 위해서 기본
   경계 유형border type을 사용해야 한다.

```
Mat mapX(image.size(), CV_32FC1);
Mat mapY(image.size(), CV_32FC1);
for(int i=0; i<image.rows; i++)
for(int j=0; j<image.cols; j++)
{
mapX.at<float>(i,j) = j*2.0;
mapY.at<float>(i,j) = i*2.0;
}
InterpolationFlags interpolation = INTER_LANCZOS4;
BorderTypes borderMode = BORDER_DEFAULT;
```

```
remap(image,
result,
mapX,
mapY,
interpolation,
borderMode);
```

예제 결과는 다음과 같다.

6. a) 컬러맵을 사용해 이미지를 그레이 스케일로 변환한다. b) 이미지를 그레
   이 스케일로 변환하고 동시에 픽셀을 반전시킨다.

a)
```
Mat userColor(256, 1, CV_8UC3);
 for(int i=0; i<=255; i++)
 userColor.at<Vec3b>(i,0) = Vec3b(i, i, i);
 applyColorMap(image,
 result,
 userColor);
```

b)
```
Mat userColor(256, 1, CV_8UC3);
 for(int i=0; i<=255; i++)
 userColor.at<Vec3b>(i,0) = Vec3b(255-i, 255-i, 255-i);
 applyColorMap(image,
 result,
```

```
userColor);
```

7. 원근법 변환 함수에 대해 살펴봤는가? 하나의 함수로 모든 유사 변환을 다루기 위해서 어떤 OpenCV 함수를 사용해야 할까?

findHomography 함수다.

5장

1. 3개 채널의 이미지 중에서 두 번째 채널의 히스토그램을 계산한다. 두 번째 채널에서는 0 – 100 범위와 빈 크기를 선택해서 사용할 수 있다.

```
int bins = 25; // 선택사항
 int nimages = 1;
 int channels[] = {1};
 Mat mask;
 int dims = 1;
 int histSize[] = { bins };
 float range[] = {0, 100};
 const float* ranges[] = { range };
 Mat histogram;
 calcHist(&image,
 nimages,
 channels,
 mask,
 histogram,
 dims,
 histSize,
 ranges);
```

2. 히스토그램을 만들고 그레이 스케일 이미지에서 가장 어두운 픽셀을 추출하

기 위해 calcBackProject 함수를 사용할 수 있다. 그레이 스케일 강도를 사용해 가능한 가장 어두운 25%의 픽셀 값을 추출한다.

```
int bins = 4;
 float rangeGS[] = {0, 256};
 const float* ranges[] = { rangeGS };
 int channels[] = {0};
 Mat histogram(bins, 1, CV_32FC1, Scalar(0.0));
 histogram.at<float>(0, 0) = 255.0;
 calcBackProject(&imageGray,
 1,
 channels,
 histogram,
 backProj,
 ranges);
```

3. 이전 질문에서 마스크에서 추출하는 대신에 가장 어두운 부분과 가장 밝은 25%를 제외하려면 어떻게 해야 하는가?

```
int bins = 4;
 float rangeGS[] = {0, 256};
 const float* ranges[] = { rangeGS };
 int channels[] = {0};
 Mat histogram(bins, 1, CV_32FC1, Scalar(0.0));
 histogram.at<float>(1, 0) = 255.0;
 histogram.at<float>(2, 0) = 255.0;
 calcBackProject(&imageGray,
 1,
 channels,
 histogram,
 backProj,
 ranges);
```

4. 빨간색의 색조 값은 어떤 값일까? 색상을 파란색으로 표시하려면 얼마만큼

이동해야 할까?

빨간색에 대한 색조 값은 0과 360이다. 240으로 이동하면 파란색이 된다.

5. 이미지에서 붉은색 픽셀을 추출하는 데 사용할 수 있는 색조 히스토그램을 만든다. 붉은색 픽셀에 대해 오프셋 50을 적용한다. 마지막으로 계산된 색조 히스토그램을 시각화한다.

```cpp
const int bins = 360;
int hueOffset = 35;
Mat histogram(bins, 1, CV_32FC1);
for(int i=0; i<bins; i++)
{
histogram.at<float>(i, 0) =
(i < hueOffset) || (i > bins - hueOffset) ? 255.0 : 0.0;
}
double maxVal = 255.0;
int gW = 800, gH = 100;
Mat theGraph(gH, gW, CV_8UC3, Scalar::all(0));
Mat colors(1, bins, CV_8UC3);
for(int i=0; i<bins; i++)
{
colors.at<Vec3b>(i) =
Vec3b(saturate_cast<uchar>(
(i+1)*180.0/bins), 255, 255);
}
cvtColor(colors, colors, COLOR_HSV2BGR);
Point p1(0,0), p2(0,theGraph.rows-1);
for(int i=0; i<bins; i++)
{
float value = histogram.at<float>(i,0);
value = maxVal - value; // 반전
value = value / maxVal * theGraph.rows; // 크기
p1.y = value;
p2.x = float(i+1) * float(theGraph.cols) / float(bins);
rectangle(theGraph,
p1,
```

```
    p2,
    Scalar(colors.at<Vec3b>(i)),
    CV_FILLED);
    p1.x = p2.x;
    }
```

6. 히스토그램의 누적 적분을 계산한다.

```
float integral = 0.0;
 for(int i=0; i<bins; i++)
 {
 integral += histogram.at<float>(i, 0);
 }
```

7. 컬러 이미지에서 히스토그램 평활화를 수행한다. equalizeHist 함수는 단일
   채널 8비트 그레이 스케일 이미지의 히스토그램 평활화만 지원한다.

```
Mat channels[3], equalized[3];
 split(image, channels);
equalizeHist(channels[0], equalized[0]);
 equalizeHist(channels[1], equalized[1]);
 equalizeHist(channels[2], equalized[2]);
Mat output;
 cv::merge(equalized, 3, output);
```

6장

1. 6장에서 카메라를 다루는 모든 예제에서는 프레임이 손상되면 빈 프레임이 검출돼 반환된다. 프로세스가 중지되기 전에 사전 정의된 횟수만큼 재시도를 하려면 어떤 유형의 수정이 필요한가?

```cpp
const int RETRY_COUNT = 10;
 int retries = RETRY_COUNT;
while(true)
 {
Mat frame;
 cam >> frame;
 if(frame.empty())
 {
 if(--retries < 0)
 break;
 else
 continue;
 }
 else
 {
 retries = RETRY_COUNT;
 }
// 나머지 동작
 }
```

2. meanShift 함수를 호출해 Mean Shift 알고리즘을 10회 반복하고 엡실론 값을 0.5로 수행하려면 어떻게 해야 할까?

```cpp
TermCriteria criteria(TermCriteria::MAX_ITER
 + TermCriteria::EPS,
 10,
 0.5);
```

```
meanShift(backProject,
  srchWnd,
  criteria);
```

3. 추적된 객체의 색조 히스토그램을 어떻게 시각화할 수 있을까? CamShift 알
   고리즘이 추적에 사용된다고 가정한다.

```
Having the following function:
 void visualizeHue(Mat hue)
 {
 int bins = 36;
 int histSize[] = {bins};
 int nimages = 1;
 int dims = 1;
 int channels[] = {0};
 float rangeHue[] = {0, 180};
 const float* ranges[] = {rangeHue};
 bool uniform = true;
 bool accumulate = false;
 Mat histogram, mask;
calcHist(&hue,
 nimages,
 channels,
 mask,
 histogram,
 dims,
 histSize,
 ranges,
 uniform,
 accumulate);
double maxVal;
 minMaxLoc(histogram,
 0,
 &maxVal,
 0,
```

```
 0);
int gW = 800, gH = 100;
 Mat theGraph(gH, gW, CV_8UC3, Scalar::all(0));
Mat colors(1, bins, CV_8UC3);
 for(int i=0; i<bins; i++)
 {
 colors.at<Vec3b>(i) =
 Vec3b(saturate_cast<uchar>(
 (i+1)*180.0/bins), 255, 255);
 }
 cvtColor(colors, colors, COLOR_HSV2BGR);
 Point p1(0,0), p2(0,theGraph.rows-1);
 for(int i=0; i<bins; i++)
 {
 float value = histogram.at<float>(i,0);
 value = maxVal - value; // 반전
 value = value / maxVal * theGraph.rows; // 크기
 p1.y = value;
 p2.x = float(i+1) * float(theGraph.cols) / float(bins);
 rectangle(theGraph,
 p1,
 p2,
 Scalar(colors.at<Vec3b>(i)),
 CV_FILLED);
 p1.x = p2.x;
 }
imshow("Graph", theGraph);
 }
```

CamShift 함수 호출 후에 다음과 같이 사용해 탐지된 객체의 색조를 시각화
할 수 있다.

```
CamShift(backProject,
 srchWnd,
 criteria);
visualizeHue(Mat(hue, srchWnd));
```

4. 필터링된 값과 측정된 값이 겹치도록 KalmanFilter 클래스에서 프로세스 잡음 공분산을 설정한다. KalmanFilter 클래스의 행동 제어를 위한 모든 행렬 중에 공정 잡음 공분산만 설정한다고 가정한다.

```
setIdentity(kalman.processNoiseCov,
  Scalar::all(1.0));
```

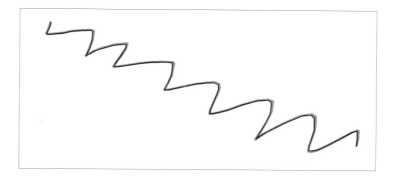

5. 창에서 마우스의 Y 위치가 창의 왼쪽 상단에서 시작해 창 너비와 동일한 크기를 갖는 (채워진) 사각형의 높이를 나타내는 데 사용된다고 가정해 보자. 사각형의 높이(단일 값)를 수정하고 채워진 사각형의 크기 조정을 부드럽게 해주는 마우스 움직임의 노이즈를 제거할 수 있는 칼만 필터를 만들어 보자.

```
int fillHeight = 0;
void onMouse(int, int, int y, int, void*)
 {
 fillHeight = y;
 }
 int main()
 {
 KalmanFilter kalman(2,1);
Mat_<float> tm(2, 2); // 천이 행렬
 tm << 1,0,
 0,1;
```

```
kalman.transitionMatrix = tm;
 Mat_<float> h(1,1);
 h.at<float>(0) = 0;
kalman.statePre.at<float>(0) = 0; // x 초기화
 kalman.statePre.at<float>(1) = 0; // x' 초기화
setIdentity(kalman.measurementMatrix);
setIdentity(kalman.processNoiseCov,
 Scalar::all(0.001));
string window = "Canvas";
 namedWindow(window);
 setMouseCallback(window, onMouse);
while(waitKey(10) < 0)
 {
 // 빈 캔버스
 Mat canvas(500, 500, CV_8UC3, Scalar(255, 255, 255));
h(0) = fillHeight;
Mat estimation = kalman.correct(h);
float estH = estimation.at<float>(0);
rectangle(canvas,
 Rect(0,0,canvas.cols, estH),
 Scalar(0),
 FILLED);
imshow(window, canvas);
kalman.predict();
 }
 return 0;
}
```

6. 그림자가 변경되는 것을 피하면서 전경 이미지 내용을 추출하기 위해
   BackgroundSubtractorMOG2 객체를 만든다.

```
Ptr<BackgroundSubtractorMOG2> bgs =
 createBackgroundSubtractorMOG2(500, // hist
 16, // 임계 값
 false // 그림자 없음
```

```
);
```

7. 배경 세그멘테이션 알고리즘을 사용해 현재(샘플링된 것과 반대) 배경 이미지
   를 표시하는 프로그램을 작성해보자.

```
VideoCapture cam(0);
 if(!cam.isOpened())
 return -1;
Ptr<BackgroundSubtractorKNN> bgs =
 createBackgroundSubtractorKNN();
while(true)
 {
Mat frame;
 cam >> frame;
 if(frame.empty())
 break;
Mat mask;
 bgs->apply(frame, mask);
bitwise_not(mask, mask);
Mat bg;
 bitwise_and(frame, frame, bg, mask);
imshow("bg", bg);
int key = waitKey(10);
 if(key == 27) // ESC 키
 break;
 }
cam.release();
```

7장

1. 템플릿 매칭 알고리즘은 스케일 및 회전 불변적이지 않다. a) 템플릿 이미지의 배율을 두 배로 하고 b) 템플릿 이미지의 90도 회전을 했을 때 어떻게 매칭되도록 만들 수 있을까?

   a) resize 함수를 사용해 템플릿 이미지의 크기를 조정한 후 matchTemplate 함수를 호출한다.

   ```
   resize (templ, templ, Size(), 2.0, 2.0);
    matchTemplate(image, templ, TM_CCOEFF_NORMED);
   ```

   b) 템플릿을 90도 회전한 후 matchTemplate 함수를 호출한다.

   ```
   rotate(templ, templ, ROTATE_90_CLOCKWISE);
    matchTemplate(image, templ, TM_CCOEFF_NORMED);
   ```

2. GFTTDetector 클래스를 사용해 Harris 모서리 검출 알고리즘으로 키포인트를 검출한다. 모서리 검출 알고리즘에서의 값을 설정해보자.

```
Mat image = imread("Test.png");
 Ptr<GFTTDetector> detector =
 GFTTDetector::create(500,
 0.01,
 1,
 3,
 true);
vector<KeyPoint> keypoints;
 detector->detect(image, keypoints);
drawKeypoints(image,
 keypoints,
 image);
```

3. 허프 변환은 HoughCircles 함수를 사용해 이미지의 원을 검출하는 데에도 사용할 수 있다. OpenCV 문서에서 검색해 이미지에서 원을 검출하는 프로그램을 작성해보자.

```
Mat image = imread("Test.png");
 cvtColor(image, image, COLOR_BGR2GRAY);
 vector<Vec3f> circles;
 HoughCircles(image,
 circles,
 HOUGH_GRADIENT,
 2,
 image.rows/4);
 for(int i=0; i<circles.size(); i++)
 {
 Point center(cvRound(circles[i][0]),
 cvRound(circles[i][1]));
 int radius = cvRound(circles[i][2]);
circle( image, center, radius, Scalar(0,0,255));
 }
```

4. 이미지에서 볼록한 윤곽을 검출하고 그려보자.

```
Mat image = imread("Test.png");
 Mat imgGray;
 cvtColor(image, imgGray, COLOR_BGR2GRAY);
double threshold1 = 100.0;
 double threshold2 = 200.0;
 int apertureSize = 3;
 bool L2gradient = false;
 Mat edges;
 Canny(image,
 edges,
 threshold1,
 threshold2,
```

```
 apertureSize,
 L2gradient);
vector<vector<Point> > contours;
 int mode = CV_RETR_TREE;
 int method = CV_CHAIN_APPROX_TC89_KCOS;
 findContours(edges,
 contours,
 mode,
 method);
Mat result(image.size(), CV_8UC3, Scalar::all(0));
 for(int i = 0; i< contours.size(); i++)
 {
 if(isContourConvex(contours[i]))
 {
 drawContours(result,
 contours,
 i,
 Scalar(0, 255, 0),
 2);
 }
 }
```

5. ORB 클래스를 사용해 두 이미지의 키포인트를 검출하고 기술자를 추출한
   후 매칭해 보자.

```
Mat object = imread("Object.png");
 Mat scene = imread("Scene.png");
Ptr<ORB> orb = ORB::create();
 vector<KeyPoint> objKPs, scnKPs;
 Mat objDesc, scnDesc;
 orb->detectAndCompute(object,
 Mat(),
 objKPs,
 objDesc);
 orb->detectAndCompute(scene,
```

```
 Mat(),
 scnKPs,
 scnDesc);
Ptr<BFMatcher> matcher = BFMatcher::create();
vector<DMatch> matches;
 matcher->match(objDesc, scnDesc, matches);
Mat result;
 drawMatches(object,
 objKPs,
 scene,
 scnKPs,
 matches,
 result);
 imshow("image", result);
```

6. 어떤 특징-기술자-매칭(feature-descriptor-matching) 알고리즘이 ORB 알고리즘과 호환이 안되면 그 이유는 무엇일까?

   FLANN 기반 매칭 알고리즘은 ORB와 같이 비트 문자열 유형을 가진 기술자와 함께 사용할 수 없다.

7. 다음 OpenCV 함수와 주어진 샘플을 사용해 임의의 코드를 실행하는 데 필요한 시간을 계산할 수 있다. 컴퓨터에서 매칭하는 데 사용하는 알고리즘의 수행 시 걸리는 시간을 계산할 때 사용한다.

```
double freq = getTickFrequency();
 double countBefore = getTickCount();
// 사용자 코드 위치
double countAfter = getTickCount();
 cout << "Duration :"<<
 (countAfter - countBefore) / freq << "seconds";
```

▌8장

1. SVM 클래스의 train과 trainAuto의 차이점은 무엇인가?

   trainAuto 메서드는 C, Gamma 등과 같은 SVM 매개변수에 대한 최적 값을 선택하고 모델을 훈련시키는 반면 train 메서드는 주어진 매개변수를 단순히 사용하기만 한다. trainAuto 함수와 최적화가 얼마나 정확한지에 대한 자세한 내용은 SVM 클래스 문서를 통해서 알 수 있다.

2. 선형과 히스토그램 교차점의 차이점은 무엇인가?

   다음 코드를 사용해 커널 유형을 LINEAR로 설정할 수 있다.

```
svm-> setKernel(SVM::LINEAR);
```

검정, 흰색 및 회색점의 그룹을 표시했을 때의 분류(분할) 결과는 다음과 같다.

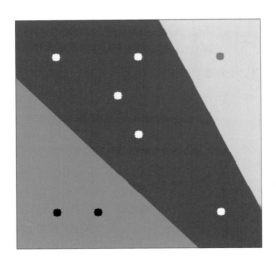

마찬가지로 다음 코드를 사용해 커널 유형을 히스토그램 교차로 형태로 설정할 수 있다.

348

```
svm-> setKernel(SVM::INTER);
```

다음은 히스토그램 교차점 커널로 세그먼트화된 동일한 데이터의 결과다.

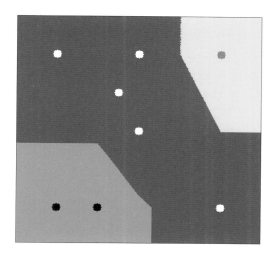

3. HOG 창 크기가 128 × 96픽셀인 HOG 기술자 크기는 어떻게 계산할까(나머지 HOG 매개변수는 변경되지 않는다)?

```
HOGDescriptor hog;
hog.winSize = Size(128, 128);
vector<float> tempDesc;
hog.compute(Mat(hog.winSize, CV_8UC3),
        tempDesc);
int descriptorSize = tempDesc.size();
```

4. 처음부터 훈련하는 대신 기존의 훈련된 ANN_MLP를 어떻게 업데이트할 수 있는가?

훈련 중에 UPDATE_WEIGHTS 플래그를 설정해 수행할 수 있다. 다음은 그 예제 코드다.

```
ann-> train(trainData, UPDATE_WEIGHTS);
```

5. opencv_createsamples를 사용해 회사 단일 로고 이미지에서 포지티브 샘플
   벡터를 만드는 명령어는 무엇인가? 너비가 24이고 높이가 32인 1,000개의
   샘플을 만들고 회전 및 반전에 대한 기본 매개변수를 사용한다고 가정한다.

```
opencv_createsamples -vec samples.vec -img sign.png -bg bg.txt
  -num 1000 -w 24 -h 32
```

6. 이전 질문에서 회사 로고에 대한 LBP 캐스케이딩 분류기를 훈련하기 위해
   필요한 명령은 무엇인가?

```
opencv_traincascade -data classifier -vec samples.vec
  -bg bg.txt -numPos 1000 -numNeg 1000 -w 24 -h 32
    -featureType LBP
```

7. opencv_traincascade에서 캐스케이딩 분류기를 훈련하기 위한 기본 단계
   는 몇 단계인가? 어떻게 변경할 수 있을까? 기본값을 훨씬 넘어서서 단계 수
   를 늘리고 줄이고자 할 때 단점은 무엇일까?
   분류기를 훈련할 때의 기본 단계는 20이며, 이는 대부분의 유스케이스에서
   충분한 값이다. numStages 매개변수를 사용해 원하는 다른 값으로 설정할
   수 있다. 단계 수를 너무 많이 늘리면 분류기에 과부하가 걸릴 수 있으며 이
   를 조정하기 위해서는 훨씬 더 많은 시간이 필요하며 그 반대의 경우도 마찬
   가지가 된다.

찾아보기

에이콘출판의 기틀을 마련하신 故 정완재 선생님 (1935~2004)

컴퓨터 비전과 알고리즘

OpenCV 알고리즘을 활용한 컴퓨터 비전 프로그래밍

발 행 | 2019년 5월 30일

지은이 | 아민 아마디 타제칸디
옮긴이 | 테크 트랜스 그룹 T4

펴낸이 | 권 성 준
편집장 | 황 영 주
편 집 | 이 지 은
디자인 | 박 주 란

에이콘출판주식회사
서울특별시 양천구 국회대로 287 (목동)
전화 02-2653-7600, 팩스 02-2653-0433
www.acornpub.co.kr / editor@acornpub.co.kr

한국어판 ⓒ 에이콘출판주식회사, 2019, Printed in Korea.
ISBN 979-11-6175-307-2
ISBN 978-89-6077-210-6 (세트)
http://www.acornpub.co.kr/book/computer-vision-algorithms

이 도서의 국립중앙도서관 출판시도서목록(CIP)은 서지정보유통지원시스템 홈페이지(http://seoji.nl.go.kr)와
국가자료공동목록시스템(http://www.nl.go.kr/kolisnet)에서 이용하실 수 있습니다.(CIP제어번호: CIP2019020140)

책값은 뒤표지에 있습니다.